DEUTSCH PLUS 2

Corinna Schicker
Ruth Rach

BBC Books

© BBC Worldwide Ltd 1997

ISBN 0 563 400668

Published by BBC Books, a division of BBC Worldwide Ltd
Woodlands, 80 Wood Lane, London W12 0TT
First published 1997
Reprinted 1998

Printed and bound in Great Britain by
Butler & Tanner Ltd, Frome and London
Cover printed by Belmont Press, Northampton

Developed by BBC Languages
Course consultant: Paul Coggle
Edited by Teresa Braunwalder for Gaafar & Wightwick
Glossary compiled by Judy Batchelor
Proofread by Robin Sawers
Designed by Mark Wightwick for Gaafar & Wightwick
Illustrations by Mahmoud Gaafar, Spike Gerrell and
Andy Brown
Additional graphics by Robert Bowers for Gaafar &
Wightwick
Cover artwork by Colin Higgs for Trojan Horse Publishing Ltd

Audio producer: Iris Sprankling
Radio series producer: Alan Wilding

BBC Books publishes a range of products in the following
languages:

ARABIC	JAPANESE
CHINESE	PORTUGUESE
CZECH	POLISH
FRENCH	RUSSIAN
GERMAN	SPANISH
GREEK	THAI
HINDI URDU	TURKISH
ITALIAN	

For a catalogue please contact:
BBC Books
Book Service by Post
PO Box 29
Douglas
Isle of Man
IM99 1BQ
Tel: 01624 675137
Fax: 01624 670923

BBC books are available at all good bookshops or direct from
the publishers as above.

Contents

Introduction

Welcome to the **BBC's Deutsch Plus 2**, a second-level German course which follows on from **Deutsch Plus 1**. If you haven't used **Deutsch Plus 1**, the course can also be used following any first-level course you may have completed. The course has been carefully designed to recap on key language points in the first few units and then gradually to take your language skills to the next level, in terms of your ability to understand, speak, read and write German.

By offering lots of practice in listening to conversations, followed by the opportunity to speak about the same topics, this course will give you the confidence to interact with German-speakers in a wide range of situations and on a whole host of topics. You will soon find that you can communicate your own ideas and feelings, as well as reacting to what other people say.

Deutsch Plus 2 consists of this Coursebook and two fully integrated audio cassettes. The course is designed to suit adults studying on their own at post-beginners or (lower) intermediate level. They can also be used by tutors with a class and by students working in self-study environments. The course contains material for approximately 60 hours of study.

THE COURSE BOOK

The **Course Menu** follows this introduction. There you will find, listed in full, the contents of each unit, an overview of topics covered, language functions, key vocabulary, cultural information and grammar. The answers, grammar section, the audio transcripts for the recordings and a German-English glossary can be found at the back of the coursebook in the **Reference** section.

The Coursebook is divided into ten units, which revise basic language points and present new language from authentic sources – recordings, texts from magazines and leaflets. The activities present a variety of tasks to help you to understand and develop your language skills and offer practice to reinforce and consolidate your knowledge of the language.

Each unit has an individual theme and contains insights into and information about traditional, and some more alternative aspects of German society. Among other things, you will find out about the lives and work of many German-speaking people – what they do in their leisure time and their reflections on modern life.

You may find some aspects of the language a bit puzzling at this stage and you might perhaps have liked a fuller explanation. However, rather than overloading your memory with too much at once, each unit will concentrate on a few points which are most useful at that particular stage. If you would like to check up on a specific point you can always go to the grammar reference section at the back of the book.

After each unit there is a self-assessment test (Kontrolle) so that you can check your progress.

Course features

As you work your way through the Coursebook, you'll become familiar with these course features, which are designed to provide a structured approach to your learning. The main features are:

Lernpunkte

Learning points: key learning objectives of each unit.

○ SPRACHTIP

Language tip: useful grammar explanations and tips with clear examples.

○ LERNTIP

Study tip: to help keep your motivation high and make your learning more effective.

Speichern

'To save' (computer terminology): Key phrases and expressions to remember.

Wissenswert!

'Worth knowing': topic-related cultural information, and interesting facts and figures.

Pinnwand (pinboard)

Additional reading material from a variety of different sources designed to help you to apply what you've learned in the unit.

THE AUDIO CASSETTES

The Coursebook is supported by two fully integrated audio cassettes, containing specially recorded interviews with native German-speakers who live in Berlin, Jena, Lübeck and London, or who are visitors to these places. Some additional scripted dialogues have been recorded in the studio, to ensure the right mix of authenticity and clarity. The presenter and her colleagues take you through the audio material step-by-step. Whilst the cassettes are intended to be used with the Coursebook (look out for the audio symbol 🔊) they can also be used on their own if you want extra practice in listening, speaking or pronunciation.

REFERENCE SECTION

The **Reference** section contains the answers to the activities, a guide to the grammar contained in the course, which complements the contents of the Sprachtips, audio transcripts of recordings which do not appear in the units, and a German-English glossary.

Summary of abbreviations and terms used

coll.	colloquial
lit.	literally
here:	in this particular context (mostly to be found in the Speichern boxes)
pl.	plural
sep.	separable verbs
sing.	singular

Note about new spelling

We have introduced elements of the new spelling rules brought in during the nineties by the German spelling reform.

Examples:

ß after a long vowel, ss after a short vowel:

Ich weiß, dass es dir morgen nicht passt
(I know it doesn't suit you tomorrow).

Note: if a word appears entirely in capital letters then SS is used, e.g. *FUSSBALL*.

There's an article about the new spelling rules on the Pinnwand in Unit 10, page 158.

RADIO AND TELEVISION

Deutsch Plus 2 is accompanied by an eleven-part radio series. The series will closely follow the course contents and will explore the language presented in the course.

The course is also accompanied by a one-hour TV resource package which is broadcast on BBC2's The Learning Zone. For details of transmission times, please contact BBC Education Information on 0181 746 1111, email: edinfo@bbc.co.uk or Internet site: http://www.bbc.co.uk/education

Both series offer additional source material for the learner but it should be noted that the Coursebook together with the integrated audio cassettes are a stand-alone resource.

Viel Spaß!

Course Menu

Unit	Functions	Vocabulary	Cultural Information	Grammar
1 Heimat ('Homeland')	Saying where you come from Saying what you are doing Giving first impressions	Personal information words with -los and un-	Germany: inhabitants (statistics) Some regions and dialects Switzerland and Austria: languages (statistics) Words of the Year Life on a North Sea Island: Die Halligen Facts about Berlin German language inside and outside the EU	Informal and formal address du and Sie gefallen seit and tenses in German Adjectival endings Comparisons Possessive adjectives: mein/dein
2 Familie (Family)	Talking about your family Discussing personal relationships Discussing changes in attitudes	family, children, personal interests	Divorce in Germany EX – a new magazine for the divorced The oldest WG member in Germany First names in Germany	Indefinite article: ein/einen Simple past: ich merke/ ich merkte Separable verbs: abwaschen, aufräumen How often: immer, oft, manchmal, gelegentlich, selten, nie Weil, dass and word order Man
3 Ausbildung (Training)	Talking about education and training Talking about your studies Talking about your plans and career	School and studies: Gymnasium, Realschule Hauptschule Exams and qualificatons Abitur, mittlere Reife, Lehre, Ausbildung Adult education: VHS (Volkshochschule)	German education system School types and qualifications Private schools Waldorfschulen (Steiner schools) Vocational Training: the dual system The Erasmus cultural exchange programme Portrait of an adult education enthusiast	The perfect tense Prepositions: in einem Betrieb, in einer Buchhandlung Modal verbs: ich muss/will/ darf/möchte Saying how often: jeden Montag, dienstags, zweimal die Woche Weil
4 Freizeit (Leisure)	Talking about hobbies - and sports Talking about holidays and the weather Travel, transport and directions	hobbies, sport, holidays, weather, entertainment, transport, directions	The Welcome Card Clubs (Vereine) (statistics) Karneval der Kulturen (carnival of cultures) FKK (nudist club) Leisure spending East/West contrast (statistics)	Comparatives and superlatives: schwer, schwerer am schwersten Exceptions: gern, lieber, am liebsten; gut, besser, am besten; viel, mehr, am meisten Verbs plus preposition: sich interessieren für, sich begeistern für, sich freuen auf The simple past (imperfect) ich mache/ich machte, ich komme/ich kam The perfect tense with haben or sein plus the past participle
5 Geld (Money)	Arranging to go out Shopping and paying Talking about the cost of living	entertainment, food and drink, shopping language, money and prices, cost of living	Germany's largest department store: KadeWe in Berlin Teleshopping in Germany The other side of the coin: Germans who have to struggle financially Europe's largest shopping centre: Centro in Oberhausen	Word order Verbs with dative object: helfen, antworten, gratulieren, danken, begegnen Adjectival endings Als, wenn, wann and word order

Unit	Functions	Vocabulary	Cultural Information	Grammar
6 Gesundheit (Health)	Talking about food Talking about your lifestyle Talking about illness and health	food, health, lifestyles body parts, illnesses	Cures and spas Sebastian Kneipp Bad Ischl Rogner Bad Blumau What makes the Germans happy (statistics) Hildegard von Bingen Doc Martins	Formal request or commands *Trinken Sie!* Modal verbs: *sollen, sollte* Position of *zu* in separable and non-separable verbs Passive present and simple past: *werden/wurde* *Werden* = to become
7 Die Arbeitswelt (Work)	Talking about your job Talking about your workplace Writing your CV	work, routine, *Gleitzeit* positions, professions business, firm, size, products, exports, CV	The Leonardo programme Teleworking in Germany Part time work is women's work (statistics) Jobs with a future How to write a German CV Jobs for foreigners	Nouns: professions *der Verkäufer* (male) *die Verkäuferin* (female) Word order: emphasis Simple past: *wollen/ich wollte...* *Was für ein/e.* = what kind of Turning verbs into nouns: *herstellen/die Herstellung* *Weil* and *dass* and word order
8 Wohnen (Living)	Talking about your home Saying what you are doing Giving first impressions	flat/house/semi-detached rooms town/country animals means of transport	Rented accommodation in Germany (statistics) Frankfurt am Main Frankfurt an der Oder Density of population: Austria, Switzerland, Germany, UK, (statistics) Marcel Kalberer, Swiss architect Friedensreich Hundert-wasser, Austrian artist and architect The German dreamhouse Large cities in Germany	Prepositions that can take the dative or accusative: *an, auf, in, vor* Prepositions that always take the dative: *aus, bei, mit, nach von, zu* Prepositions that always take the accusative: *bis, durch, für, ohne* Possibilities: *ich würde, ich wäre, ich hätte* Turning adjectives into nouns: *neugierig/der Neugierige* Relative pronouns: *Häuser, die mich krank machen*
9 Aktuelle Themen (Topical issues)	Talking about politics Talking about social affairs Talking about religious issues	politics, current affairs, protest, action groups religion, escapism	Germany: electoral System Germany: the main political parties: *CDU/CSU, SDP, F.D.P., BÜNDNIS 90/die Grünen, PDS, SED* Germany: political system Federalism in Germany, Austria and Switzerland Cem Özdemir, first German MP of Turkish origin Civic movements: *Bürger-initiativen, Aktionsgruppen* Germany: main religions (statistics) *Raum der Stille* – place of meditation for all Foreigners in Germany Turkish minority (statistics) Turkish women in Germany Where do Germans emi-grate to and why?	*nicht + ein = kein* *nicht* or *kein* *lassen* (to arrange for or allow something to happen) *Ich interessiere mich für ...* or: *Mich interessiert ...* Word order and emphasis
10 Die Medien (The media)	Describing your reading habits Describing your TV viewing habits Stating your media preferences	media (newspapers, TV, radio) reading, watching, listening personal characteristics false friends: *sympathisch* (pleasant), *aktuell* (topical)	Germany: Newspapers and magazines German Television and radio stations Favourite German soaps Favourite German leisure	*Ich würde ...* I would Present participle: *lesend* Difference between *wenn* and *wann* Plu-perfect: *Ich hatte gesehen, ich war gereist*

Acknowledgments

The authors and publishers would like to acknowledge the use of the following texts. Every effort has been made to trace all copyright holders, but the publishers will be pleased to make the necessary arrangements at the earliest opportunity if there are any omissions.

Ararat Verlag, Stuttgart (p. 16) ; Amica (p. 79); Apotheken Umschau (p. 83, 84); ARS NICOLAI, Berlin (Ansichten zu Deutschland) (p. 16); BÜNDNIS 90/DIE GRÜNEN (p. 129, 132); Bad Ischl Kurdirektion (p.90); Badische Zeitung (p. 45, 111, 141); Beltz Verlag, Weinheim (p. 95); Bremer Blatt (p. 66); Brigitte (p. 9, 12, 27, 45, 47, 65); CDU/CSU (p. 129, 132); Chance (p. 85, 108); Deutsche Post (p. 118); Erich Schmidt Verlag, Berlin (p. 107); Für Sie (p. 78); FDP (p. 129, 132) Focus (p. 116, 142, 158); Freundin (p. 153, 159); Harenberg Lexikon Verlag (p. 159); Humboldt-Universität (p. 42); infosat (p. 149); Interspar (p. 65, 72); Jenapharm GmbH (p. 105); JUMA (p. 46, 47); Marcel Kalberer (p. 122); Karfunkel (p. 149); Lamuv-Verlag, Göttingen (p. 140); LEONARDO (p. 102); Lindenstraße (p. 154, 155); Made in Berlin (p. 111); Metro Zeitschriftenverlag, Klosterneuburg (p.124, 125) ; PDS (p. 129, 132); POPCORN (p. 145, 147); Radio Brandenburg, Potsdam (p. 156, 157); Raum der Stille, Berlin (p. 139, 142); Rogner-Bad Blumau (p. 92); rotpunkt (p. 149); Sebastian Kneipp Verlag, Würzburg (p. 88); Sebby (p. 31); Sparkasse Berlin (p. 77); SPD (p. 129, 132); Spiegel (p. 111, 130, 131, 36, 145, 147); Stern (p.126, 145, 147); der Tagesspiegel (p. 106, 107, 113, 136); Telefon-Karten Journal (p. 149) tip (p. 66, 145, 147); TV Hören und Sehen (p. 18, 70, 71, 83, 94, 127; 143, 152, 159); Verkehr und Umwelt (p. 119); WelcomeCard, Berlin (p. 60); die Woche (p. 138); Zeitbildverlag GmbH, Bonn (p. 118).

Picture Credits

BBC Books would like to thank the following for providing photographs and for permission to reproduce copyright material. While every effort has been made to trace and acknowledge all copyright holders, we would like to apologize should there have been any errors or omissions.

Photographs

Ace Photo Agency 49 (t); Action Images 55; Brighteye Productions 99 (t, ml); Bubbles Photo Library 24 (b), 29, 33 (tl); Cephas Picture Library 85 (m); Getty Images 47, 54 (tl, tr, m, bl), 99 (b), 109 (b), 110; Image Bank 10, 11, 25, 31, 35, 56 (tl), 86 (ml, mr,) 89 (m), 95 (b) 111 (b); Liz Butt 63 (l); Mark Wightwick 53 (b); Narinda Peter Albaum 51 (b), 58, 130, 131l; Pictor 15, 21 (tl, ml), 33 (ml), 36, 37, 39, 44 (tl, tr), 46 (mr), 49 (m), 51 (t), 53 (t), 56 (tr, br), 65 (t, tr, bm), 82 (b), 93, 98, 101 (b), 102, 104, 109 (t), 113 (t), 129 (br), 149; SOA 49 (b), 65 (tm, ml), 73 (b), 75, 113 (b), 139; Zefa 14, 21 (tr), 22, 33 (tr), 56 (bl), 57, 61, 65 (bl x2, mr), 82 (t), 91 (br), 100, 103 (b), 120

Many thanks also to:

Joan Keevill, Mick Webb, Jeanne Wood, Judith Matthews, Robin Sawers, Lore Windemuth, Britta Behrendt, Andrea Köhler, Andreas Rogal, Alan Wilding, Renate Borst, Hans Geißendörfer, Marcel Kalberer, Walter and Maria Maier-Janson, Cordula Vollmert, Frau Frederici (Goethe Institut London), Frau Telsnig (Austrian Tourist Board), the German and Swiss tourist boards and embassies, Carola Reidel, Rachel Gehlhoff, Thomas Terbeck, Michael Blank, Herr Anshau, Stefan Kruse, Bernd Dues, Franziska Haake, Herr Ignasias, Frau Josef, Klaus Jonas, Frau Winzer, Dr Taubert, Herr Wambach, Prof Wolfgang Roth, Pfarrer Hildebrandt, Elisabeth Behrendt and to all of the people featured in our book who kindly allowed us to interview them.

Heimat

Das macht die Ber-li-ner Luft, Luft, Luft,

Lernpunkte

Saying where you come from

Saying what you are doing

Giving first impressions

SPRACHTIP

Remember to use the familiar form 'du' when speaking to a friend or a youngster. Use 'ihr' when addressing a group of friends or young people. If in doubt, use the polite 'Sie'.

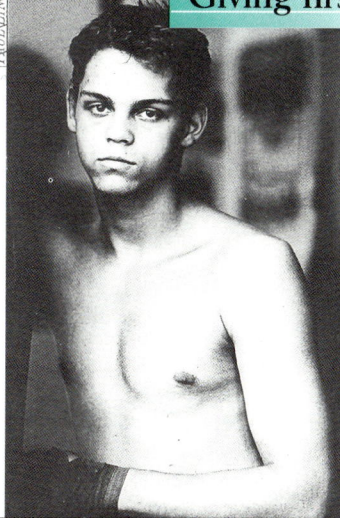

Michel Trabant, 16, Profi-Boxer

Berlin hat die schönsten Mädchen

Rolf Eden, 65, Besitzer der Disko „Big Eden"

Diese Stadt ist das Paradies

Annelore Freienstein, 54, Verkäuferin

Berlin ist das Salz in der Suppe Deutschlands

Speichern

Wer sind Sie?	Who are you?
Wo wohnen Sie?	Where do you live?
Woher kommen Sie?	Where do you come from?
Wie heißen Sie?	What's your name?
Was machen Sie?	What do you do?
Wie lange leben Sie in Berlin?	How long have you been living in Berlin?
Wie finden Sie die Berliner?	How do you like the Berliners?
Warum sind Sie hier?	Why are you here?

SPRACHTIP

Q: How do you ask 'Do you like it in Berlin?'

A: You can use the verb 'gefallen':

Gefällt es dir in Berlin?   (if you ask a friend or a child)

Gefällt es euch in Berlin?   (if you ask several friends)

Gefällt es Ihnen in Berlin? (in a more formal context, singular and plural)

Possible answers:

Mir gefällt Berlin.   I like Berlin.

Mir gefällt es (in Berlin).   I like it (in Berlin).

Mir gefallen die Theater.   I like the theatres.

1 On the audio, Andrea meets Miriam in Berlin. Listen to the interview a few times. You'll find that some endings tend to get dropped or 'swallowed', especially the -e:

ich komm' (komme), ich find' (finde).

Extra vocabulary: das Theater(-) = theatre; das Kino(s) = cinema; die Kneipe(n) = pub.

How does Miriam say ...

1   what she's called?
2   where she comes from?
3   what she does?

2 Now it's your turn. Imagine you are Martina Schmitt. You live in Berlin, you're a sales assistant and you like it in Berlin. Before you start, think about how you are going to answer these questions.

Wie heißen Sie?
Wo wohnen Sie?
Was sind Sie von Beruf?
Gefällt es Ihnen in Berlin?

3 On the audio, Andrea talks to Simone and asks her what she thinks of Berlin. Read the statements below; they will give you an idea of what to listen out for. You'll find some vocabulary in Speichern. Then listen to the interview several times and tick which statements are true (richtig = R) or false (falsch = F).

		R	F
1	Simone kommt aus Berlin.	☐	☐
2	Bad Hersfeld liegt in Hessen.	☐	☐
3	Simone wohnt seit drei Monaten in Berlin.	☐	☐
4	Simone gefällt es in Berlin.	☐	☐
5	Sie findet die Stadt zu laut und zu dreckig.	☐	☐
6	Sie findet die Berliner unfreundlich.	☐	☐

Speichern

das liegt in Hessen	that's in Hessen (a federal state in the heart of Germany)
gar nicht	not at all
es ist mir zu dreckig	it's too dirty for me
nee (= nein)	no

4 Werner Müller lives in Berlin. But does he like it there? Study his letter. Then turn on the audio and pretend you are Werner. You won't hear any prompts – all the information you need is in the letter.

Ich heiße Werner Müller. Ich komme aus Lübeck, aber ich studiere in Berlin. Mir gefällt es hier. Berlin ist eine große Stadt, Lübeck ist mir zu klein. Mir gefallen auch die Berliner. Sie sind progressiv, aber ein bisschen laut.

LERNTIP

Phrases such as 'es gibt' (there is/there are) and 'es ist viel los' (there's a lot going on) are set expressions best learnt by heart.

5 On the audio, Carola tells Andrea where she's from and what she thinks of Berlin. Put the German sentences below in the correct sequence and match them with their English equivalents.

1 Ich bin einunddreißig Jahre alt.
2 Es gibt sehr viel zu sehen und zu erleben.
3 Die Menschen sind sehr unterschiedlich – von traurig bis lustig.
4 Wie das Leben eigentlich ist.
5 Aber es ist nicht so viel los wie in Berlin.
6 Gefällt es dir in Berlin besser als in München?
7 Es ist sehr vielfältig, sehr spannend, sehr interessant.
8 Das sind zwei völlig unterschiedliche Lebensformen.
9 In Berlin kann man sehr viel erleben.
10 Berlin und München sind zwei völlig unterschiedliche Sachen.
11 München ist eine wunderschöne Stadt.

SPRACHTIP

'seit'
Q: What's the difference between the German and the English?

Wie lange leben Sie in Berlin?
(How long have you been living in Berlin?)

Seit wann leben Sie in Berlin?
(Since when/How long have you been living in Berlin?')

Ich lebe seit sechs Monaten in Berlin.
(I have been living in Berlin for six months.)

A: When talking about something that started in the past but continues into the present, the present tense is used in German.

How would you say:
How long have you been studying (studieren) here? For three years.

a There's a lot to see and experience.
b Berlin and Munich are two completely different things.
c How life really is.
d The people are very different, varying from sad to funny.
e I'm 31 years old.
f Do you like it better in Berlin or in Munich?
g But there isn't as much going on as in Berlin.
h It's very varied, very exciting, very interesting.
i Munich is a wonderful city.
j Those are two totally different ways of life.
k One can experience a lot in Berlin.

SPRACHTIP

Compare the adjectival endings in these phrases:
Der Himmel ist grau.   der graue Himmel
Die Stadt ist wunderschön.   die wunderschöne Stadt
Die Menschen sind freundlich.   die freundlichen Menschen
Q: What's the general rule?
A: Adjectives add endings when they are in front of a noun. See Grammar, section 4.

6 It's your turn to take part in a similar dialogue. Prepare your answers before you turn on the audio. Here's your brief:

You are 35 years old.
You have been living in London for four months.
Yes, you like it very much.
It's interesting …
and there's a lot to see …
but you don't like the grey sky and the cold wind.

In this article, the German magazine *Brigitte* introduces some more people from Berlin. Read it and find out who these people are. Activity 10 will help you guess what they do for a living. Extra vocabulary: die Mauern = walls; kennen = to know; kleinkariert = small-minded.

Joshua Tinwa, 28, Musikstudent aus Kamerun

Hier kann ich den Abend mit einem polnischen Essen beginnen und in einer afrikanischen Disko beenden. Das ist der perfekte Groove des Lebens!

„Berlin ist die langsamste Großstadt der Welt. Berlin ist provinziell und kleinkariert"
Claudia Fischer, 30, Frauenbeauftragte bei der deutschen Aids-Hilfe

Olaf, 22, Graffiti-Sprayer

Ich lebe in Berlin, weil es hier genug Mauern gibt. Hierher kommen Sprayer aus Frankreich, England, Holland, Dänemark, aus Südafrika und den USA. Wir kommen aus verschiedenen Kulturen, aber wir sprühen und denken ähnlich.

„Berlin ist chaotisch und ungemütlich, und die Sprache ist undiplomatisch!"
Ute Mahler, 45, Fotografin

„Berlin ist die ehrlichste Stadt, die ich kenne."
Leslie Malton, 36, Schauspielerin

7 How do the people in the *Brigitte* feature feel about their city? Read the captions and, without checking unfamiliar words in the Glossary, note down your first impressions. Mark the positive statements with + [plus] and the negative ones with – [minus].

Martina Rellin, 32, Chefredakteurin

Die Ostberliner sind noch viel echter und herzlicher.

8 Some German words are quite similar to the English and some words are quite different. Try to work out the jobs and write down their English equivalents. Then match them with the correct descriptions.

Example: e photographer + 2

a. Frauenbeauftragte – – – – – – – – – – –
b. Verkäufer – – – – – – – –
7. owns a disco
6. acts
h. Redakteur – – – – – –.
3. sells things
f. Schauspieler – – – – – – – – –
1. bosses everybody around
e. Fotograf – – – – – – –
c. Diskobesitzer – – – – – – – – – –
5. writes/edits news and other items
d. Filmemacher – – – – – – – –
g. Chef – – – – – – –
2. takes photos
4. makes films
8. works specifically for the interests of women

9 Have a closer look at the captions on page 12. Underline all the words you think are adjectives. Then compare them with the ones listed below and try and guess their meaning. Two words have already been filled in.

ungemütlich	– – – – – – –	langsam	– – – – – – –
echt	genuine	polnisch	– – – – – – –
herzlich	– – – – – – –	verschieden	– – – – – – –
ähnlich	similar	chaotisch	– – – – – – –
ehrlich	– – – – – – –	undiplomatisch	– – – – – – –

LERNTIP

- Select the most important unfamiliar words in a text and write them into a vocabulary book.
- Plan how many you want to learn each week.
- Be realistic about your goals. It's better to study a little every day than to try and learn a lot in one single (but irregular) cramming session.

10 Read the statements about Berlin on page 12 in detail (you may want to translate them), then look at the statements below. Who would say what?

1 Ich mag die Menschen aus Ostberlin.
2 Für mich und meine Freunde ist Berlin ideal.
3 In Berlin ist nicht viel los.
4 Hier kann man international essen und tanzen!
5 Berlin ist eine unfreundliche Stadt.

11 Now, turn to the audio and practise some of the adjectives you've just learnt. Follow the basic pattern below:

Ich finde ... (interessant/unfreundlich etc)

Q: How do you compare two things with each other?
A: By adding -er to the adjective, e.g. schön ➤ schöner
   München ist schöner als Berlin.   Munich is more beautiful than Berlin.
This is called the comparative.

Q: What if they are equally beautiful?
A: Use 'so schön wie':
   München ist so schön wie Berlin.   Munich is as beautiful as Berlin.

Q: How do you say Berlin is the most beautiful city?
A: Add the article and -ste to the adjective, e.g. schön ➤ der/die/das schönste
   Berlin ist die schönste Stadt.   Berlin is the most beautiful city.
This is called the superlative. See Grammar section 4.5.
Practise the comparisons:
   1 Compare London with Berlin. (London is more interesting.)
   2 Compare Paris with Rome. (They are equally noisy.)
   3 And now New York. (the noisiest city)

12 🔊 Turn on the audio and listen to Rachel Gehlhoff talking about her impressions of Berlin. Read the English questions first, then listen to the interview a few times. Tick the correct boxes below and listen again to check your answers before looking them up at the back of the book.

1 How long has Rachel been living in Berlin?
   ☐ for 6 years
   ☐ for 16 years
2 What's her favourite city in Germany?
   ☐ Essen
   ☐ Berlin
3 What are the good points about Berlin? (Tick two)
   ☐ There are many cultural events to choose from.
   ☐ There's no bureaucracy.
   ☐ The city is becoming increasingly international.
4 What are the negative sides? (Tick two)
   ☐ the cold easterly wind.
   ☐ the poverty
   ☐ too much bureaucracy

Speichern

Haben Sie ... gewohnt?	Have you lived ... ?
Lieblingsstadt(¨-e)	favourite city
die Stimmung(-en)	mood, atmosphere
das Kulturangebot(-e)	cultural events
der Gegensatz(¨-e)	contrast
die Armut	poverty
die Bürokratie(-en)	bureaucracy
zunehmend	increasingly
wird hier	is becoming

How to say what you think ...
ich finde	I find
das ist mir zu	that's too ... (for me)
Mir gefällt das.	I like that.
Mir gefällt das nicht.	I don't like that.

13 🔊 Time to express your own opinions. Turn to the audio and talk about Munich:

1 You think the town is wonderful.
2 You like the atmosphere there.
3 Yes, you know Berlin.
4 Berlin is too cold for you.
5 You don't like that.
6 Munich is more beautiful.

Speichern

Wo ist Ihre Heimat?	Where is your home (country)?
Was gefällt Ihnen an Deutschland?	What do you like about Germany?
Was gefällt Ihnen nicht?	What don't you like?
Ich bin in Deutschland geboren.	I was born in Germany.*
Ich bin kein Deutscher, ich bin Berliner.	I'm not a German, I'm a Berliner.
Ich bin Ausländer.	I'm a foreigner.
Ich habe keine Heimat.	I have no home (country).
vor allem	above all
in der Nähe	close to; near
der Bodensee	Lake Constance (a large lake in Southern Germany)
zweifelnd	doubting
sie könnten den Augenblick genießen	they could savour the moment

*Notice the difference in tenses between German and English.

● SPRACHTIP

The words 'mein' (my), 'dein' (your), 'sein' (his or its), 'ihr' (her) 'unser' (our), 'euer' (your), 'ihr/Ihr' (their/your) are called possessive adjectives. Their endings follow the same basic pattern as those of the indefinite articles 'ein, eine, ein'.

eine Heimat
➤ meine Heimat, deine Heimat,
   seine Heimat ...

ein Berg
➤ mein Berg, dein Berg,
   sein Berg ...

See Grammar section 4.4.

14 ◁)) On the audio, Maria Maier-Janson talks about her 'Heimat' and her feelings about Germany. Look at Speichern before you listen, then cross out the incorrect statements.

1 Marias Heimat ist in Süddeutschland/ Norddeutschland.

2 Sie lebt in Augsburg/in der Nähe des Bodensees.
3 Maria gefallen die Großstädte/die großen Seen.
4 Sie findet die Deutschen manchmal zu unkritisch/zu pessimistisch.

Wissenswert!

Deutschland

Einwohner	82 Millionen
Männer	49%
Frauen	51%
Ausländer	9%

15 Listen to the interview again and complete the transcript below.

◁)) — Wo ist ... Heimat?
— Heimat ist in Deutschland, vor allem in Süddeutschland.
— Wo genau?
— Ich lebe in Ravensburg, in der Nähe des Bodensees.
— Was gefällt Ihnen an Deutschland?
— An Deutschland gefällt mir vor allem der Süden mit ... Bergen, mit ... großen Seen, mit ... Nähe zu den Ländern Schweiz, Österreich und Frankreich.
— Und was gefällt Ihnen nicht an Deutschland?
— Die Deutschen sind mir manchmal zu kritisch, zu zweifelnd, zu wenig optimistisch. Ich denke, sie könnten den Augenblick noch etwas mehr genießen.

Ansichten zu Deutschland

„Den Osten habe ich im Juni 1989 verlassen. Im Westen bin ich nie angekommen. Ein Zurück gibt es nicht mehr. Nur noch ein Dazwischen. Ich lebe gerne in 2 Welten."
Cornelia Klauss, 30, Programmacherin

„Ich bin kein Deutscher, ich bin Berliner."
Alexander Herz, 32, Hersteller

„Ausländer + froh nicht Deutscher sein zu müssen."
Clark, Alliiertenkind + Redakteur, 28

16 The photographer Konrad Hoffmeister asked people how they felt about Germany and organised an exhibition (Views on Germany – a photo exhibition). Study the messages until you have thoroughly understood them. Then read the statements and decide who would have said what.
Extra vocabulary: füreinander da sein= to be there for each other; ich habe verlassen = I have left; ankommen = to arrive, to be successful.

1 Ich helfe den alten Menschen in Deutschland.
2 Ich möchte kein Deutscher sein.
3 Meine Stadt ist mir wichtiger als mein Land.
4 Ich habe keine Heimat – und das ist gut so.

Füreinander da sein, auch das ist Deutschland. Ich bin für Herrn Klabunde da.
Angela Schumann, 35, Altenpflegerin

17 People of Turkish origin form the largest minority group in Germany. The relationship between the two groups is not always easy. Listen to an extract from a German schoolbook about Ender, a Turkish boy, and his experience in a German school and fill in the missing words in the transcript below. Then read the text aloud, together with the taped version, to work on your pronunciation.

SPRACHTIP

kam (came); war (was); fragte (asked); sagte (said); hat ... gespielt (has played); hat ... gesagt (has said); bist ... geboren (were born) are all examples of past tenses which will be dealt with later. See Grammar section 8.5–8.11

Enders Frage
Am ... kam Enders Vater von der ... zurück. „Vati, bin ich Türke oder ... ?", fragte Ender. Sein ... war sprachlos. „ ... fragst du?", sagte er. „Ich ... es wissen", sagte Ender. „Was bist du lieber, ein ... oder ein Deutscher?", fragte sein Vater. „Was ist ...?", gab Ender die ... wieder zurück. „Beides ist ... , mein Sohn", sagte sein Vater. „Warum hat Stefan ... nicht mit mir gespielt?", fragte Ender. „Warum hat er nicht mit dir gespielt?", fragte sein Vater. „Du bist ... Deutscher", hat er gesagt. „ ... bin ich, Vati?" „Du bist Türke, mein ..., aber du bist in ... geboren", sagte sein Vater hilflos.

18 On the audio, Ruth asks Maria Maier-Janson whether she speaks any dialects. Listen and fill in the grid: who speaks which dialect in her family? Then listen to Walter. Can you hear his dialect? Extra vocabulary: Eigenheit = characteristic; ausdrücken = to express.

	Maria	ihre Mutter	ihr Vater	Walter
Bairisch (Bavarian)				
Schwäbisch (Swabian)				
Hochdeutsch (High German)				

19 Now, listen to the interviews again and answer briefly, in English:

1 Why does Maria think a dialect is important?
2 And Walter?

20 Which languages do you speak? Turn on the audio and choose from the box below, practising the following structure.

Ich spreche ein bisschen/nicht sehr gut/kein ...

> Rätoromanisch, Französisch, Spanisch, Englisch, Deutsch, Russisch, Tschechisch, Gälisch

Wissenswert!

Die Schweiz (6,9 Millionen Einwohner) hat vier offizielle Sprachen: Deutsch (63%), Französisch (20%), Italienisch (16.4%) und Rätoromanisch (0,6%). Die Deutschschweizer sprechen normalerweise Dialekt (Schweizerdeutsch), lernen aber Hochdeutsch in der Schule. In Österreich (7,8 Millionen Einwohner) sprechen 98% Deutsch. Die anderen Sprachen sind Slowenisch, Kroatisch, Ungarisch, Tschechisch und Slowakisch.

SPRACHTIP

German is a great language for creating new words by adding syllables to the beginning or end of words – some are very simililar to the English:

-los sprachlos (speechless); hilflos (helpless).

un- unglücklich (unhappy); unhöflich (impolite).

21 Look at the Sprachtip and write the meaning of the following words:

1 arbeitslos, kinderlos, fruchtlos, kraftlos
2 unnatürlich, unmöglich, unfreundlich, unehrlich

22 Translate the article and match the 'words of the year' with their English definitions.

1 an aggressive society where people use their elbows to succeed
2 a West German know-all
3 former GDR-states incorporated into the new Germany
4 freedom to travel
5 insider group and its activities
6 economy measures

Wörter des Jahres

Jedes Jahr wählt die Gesellschaft für Deutsche Sprache ein Wort, das den Zeitgeist eines Jahres am besten charakterisiert. Manchmal ist ist es ein deutsches Wort, manchmal kommt es aus einer anderen Sprache.

1 1977: Szene
2 1982: Ellbogengesellschaft
3 1989: Reisefreiheit
4. 1990: Die 'neuen' Bundesländer
5 1991: Besserwessi
6 1996: Sparpaket

Most people live in cities nowadays, but there are still pockets with very few inhabitants indeed: the Halligen islands are just such a place. Here's a feature from the magazine *TV SEHEN+HÖREN*. Study the article and look at the first part. Underline the words for: different, dykes, flood, above water, inhabitants, no fear, fire.

Die Halligen sind anders als die anderen Nordsee-Inseln: sie haben keine Deiche.

Leben auf der Hallig

Wenn die Flut kommt, liegen nur noch die Wohnhügel über dem Wasser: 40–60mal im Jahr heißt es hier: „Land unter". Aber die Bewohner haben keine Angst vor dem Wasser. „Nur vor dem Feuer", sagen sie.

Ihre Häuser sind nach alter Tradition mit Reet gedeckt. Gröde ist die drittgrößte der Halligen. Hier leben 16 Menschen, 42 Schafe, drei Hunde, ein Pferd und ein Kaninchen. Gröde hat auch eine Schule: Hier lernen drei Schüler. Die Kinder auf Gröde haben wenig Unterhaltung, aber viel Phantasie. Sie langweilen sich nicht und möchten hier für immer leben und arbeiten.

Go through the whole text again until you have thoroughly understood it and answer the questions below in English.

1 Where are the Halligen islands situated?
2 How are they different from other islands nearby?
3 What are the inhabitants most fearful of? And why?
4 Is Gröde the largest of the Halligen islands?
5 Name three species that live on Gröde island.
6 How many pupils does the school have?
7 What are the children's future plans?

Check your answers and look at the second paragraph. Think about the following questions.

1 What material might their roofs be covered with?
2 What sort of animals might live on an island like this?
3 How could the children spend their free days?

How much do you know about Berlin? Test your knowledge with this quiz and tick the statements you think are correct.

R F

1 Its population (1995: 3.5 million) is expected to double by the year 2000. ☐ ☐

2 Its name can be traced back to the bear („Bär"). ☐ ☐

3 It has more bridges than Venice and more water surfaces than the Alpine lakes put together. ☐ ☐

4 Its oldest heraldic animal is the eagle, not the bear. ☐ ☐

5 Its civil servants had such a reputation for being impolite that they got sent on a special course to re-learn the use of „bitte". ☐ ☐

What's 'ein Handy'?
1 handkerchief
2 mobile phone
3 an assistant

Foreign visitors. Here's a list of words that have crept into everyday German usage. Match them with their German counterparts.

1 die Soap   a der Reinfall
2 die Checkliste   b der Handel
3 der Flop   c die Mannschaft
4 der Deal   d die Verbindung; die Beziehung
5 die Crew   e die Karte
6 die Connection   f die Seifenoper
7 das Ticket   g die Prüfliste

Man spricht Deutsch – aber wo?
Where else is German spoken apart from Germany, Austria, Liechtenstein and Switzerland? Test your knowledge and surprise yourself.

R F

1 In some schools in the northernmost German Federal State Schleswig-Holstein the subjects are taught in Danish. ☐ ☐

2 Before the Third Reich and after the Second World War many Germans emigrated to Mexico. ☐ ☐

3 Egypt has a large German-speaking minority. ☐ ☐

4 In Namibia, German is the third official language after English and Afrikaans. ☐ ☐

5 In Southern Brazil, you'll find around one million German-speaking settlers. ☐ ☐

Wissenswert!

In the EU and EFTA around 100 million people speak German as their mother tongue, (English 62 million, French 60 million). There are German-speaking minorities in Belgium, Denmark, France and Italy. Outside Europe, in the USA, Canada, South Africa, Cameroon and Kazakhstan. After unification, many people of German origin left the former Soviet Union and other Easter European states to resettle in Germany and the demand for learning German as a foreign language increased dramatically.

Kontrolle

1 'du' or 'Sie'? Complete the grid.

MODELL Was machst du? Was machen Sie?

1 Woher kommst du? _____

2 Wer bist du? _____

3 _____ Warum sind Sie in Köln?

4 Wie finden Sie die Kölner?

_____

5 Wie heißt du? _____

☐ / 5 POINTS

2 How would you ask (use the polite form):

1 How long have you lived in Berlin?

_____

2 Why are you here?

_____

3 Where do you live?

_____

4 Where exactly?

_____

5 Do you like it here?

_____

☐ / 5 POINTS

3 Berlin ist mir zu _____

Find five adjectives in the jumble below –
down or across.

F	S	X	I	W	D	Y	N	M	E	C	B	Q	K
D	K	A	L	T	F	B	H	M	L	L	A	U	T
D	H	N	F	F	H	K	A	J	G	C	W	N	X
A	N	D	R	E	C	K	I	G	R	M	L	R	K
C	S	M	E	B	S	B	M	H	O	S	F	H	S
V	T	Y	M	M	D	M	R	G	S	M	F	A	B
M	J	H	D	L	K	Y	I	O	S	N	C	Y	O

☐ / 5 POINTS

4 Name five countries outside Germany, Austria, Switzerland and Liechtenstein with German-speaking communities:

1 _____ 4 _____

2 _____ 5 _____

3 _____

☐ / 5 POINTS

5 Here are the definitions – what are the jobs?

1 Sie verkauft Dinge. _____

2 Er macht Filme. _____

3 Sie macht Fotos. _____

☐ / 3 POINTS

6 Richtig oder falsch?

		R	F
1	In Deutschland leben mehr Männer als Frauen.	☐	☐
2	Berlin ist die größte Stadt in Deutschland.	☐	☐
3	Die Türken sind die größte Minderheit in Deutschland.	☐	☐
4	Die Halligen sind Inseln in der Ostsee.	☐	☐

☐ / 4 POINTS

7 How would you say in German:

1 My name is Miriam.

_____

2 I come from Bremen.

_____

3 I am a student.

_____

4 I like it here.

_____

☐ / 6 POINTS

TOTAL ☐ /33 POINTS

Familie

Im Moment habe ich keine Partnerin – ich lebe gern allein!

Lernpunkte

Talking about your family

Discussing personal relationships

Discussing changes in attitudes

Eine „typische" Familie: Mutter, Vater und zwei Kinder

Ich bin geschieden. Ich habe eine Tochter und bin allein erziehende Mutter.

● SPRACHTIP

Q: Why does 'ein' change to 'einen' in phrases like 'Ich habe einen Sohn'?

A: 'ein' changes its endings in accordance with the noun that follows it and its case:

     ein Sohn (nominative)

➤ Ich habe einen Sohn. (accusative)

See Grammar section 2.5.

Speichern

Ich bin verheiratet.	I'm married.
Ich bin ledig/allein stehend.	I'm single.
Ich bin geschieden/verwitwet.	I'm divorced/widowed.
... allein erziehende Mutter	... a single mother
Ich lebe allein.	I live on my own.
... mit meinem Partner/ Freund zusammen.	... with my partner/ boyfriend.
... mit meiner Partnerin/ Freundin zusammen.	... with my partner/ girlfriend.
Ich habe ein Kind (... Kinder).	I have one child (...children).
... einen Sohn (... Söhne).	... one son (... sons).
... eine Tochter (... Töchter).	... one daughter (... daughters).

Wir sind seit fünf Jahren ein Paar. Seit einem Jahr leben wir zusammen.

1 Look at Speichern on page 21 before you listen to four people talking about their marital status and family and then fill in the grid.

	married how long?	single	divorced	children yes/no how many?
Hans				
Franziska				
Uwe				
Iris				

2 Match the following questions with the correct answers.

1 Sind Sie verheiratet?
2 Leben Sie allein?
3 Haben Sie Kinder?
4 Seit wann sind Sie verheiratet?

a Ja, ich habe eine Tochter.
b Nein, ich bin geschieden.
c Seit fünf Jahren.
d Ja, ich lebe allein.

3 Read the jumbled-up sentences and put them in the correct order.

1 habe/ich/Sohn/einen
2 verheiratet/bin/einem/Jahr/ich/seit
3 Kinder/habe/keine/ich
4 zwei/seit/bin/Jahren/geschieden/ich

4 Now it's your turn to talk about your marital status and family. Imagine you're Peter Merz, are 36 years old, have been married for six years and have two children – both sons. You may want to prepare your answers before you listen to the audio.

1 Wie heißen Sie?
2 Wie alt sind Sie?
3 Seit wann sind Sie verheiratet?
4 Haben Sie Kinder?

„Ich bin gern allein!"

Maja Petruski ist 42 Jahre alt und wohnt in Hamburg. Sie ist Lehrerin, und seit ihrer Scheidung vor sechs Jahren ein Single: „Meine Ehe war nicht schlecht – aber irgendwann merkten wir: Wir passen einfach nicht zusammen! Ich verließ deshalb das gemeinsame Haus, und ich mietete ein kleines Apartment. Ja, und seitdem genieße ich das Alleinsein! Ich habe viele Freundinnen und Freunde. Wir treffen uns oft, gehen zusammen essen oder ins Café. Ich habe auch viele Hobbys – ich spiele Theater, ich lese gern, und ich spiele Tennis. Ich genieße meine Freiheit!" Denkt sie nie an eine neue Partnerschaft? „Nein, im Moment nicht. Ich brauche keinen Mann in meinem Leben – ich bin glücklich als Single!"

5 Not everybody has a family or is in a steady relationship. Maja Petruski is a single woman who has chosen to live on her own. After you've read the article once, look at the key words below and choose the English equivalent.

1 die Scheidung
2 das gemeinsame Haus
3 das Alleinsein
4 die Freiheit
5 die Partnerschaft

a freedom
b relationship
c marital home
d being single
e divorce

6 Read the article again. What does Maja say about being single? Find the German for:

1 I've been single for six years.
2 We're just not compatable.
3 I've rented a small apartment.
4 I enjoy being single.
5 We go out for meals together.
6 I enjoy my freedom.
7 I don't need a man in my life.

SPRACHTIP

Q: What do the verbs in the phrases on the left and right have in common?

Meine Ehe ist nicht schlecht.   Meine Ehe war nicht schlecht.
(My marriage isn't bad.)   (My marriage wasn't bad.)

Ich merke ... (I notice ...)   Ich merkte ... (I noticed ...)

A: They are the same verbs. The ones on the left are in the present tense, the ones on the right are examples of a past tense called the imperfect or simple past. See Grammar section 8.9.

7 Some singles are looking for a partner. One way of finding a new partner is through a 'Kontaktanzeige' (lonely hearts ad) via the Internet. Read the four ads which appeared on the Berlin on-line service. Who's looking for …

1 someone who's nice?
2 a loving older partner?
3 a partner who is honest?
4 someone young who's attractive?

8 And how do the four singles describe themselves?

Underline all the adjectives they use and then match them up with their English equivalents.

1	erfolgreich	a	dreamy
2	gut aussehend	b	faithful
3	häuslich	c	optimistic
4	locker	d	fun-loving
5	lustig	e	tolerant
6	optimistisch	f	easy-going
7	romantisch	g	home-loving
8	sportlich	h	successful
9	tolerant	i	sporty
10	treu	j	romantic
11	verträumt	k	good-looking

9 Now you decide who you would match up with whom – and give a reason!

Er sucht sie ♥ ♥ ♥ ♥ ♥ ♥ Sie sucht ihn

Name: Anton
Alter: 46
Größe: 1,73 m
Gewicht: 69 kg
Beruf: Kfz-Meister
Ich suche: ehrliche Partnerin über 25
Ich bin: treu, gut aussehend
Ich mag romantische Abende zu zweit und die schönen Dinge des Lebens! Ich gehe gern italienisch essen und interessiere mich für Musik.

Name: Michael
Alter: 43
Größe: 1,85 m
Gewicht: 87 kg
Beruf: Computerprogrammierer
Ich suche: junge attraktive Partnerin für nette Stunden zu zweit
Ich bin: sportlich, locker, erfolgreich
Ich mag schnelle Autos, Reisen in andere Länder und spiele gern Squash und Golf. Ich gehe gern in Jazzkonzerte, und ich interessiere mich für Computer.

Name: Friederike
Alter: 35
Größe: 1,63 m
Gewicht: 63 kg
Beruf: Fremdsprachensekretärin
Ich suche: netten Partner (35–45 Jahre) mit Humor (Nichtraucher)
Ich bin: optimistisch, lustig, tolerant
Ich mag Tiere (Katzen), Musik und interessiere mich für Sport (Volleyball). Ich gehe gern ins Kino und ich verreise gern.

Name: Luise
Alter: 28
Größe: 1,53 m
Gewicht: 51 kg
Beruf: Verkäuferin
Ich suche: liebevollen älteren Mann (35-50)
Ich bin: romantisch, verträumt, häuslich
Ich mag gute Gespräche mit Freunden, klassische Musik, romantische Liebesromane. Ich interessiere mich für die Natur, gehe gern spazieren und koche auch gern.

10 Ullrich is single and is looking for a partner via a dateline programme on a local radio station in Berlin. Look at the transcript on the right before you listen, to get an idea of what to expect and to help you to do the task more quickly. What are the missing words?

Hallo, ich bin der Ullrich. Ich … in Berlin, und ich bin 36 Jahre alt. Ich bin 1,89m … und ich wiege 82 Kilo. Ich bin Redakteur von … . Ich bin … und habe eine achtjährige … . Ich suche eine nette … . Ich bin … und häuslich. Ich … Musik. Ich interessiere mich für … . Ich gehe gern … , und ich lese … .

11 Now it's your turn – you're looking for a partner on the Berlin dating programme. Describe yourself in German. Here's what you have to say: (Prepare your answers before you start.)

Your name is Susi.
You're from Hanover.
You're 29 years old.
You're a student.
You're single.
You haven't got any children.
You're sporty.
You like children.
You're interested in computers.
You like playing tennis.
And you like reading.

12 Living together means sharing the daily chores as well. Listen to Annegret Richter explaining who does most of the chores at home and then decide whether the following statements are true (richtig = R) or false (falsch = F). You'll find any unfamiliar vocabulary in Speichern or in the Glossary.

	R	F
1 Annegret arbeitet nicht den ganzen Tag.	☐	☐
2 Sie putzt und passt auf die Kinder auf.	☐	☐
3 Ihr Mann macht sehr viel im Haushalt.	☐	☐
4 Er bringt abends die Kinder ins Bett.	☐	☐

Speichern

sich um … kümmern	to look after …
die Kinderfrau(-en)	nanny
der Haushalt(-e)	household
die Rollenverteilung(-en)	division of roles
halbtags	part-time
eine volle Stelle	a full-time position

Speichern

beispielsweise	for example
gelegentlich	occasionally
ich bin für die Technik zuständig	I'm responsible for technical jobs
kaputt	broken; also exhausted

13 In some families, the father stays at home to look after the children and the home. Bernd Dues from Berlin is such a 'Hausmann' (house husband) and talks about what he does. How does he say the following sentences?

1 I quite like going shopping.
2 I occasionally do the cleaning.
3 I like cooking.
4 My wife does the rest.

14 Putzen, kochen **and** einkaufen are not the only household chores! Here are some more. Look at the pictures, read the descriptions 1-6 and match them.

① aufräumen

② die Kinder ins Bett bringen

③ abwaschen ④ staubsaugen

⑤ bügeln

⑥ die Wäsche machen

● SPRACHTIP

Q: What's unusual about the following verbs:

abwaschen (to do the washing-up) – Ich wasche ab.

aufräumen (to tidy) – Ich räume auf.

A: These verbs are called separable verbs: they consist of a verb and another part or prefix (ein+kaufen). In the present (and simple past) the prefix is usually separated from the main part and goes to the end of the sentence – Ich kaufe ein. See Grammar section 7.2

15 Listen to Ingo Haase describing his household tasks. Look at the expressions from activity 14 (1-6) and write down next to them how often he does these chores. Choose from: immer, oft, manchmal, selten, nie.

● SPRACHTIP

Q: How do you say how often you do something in German?

A: You use the following words:

immer	always
oft	often
manchmal	sometimes
gelegentlich	occasionally
selten	seldom; rarely
nie	never

They always come after the verb (or the main part of it).

Ich koche selten.

Ich kaufe immer ein.

16 Now it's your turn to talk about household chores – prepare your answers before you switch on your audio. You …

1 always go shopping.
2 often do the washing up.
3 never cook.
4 sometimes do the tidying.
5 seldom do the washing.

Familie – alternativ

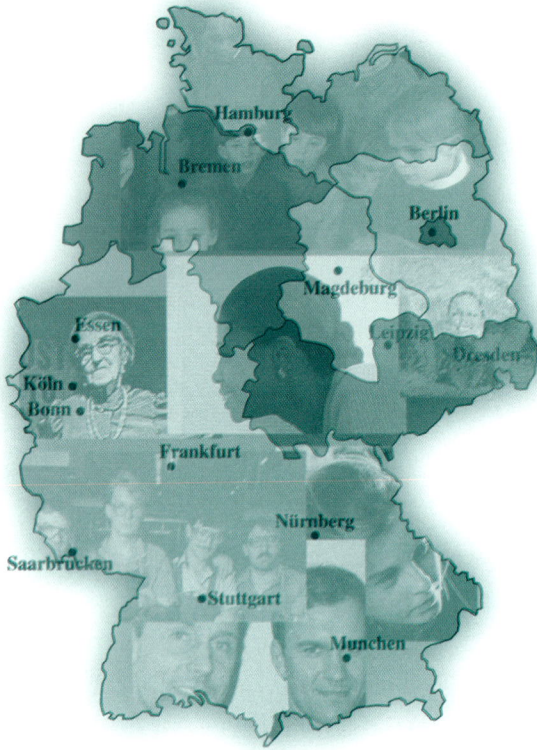

17 Is there such thing as 'die traditionelle Familie' (the traditional family) in Germany? Look at the illustrations and have a go at labelling them. Some of them you will already know.

1 der Single
2 das homosexuelle Paar
3 das Ehepaar ohne Kind
4 der allein erziehende Vater
5 die traditionelle Familie
6 die Wohngemeinschaft
7 die Familie mit Hausmann
8 die allein erziehende Mutter

18 In more and more families, both parents work. So who looks after the baby? Some modern German fathers opt for the 'Babypause' – instead of their wives giving up work or taking maternity leave, they are the ones who take paternity leave (der Erziehungsurlaub). What are their reasons? Before you read the article from *Brigitte*, study the Sprachtip. Are statements 1–6 richtig (R) or falsch (F)?

SPRACHTIP

Q: How does the word order change in sentences with 'weil' (because)?

A: Words like 'weil' send the verb to the end of that part of the sentence:

Ich bin gern Vater.
➤ Ich mache Babypause, weil ich gern Vater bin.

See Grammar section 10.3.

	R	F
1 Ralf Glindemann macht Babypause, weil seine Frau gerne arbeitet.	☐	☐
2 Der Babyurlaub ist positiv, weil er nicht gern Hausmann ist.	☐	☐
3 Die Arbeit ist stressig, weil er wenig zu tun hat.	☐	☐
4 Heinrich Fischer macht Babypause, weil er Spaß mit seinen Kindern hat.	☐	☐
5 Seine Arbeit ist positiv, weil er mehr Geld hat.	☐	☐
6 Die Arbeit ist manchmal anstrengend, weil er nicht viel Freizeit hat.	☐	☐

Heinrich Fischer, 35, Bauingenieur

„Ich kümmere mich seit sechs Monaten um meine beiden Kinder. Ich bleibe zu Hause, weil sie doch nur einmal klein sind – diese Zeit ist so schön! Meine Beziehung zu ihnen ist viel intensiver und liebevoller. Wir haben viel Spaß zusammen. Aber die Arbeit als „Vollzeit-Vater" ist auch anstrengend – Freizeit gibt es nicht! Und wir haben auch weniger Geld: ich bekomme jetzt nur 600 Mark pro Monat."

Dr. Ralf Glindemann, 46, Arzt

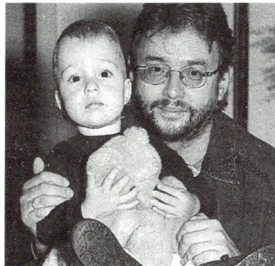

„Ich kümmere mich seit neun Monaten um meinen Sohn Felix (2), weil meine Frau lieber arbeitet. Ich bin aber gern Vater und Hausmann! Es gibt natürlich auch Nachteile: Mein Arbeitstag ist lang – ich arbeite von morgens um halb sieben bis abends um halb acht! Die Arbeit ist auch manchmal stressig, weil es so viel zu tun gibt: Waschen, Essen machen, mit Felix spielen – abends bin ich dann total müde."

19 Here are some more reasons why men might decide to take paternity leave – and some not so convincing reasons why some men still think bringing up baby is not their job! First, read the statements and decide which ones are 'für' (for) and which ones are 'gegen' (against) 'Erziehungsurlaub'. Then rewrite the sentences with 'weil'.

MODELL

Ich mache Babyurlaub, weil ich meine Kinder liebe.
Ich mache keinen Babyurlaub, weil das Frauenarbeit ist.

	für	gegen
1 Ich liebe meine Kinder.	☐	☐
2 Kinder machen zu viel Arbeit.	☐	☐
3 Das ist Frauenarbeit.	☐	☐
4 Meine Frau ist glücklich als Karrierefrau.	☐	☐
5 Ich wechsle nicht gern Windeln.	☐	☐
6 Ich koche nicht gern.	☐	☐
7 Kinder machen Spaß.	☐	☐
8 Ich bin gern zu Hause.	☐	☐

20 Some people live in less conventional relationships. Thomas and Michael, a gay couple from Berlin, talk to our interviewer Britta about their relationship. Listen and then decide whether the following statements are richtig (R) or falsch (F).

		R	F
1	Thomas und Michael sind seit drei Monaten ein Paar.	☐	☐
2	Sie leben seit über einem Jahr zusammen.	☐	☐
3	Sie hatten keine Angst vor dem Zusammenleben.	☐	☐
4	Das Zusammenleben hat viele Vorteile.	☐	☐
5	Ihr Leben zusammen ist sehr schön.	☐	☐
6	Michael putzt, und Thomas kauft ein.	☐	☐

SPRACHTIP

Sie haben sich kennen gelernt. They've met.
Sie haben festgestellt. They've noticed.

These are both examples of another past tense, the perfect tense. You will learn all about the perfect tense in Unit 3. See Grammar section 8.5-8.8.

21 A lot of Germans, especially students or younger people, choose another alternative form of living together. They live in a 'Wohngemeinschaft (WG)' (flat- or house-share) but are not emotionally attached. Here are some examples of three different types of WGs. Read the descriptions and match them up with the headings.

1 Zu zweit gegen das Alleinsein
2 Fünf Individualisten unter einem Dach
3 Die Prominenten-WG

a
Tina (26) und Heike (24) teilen sich ihre 6-Zimmer-Traumwohnung mit Thomas (23), Stefan (23) und Lars (22), drei Studenten.
„Zu Anfang war's sehr chaotisch – wir sind halt alle sehr verschieden. Aber jetzt leben wir gern zusammen. Nur das Putzen ist noch ein Problem."

b
Die bekannteste Wohngemeinschaft Deutschlands lebt in Sachsen in der Amtsvilla von Ministerpräsident Kurt Biedenkopf und seiner Frau Ingrid. Zu den Mitbewohnern gehören Politiker und weitere Mitarbeiter der Polit–Szene. Das gemeinsame Frühstück ist sehr wichtig.

c
Die Maskenbildnerin Uschi Reinhartz und der Sänger Dietmar Ziegler sind seit sieben Jahren Freunde – „aber mehr nicht", sagen sie. Die beiden Singles teilen sich seit zwei Jahren eine schöne 3-Zimmerwohnung in Hamburg.

22 Here's an article about another WG in Göttingen. Read it and then match the German phrases with their English equivalent.

1	der Streit	a	someone living in a WG
2	der Putzplan	b	cheaper
3	günstiger	c	privacy
4	der WGler	d	(sense of) community
5	die Gemeinschaft	e	cleaning rota
6	die Privatsphäre	f	argument

Die Studenten-WG

Anna (31), Studentin aus Göttingen, lebt seit 10 Jahren in einer WG mit drei anderen Studenten.

Aber die Wohnung ist nur 80 Quadratmeter groß: „Man ist selten allein, und das ist manchmal ein Problem," sagt Anna. „Ja, und schlecht ist auch, dass es so laut ist – Julia und Werner sind Jazzfans und hören bis spät in die Nacht ihre Musik!" Den meisten Streit gibt es aber um die (Un)sauberkeit: „Werner ist zum Beispiel ein „typischer" Mann: er macht nie sein Bett, räumt nie auf und zum Abwaschen hat er auch nie Zeit." Für die gemeinsamen Räume hat die WG jetzt einen Putzplan aufgestellt. Aber das Leben in einer WG hat auch seine Vorteile: „Die Miete ist günstiger, weil wir alle Kosten teilen," erklärt Anna. „Wir haben viel Spaß miteinander, und es ist gut, dass immer jemand da ist. Gut ist auch, dass wir eine richtige Gemeinschaft sind – aber man hat auch seine Privatsphäre." In einem Monat sucht die WG eine/n neue/n Mitbewohner/in. Was für eine Person suchen sie? „Ein guter „WGler" ist tolerant und lustig – das ist wichtig. Sauberkeit und Ordnung ist auch wichtig, weil wir uns die Hausarbeit teilen. Und er oder sie mag Tiere – wir haben zwei Katzen und einen Hund!"

SPRACHTIP

Q: What does the German word 'man' (Man ist selten allein.) mean?

A: Man means 'one, we/you/they', people in general. The verb form is the same as for 'er/sie/es'.

23 Read the article again. How does Anna say the following phrases in German? Write them down.

1 we have our privacy
2 it's good that we're a real community
3 we have lots of fun together
4 most of the arguments are about cleaning
5 it's bad that it's so noisy
6 it's good that there's always someone there
7 the rent is cheaper
8 you're rarely alone

24 Study your notes from activity 23. What are reasons for or against living in a 'WG'? First, decide which of the statements are positive or negative. Then rewrite them accordingly with:
Gut/Schlecht ist, dass …'

SPRACHTIP

Compare the following sentences:
   Es ist so laut.
      Schlecht ist, dass es so laut ist.
   Es ist immer jemand da.
      Gut ist, dass immer jemand da ist.
Like 'weil', 'dass' sends the verb to the end of that part of the sentence. See Grammar section 10.3.

25 Imagine you're a young teacher, looking for a room in a 'WG' and you've found a suitable one. The 'Mitbewohner' (fellow occupants) ask you questions to find out if you are the ideal candidate. Answer with the information below. Will they accept you? (Note that the 'WGler' will address you as 'du'!)

1 Your name is Karin.
2 You're 25.
3 No, you're a teacher.
4 You live in Bonn.
5 For three years.
6 You always do the washing up.
7 No, you never cook.
8 Yes, you like cats.
9 You like music and are interested in computers.

EX – Eine Zeitschrift für Geschiedene

442 605 Paare haben letztes Jahr in der Bundesrepublik geheiratet. Aber: Es gab auch 156 605 Scheidungen – das heißt: Über ein Drittel aller deutschen Ehen werden heute geschieden. Deshalb gibt es jetzt die erste deutsche Zeitschrift für Geschiedene! „EX" heißt die „Illustrierte für Trennung, Scheidung und Neuanfang". Sie erscheint jeden Monat, hat 68 Seiten und kostet 6.50 DM. Dort gibt es dann Tips gegen die Einsamkeit, Artikel zum Sorgerecht (d.h. wer nach der Scheidung die Kinder bekommt), Informationen zum Unterhalt (wie viel Geld der Vater oder die Mutter zahlen muss) – und vieles mehr …

High-Tech-Scheidung in Berlin

Eine Scheidung kann oft mehrere Wochen oder Monate dauern. Im Kreuzberger Familiengericht ist das jedoch anders: Dort dauert eine Scheidung nur Minuten! Die Stadt Berlin hat dort alle Büros mit Computern eingerichtet. Die Mitarbeiter arbeiten nicht mehr mit Bleistift und Papier, sondern mit Tastatur, Computerprogrammen und Laserdrucker. „Computer gibt es heute fast überall am Arbeitsplatz", sagt der Kreuzberger Familienrichter Rudolf Vossenkämper, „warum nicht auch bei uns? Ich sehe nur Vorteile: Unsere Arbeit ist jetzt viel einfacher, unkomplizierter und schneller."

Hochzeit im Internet

In den USA ist es heute schon möglich: die Hochzeit im Internet! Sue Helle und Lynn Bottoms aus Seattle waren das erste glückliche Cyberspace-Ehepaar: Per Computer versprachen sie dem Reverend Buchanan mit dem Worten „Ich will" (I do), einander treu zu bleiben. Nach virtueller Predigt und Musik aus dem Computer war dann die Ehe per Tastendruck perfekt.

Kein Kind darf Lufthansa heißen

In einigen Ländern Europas können Eltern ihre Kinder nennen, wie sie wollen. In Deutschland ist das jedoch anders. Dort akzeptiert der Staat nur Vornamen, die „dem Kind nicht schaden" – alle anderen „Namen oder Buchstabenkombinationen, die generell keine Vornamen sind", dürfen nicht gewählt werden. Das heißt: Pech für die Eltern, die ihre Söhne und Töchter „Sony", „Lufthansa" oder „Don Juan Carlos" nennen wollen – sie müssen sich für traditionellere Vornamen entscheiden.

PUST!

BERND!

SCHON WIEDER ICH?... ICH HAB DOCH ERST '92 DIE BUDE AUF VORDER MANN GE-BRACHT!

PUTZPLAN

WER IS EIGENTLICH DIES JAHR MIT PUTZEN DRAN?

GUCK AUF'N PLAN!

Sebby

...TJA, DIE ZEIT RAST!

Die älteste WG-Bewohnerin Deutschlands

Hedwig Grimm ist 83 Jahre alt und wohnt in Hannover. Viele ihrer Freundinnen leben im Altersheim – aber das war nichts für Hedwig Grimm: „Mein Mann starb vor zehn Jahren. Wir haben keine Kinder, die sich danach um mich kümmern konnten. Aber ich fühlte mich zu jung und zu selbständig für ein Leben im Altersheim!" Dann hörte Hedwig Grimm von einer ganz besonderen Wohngemeinschaft am Stadtrand von Hannover: „Dort wohnen Jung und Alt unter einem Dach. Ich dachte: Das ist genau das Richtige für mich!" Seit über neun Jahren wohnt Frau Grimm in der WG am Herholzer Wald: „Zu unserem Haushalt gehören acht Personen: zwei Senioren, vier Erwachsene und zwei Kinder. Wir haben ein gemeinsames Wohnzimmer und eine Küche. Dort kochen wir jeden Tag zusammen." Hedwig Grimm ist glücklich in ihrer unkonventionellen WG: „Jetzt habe ich wieder eine Aufgabe: ich passe auf die beiden Kinder auf, während ihre Eltern arbeiten. Das beste ist: Es ist immer jemand da – ich fühle mich nie einsam!"

Are the statements about Germany's oldest 'WG-Bewohnerin' 'richtig' (R) or 'falsch' (F)?

	R	F
1 Hedwig Grimms Freundinnen leben im Altersheim.	☐	☐
2 Sie sagt, dass sie dafür zu jung ist.	☐	☐
3 Sie lebt in einer WG nur mit anderen alten Leuten.	☐	☐
4 Sie lebt dort seit acht Jahren.	☐	☐
5 Sie ist glücklich, weil sie wieder eine Aufgabe hat.	☐	☐
6 Sie macht die Hausarbeit.	☐	☐
7 Das beste ist, dass immer jemand da ist.	☐	☐
8 Sie sagt, dass sie oft einsam ist.	☐	☐

Sprechen Sie sich aus!

Ich heiße Carola, und ich bin 39 Jahre alt. Ich bin seit vier Jahren geschieden – und unglücklicher Single. Mein größtes Problem ist die Einsamkeit: Fast jeden Abend sitze ich allein zu Haus. Meine Freundinnen sind alle verheiratet oder haben einen festen Partner. Sie haben nie Zeit für mich, weil sie lieber mit ihren Männern zusammen sind. Ich kann's ja auch verstehen, aber auch ich bin nicht gern (d.h. freiwillig) allein! Ich suche nicht das Alleinsein – ich suche einen neuen Partner! Warum versteht das denn niemand?

1 How would you say in German:

1 I have one son.
2 I live with my partner/girlfriend.
3 I'm single.
4 I have no kids.
5 I've been married for five years.

☐ / 5 POINTS

2 Imagine you've been divorced for 10 years, you have two daughters, you have a nanny who looks after your children and you all live in a houseshare. Now answer the questions in German.

1 Sind Sie verheiratet?

----

2 Seit wann sind Sie geschieden?

----

3 Haben Sie Kinder?

----

4 Wer kümmert sich um die Kinder?

----

5 Wo wohnen Sie?

☐ / 5 POINTS

3 Rearrange the jumbled-up words into proper statements.

1 Mann/auf/Kinder/mein/passt/die/auf
2 wasche/ich/ab/gelegentlich
3 Supermarkt/am/steigen/wir/aus
4 die/Kinder/auf/Kinderzimmer/räumen/abends/das
5 nie/kauft/Vater/unser/ein

☐ / 5 POINTS

4 How would you say in German:

1 I'm looking for a nice partner.
2 I like going for walks.
3 I'm interested in sports.
4 I like cats and classical music.

☐ / 4 POINTS

5 Was ist ...

1 ein Hausmann?
☐ a 'househusband'   ☐ a man who works at home

2 eine Wohngemeinschaft?
☐ a flat for singles   ☐ a house- or flatshare

3 eine allein erziehende Mutter?
☐ a single woman   ☐ a single mother

4 ein Erziehungsurlaub?
☐ leave for parents   ☐ a family holiday

5 ein Vollzeit-Vater?
☐ a full-time father   ☐ a father who works

☐ / 5 POINTS

6 Rewrite the sentences below with 'weil' and 'dass'.

1 Ich bin ein Single. Ich bin gern allein. (weil)
2 Es ist schön. Wir haben viel Spaß. (dass)
3 Ich wohne in einer WG. Das ist billiger. (weil)
4 Ich mache Babyurlaub. Ich liebe meinen Sohn. (weil)
5 Es ist schlecht. Man ist nie allein. (dass)
6 Sie lebt im Altersheim. Sie hat keine Familie. (weil)

☐ / 6 POINTS

TOTAL ☐ /30 POINTS

Ausbildung

An der Volkshochschule gibt es tolle Kurse – ich mache gerade einen Computerkurs!

Lernpunkte

Talking about education and training

Talking about your studies

Talking about your plans and career

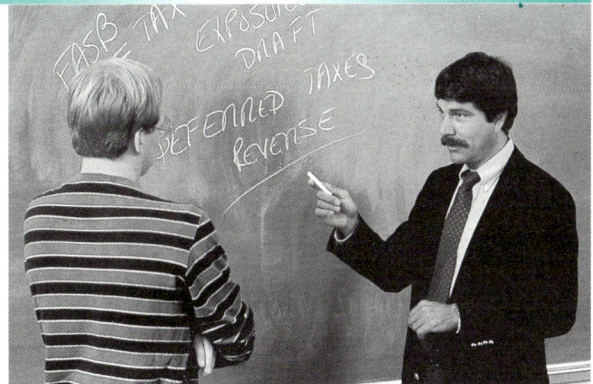

Ich muss noch ein Jahr zur Schule gehen, und dann mache ich Abitur!

Ich habe Englisch und Sport studiert und bin jetzt Lehrer.

Ich mache eine Lehre in einem Männerberuf – ich werde Kfz-Mechanikerin!

Wissenswert!

All children start school at six when they enter the **Grundschule**. After four years they move on to the **Orientierungsstufe** for two years. Then the system splits into three streams:

Das Gymnasium (the equivalent of a Grammar School) which leads students to their 'Abitur' for which they have to take at least eight subjects.

Die Realschule which leads to the 'mittlere Reife'. The educational standard and syllabus lies between Grammar School and Secondary Modern School.

Die Hauptschule (Secondary Modern School) which leads to a Hauptschulabschluss.

Speichern

Was für eine Schulbildung haben Sie?	What kind of education have you had?
Ich habe ... Abitur.	I've got ... (the equivalent of) A Levels
... die mittlere Reife (gemacht).	... (the equivalent of) GCSEs
Ich habe ... studiert.	I (have) studied ...
... eine Lehre gemacht.	... done vocational training.

1 Listen to Susanne Herbst and Ute Kietzmann talking about their education. Then read the statements below. Are they richtig oder falsch?

	R	F
1 Susanne hat Abitur gemacht.	☐	☐
2 Sie hat in Berlin studiert.	☐	☐
3 Sie hat Deutsch und Englisch studiert.	☐	☐
4 Sie hat vier Jahre studiert.	☐	☐
5 Ute hat auch Abitur gemacht.	☐	☐
6 Sie hat eine Lehre als Einzelhandelskauffrau gemacht.	☐	☐
7 Sie hat nicht in einer Buchhandlung gearbeitet.	☐	☐
8 Die Lehre hat drei Monate gedauert.	☐	☐

2 Write down the correct articles for the following compound nouns.

1 der Betrieb + das Fest
   … Betriebsfest

2 die Hauptschule + der Abschluss
   … Hauptschulabschluss

3 der Fremde + der Verkehr + das Amt
   … Fremdenverkehrsamt

4 das Volk + die Hochschule + der Kurs
   … Volkshochschulkurs

3 Read the jumbled-up sentences and put them in the correct order.

1 habe/Berlin/ich/studiert/in
2 gemacht/Sohn/Lehre/mein/hat/eine
3 drei/Ausbildung/gedauert/die/hat/Jahre
4 München/gewohnt/haben/in/wir
5 Sandra/gearbeitet/in/hat/Buchhandlung/einer
6 gemacht/die/hat/Ausbildung/Spaß

SPRACHTIP

| der Handel (trade) | der Einzelhandel (retail trade) |
| die Frau (woman) | die Einzelhandelskauffrau (retail tradeswoman) |

Some German words consist of two or more words which are joined together. They are called compound nouns and they always take the article of the last noun they consist of.

Speichern

die Universität(-en)	university
die Ausbildung	education, training
der Einzelhandelskaufmann(-frau)	retail tradesman (-woman)
der Betrieb(-e)	company, firm
die Buchhandlung(-en)	bookshop

SPRACHTIP

| Ich mache eine Lehre. | Ich habe eine Lehre gemacht. (I have done vocational training.) |
| Ich studiere. | Ich habe studiert. (I have studied.) |

These are both examples of the perfect tense.

Q: So how do I form the perfect tense?
A: Much as in English, with the appropriate form of 'have' (haben) plus the past participle (e.g. done = gemacht, studied = studiert), but this goes to the end of the sentence. This is formed for most verbs as follows:

haben + ge……(e)t (Past participle)

ich habe gemacht (machen); sie hat gearbeitet (arbeiten)

For some verbs, however, the past participle is not formed like this, e.g:

trinken (to drink)	Ich habe Kaffee getrunken.
studieren (to study)	Sie hat studiert.
besuchen (to go to, visit)	Ich habe die Universität besucht.

See Grammar section 8.5–8.8.

4 Now read the questions below and answer them in complete sentences using the perfect tense.

MODELL

Haben Sie Abitur gemacht?   (Nein, mittlere Reife)
Nein, ich habe die mittlere Reife gemacht.

1 Wo haben Sie gearbeitet?   (in einem Betrieb)
2 Haben Sie eine Lehre gemacht?   (Ja)
3 Haben Sie eine Universität besucht? (Ja)
4 Wie lange haben Sie dort studiert? (vier Jahre)
5 Wo haben Sie Deutsch gelernt?   (in Berlin)

5 Now it's your turn to speak about your education – imagine you've got A levels, (Abitur) you've studied English for five years, then you've completed vocational training which took three years and you've worked in a company. Here are the questions you will be asked. You might want to prepare your answers beforehand.

1 Was für eine Schulbildung haben Sie?
2 Haben Sie danach studiert?
3 Wie lange haben Sie studiert?
4 Was haben Sie danach gemacht?
5 Wie lange hat die Ausbildung gedauert?
6 Haben Sie auch gearbeitet?

SPRACHTIP

Compare the following:
   Ich habe in einem Betrieb gearbeitet.
   (masculine)
   Ich habe in einer Buchhandlung gearbeitet.
   (feminine)
   Ich habe in einem Theater gearbeitet.
   (neuter)
'ein' changes its endings according to the preposition (the words for 'in', 'for', 'to' etc.) it follows and the gender of the noun. See Grammar section 2.5.

6 What different school types are there in Germany? Study the diagram on the left and complete the sentences in German.

1 Alle Schüler (6–10 Jahre) gehen zur ... .
2 Danach besuchen sie für zwei Jahre die ... .
3 In der ... macht man Hauptschulabschluss.
4 Die ... dauert vom 7. bis zum 10. Schuljahr.
5 Auf dem ... macht man das Abitur.
6 Die ... ist eine Mischung aus Gymnasium, Realschule und Hauptschule.

Alter	Klasse				
18	13	Gesamtschule	Gymnasium	Realschule	Haupt-schule
17	12				
16	11				
15	10				
14	9				
13	8				
12	7				
11	6	Orientierungsstufe			
10	5				
9	4	Grundschule			
8	3				
7	2				
6	1				

7 These days nearly 30% of German schoolchildren are aiming for the 'Abitur'. Read the article about one of them, Christoph Kröger from Bonn. Then read the German words below and choose their appropriate English translation.

1 kaputt   a ☐ exhausted   b ☐ relaxed
2 das Prüfungszimmer(-)   a ☐ hotel room   b ☐ exam room
3 die Abitursklausur(-en)   a ☐ homework   b ☐ exam paper
4 schaffen (geschafft)   a ☐ to pass   b ☐ to fail
5 mündlich   a ☐ oral   b ☐ written
6 der Beruf(-e)   a ☐ job   b ☐ free time
7 der Notendurchschnitt   a ☐ money   b ☐ average marks
8 das Fach(¨-er)   a ☐ subject   b ☐ fact

„Puh, ich bin kaputt!"

Christoph Kröger (18) kommt aus dem Prüfungszimmer heraus. Er hat gerade seine letzte Abitursklausur geschrieben:

„Geschichte – das ist mein schlechtestes Fach", sagt er. „Aber ich habe in den letzten Wochen viel gelernt – ich glaub', ich hab's geschafft! Ich muss aber noch die mündlichen Prüfungen machen." Abitur – das bedeutet: Man muss 13 Jahre lang zur Schule gehen. Ist das nicht zu lang? „Nein, das finde ich nicht. Mit dem Abitur hat man bessere Chancen im Beruf – und ich will später einen guten Job haben!" Christoph hat recht: Nicht nur für ein Studium braucht man Abitur. Auch in vielen Berufen haben Abiturienten bessere Chancen als Schüler mit mittlerer Reife oder mit Hauptschulabschluss. Deshalb gehen heute fast 30 Prozent aller Schüler auf das Gymnasium und machen Abitur. Und was möchte Christoph nach dem Abitur machen? „Ich möchte gerne studieren", sagt er. „Am liebsten Medizin. Aber das ist nicht einfach: Man braucht einen sehr guten Notendurchschnitt." In immer mehr Studienfächern gibt es den Numerus Clausus, d.h. nur die besten Abiturienten dürfen diese Fächer studieren. Und was macht Christoph, wenn er keinen Studienplatz bekommt? „Das kann ich noch nicht sagen. Vielleicht mache ich eine Lehre", sagt Christoph. „Aber so weit bin ich ja noch nicht - ich muss ja erstmal mein Abitur haben!"

8 Now read the article again and answer the questions in English.

1 Why is Christoph exhausted?
2 What is his worst subject?
3 Why does he think he did all right?
4 What school-leaving qualifications give students a better chance in the working world?
5 How many students are doing their Abitur these days?

9 Study the phrases below. How would Christoph say them in German?

1 I have to do my orals.
2 You have to go to school for 13 years.
3 I want to have a good job.
4 I would like to study.
5 Only the best 'Abiturienten' are allowed to study.
6 I can't say that yet.
7 I have to do my 'Abitur' first.

SPRACHTIP

Compare the following phrases:

Ich gehe zur Schule.
Ich muss zur Schule gehen.
(I have to/must)

Ich mache Abitur.
Ich will Abitur machen.
(I want to/plan to)

Ich studiere dieses Fach.
Ich darf dieses Fach studieren.
(I may)

Ich besuche die Universität.
Ich kann die Universität besuchen.
(I can)

Ich studiere Medizin.
Ich möchte Medizin studieren.
(I'd like to)

If you want to talk about what you have to, want to, may do or can do, you use 'müssen', 'wollen' 'dürfen' or 'können'. These are called modal verbs. When using modal verbs, the other verb goes to the end of the sentence. See Grammar section 7.1.

10 Listen to Katja and Jonas talk about their school and their plans for the future. Then fill in the gaps in the tapescript below.

Katja, 17 Jahre:

Ich besuche ein … . Ich … später Abitur machen, und ich … auch studieren – am liebsten … . Aber für ein Studium … ich keine schlechten Noten haben. Darum … ich viel lernen!

Jonas, 16 Jahre:

Ich gehe auf eine … . Ich … noch ein Jahr zur Schule gehen – ich … die mittlere Reife machen. Danach … ich dann eine Lehre machen. Am liebsten … ich eine Lehre in einem Kindergarten machen.

11 Rewrite these phrases using modal verbs.

1 Ich spreche ein bisschen Deutsch (can).
2 Ich lerne für eine Prüfung (must).
3 Ich studiere in Deutschland (would like to).
4 Ich mache eine Lehre (want to).
5 In England geht man auch nachmittags zur Schule (has to).
6 Auf dem Gymnasium macht man Abitur (can).
7 Ich mache die mittlere Reife (want to).
8 Ich besuche eine amerikanische Universität (would like to).

12 Now you can take part in our 'Deutsch Plus 2 Quiz' on education. Here are the questions the host is going to ask you. Prepare your answers with the information below.

Wie heißen Sie?	(Give your own name)
Sie können deutsch sprechen?	(Ja, ich kann …)
Wie lange muss man zur Realschule gehen?	(Man … vier Jahre …)
Was kann man auf der Realschule machen?	(die mittlere Reife)
Was möchten Sie danach machen?	(eine Lehre)
Was kann man auf dem Gymnasium machen?	(Abitur)
Was muss man dort machen?	(sehr viel lernen)
Was möchten Sie danach am liebsten machen?	(Informatik studieren)

13 Most German students attend state schools (staatliche Schulen). But what do they think about their schools? Read the article to find out. Then read the statements below – who said what?

1 The pressure to do well is awful.
2 I'm supposed to revise for my exams.
3 I'm afraid of violence at school.
4 Students only think of themselves.

Speichern

die Klasse(-n)	class
der Leistungsdruck (sing.)	pressure to do well
traurig	sad
die Gewalt (sing.)	violence
die Angst (¨-e)	fear
das Zeugnis(-se)	report
trocken	dry
egoistisch	selfish
die Hausaufgaben (pl.)	homework

„Schule ist ...”

Ich gehe auf ein Gymnasium und bin in der 12. Klasse. Schule ist nur Stress, finde ich. Der Leistungsdruck ist furchtbar: Nur mit guten Noten kann man später studieren. Aber ein guter Notendurchschnitt ist doch nicht alles!
Jana, 18

Schule ist ein Fulltime-Job - das finde ich nicht gut. Jeden Tag habe ich sechs Stunden Unterricht. Nachmittags muss ich dann Hausaufgaben machen, und danach soll ich auch noch für Klausuren lernen! Zeit für Hobbys hab ich nicht. Tobias, 16

Ich lerne nur für die Schule und für das nächste Zeugnis - nicht fürs Leben. Der Unterricht ist trockene Theorie. Schlimm finde ich auch: Die meisten Schüler denken nur noch an sich - sie sind total egoistisch.
Annika, 19

Meine Gesamtschule ist zu groß und zu anonym. Es gibt dort über 1000 Schüler. Die Schüler aus anderen Klassen kenne ich gar nicht - das finde ich traurig. Es gibt auch viel Gewalt in unserer Schule. Davor habe ich Angst.
Tuka, 17

Wissenswert!

Die Waldorfschule
Stuttgart, 1919: Rudolf Steiner (1861-1925) gründet in Zusammenarbeit mit dem Leiter der Waldorf-Astoria-Zigarettenfabrik die erste Waldorfschule für die Kinder der Waldorf-Astoria-Arbeiter.

Prinzip und Konzept
- Each child is individual. They all have their own talents and skills and their own individual learning pace
- The development of artistic and manual skills is as important as that of academic ones
- From the first year the children learn foreign languages (via songs and games), dance and movement, drama, painting, carpentry etc.
- Social behaviour is reinforced, with the children helping and supporting each other, both inside and outside the classroom
- There are no conventional grades, only oral reports throughout the school year and a detailed written developmental report at the end of the year

Speichern

gründen	to found; to establish
entwickeln	to develop

14 Read the letter from a father explaining why he has opted for a 'Waldorfschule' education for his daughter. Then answer the questions below.

1 For how long has Saskia attended the 'Waldorfschule'?
2 Why didn't she like her previous school?
3 What did the students there not have time for?
4 How does Saskia feel about her new school?
5 What's different there?
6 What do the children learn in their first year?

Seit drei Jahren geht Saskia (14) auf die Waldorfschule hier in Berlin-Reinickendorf. Davor hat sie ein staatliches Gymnasium besucht. Die Schule hat ihr gar nicht gefallen: „Ich muss hier nur lernen - das ist der totale Stress!", hat sie immer gesagt. Und dann der Leistungsdruck, dieses ständige „ich muss gute Noten haben" - die Schüler denken nur noch an sich und an das nächste Zeugnis. Zeit zum Spielen, zum „Kindsein" haben sie nicht. Außerdem war ihr altes Gymnasium groß und anonym, und es gab viel Gewalt. Doch jetzt geht Saskia gern zur Schule! Auf der Waldorfschule ist alles anders: Sie lernt dort traditionelle Fächer, aber Theater, Tanzen, Malen und Handwerken sind genauso wichtig. Die Schüler lernen schon in der ersten Klasse Fremdsprachen (Englisch und Französisch) - ohne Stress. Unsere Saskia ist glücklich auf der Waldorfschule - und wir Eltern sind es auch!

15 Listen to the interview with **Herr Anschau, the head of a** 'Waldorfschule' in Berlin-Reinickendorf. Then cross out the false information and correct it in the statements.

1 Die Waldorfschule ist eine staatliche Schule.
2 Es gibt 600 Waldorfschulen in Deutschland.
3 Auf der ganzen Welt gibt es 165 Waldorfschulen.
4 Die Schüler kommen mit 13 Jahren zur Waldorfschule.
5 Sie bleiben bis zur 19. Klasse.
6 Die Schule kostet 210 Mark pro Jahr.

16 Finally, we've asked four students from the Waldorfschule in Berlin what they want to do after their 'Abitur'. Read their statements below. How do they say the following in German:

1 I'm going to go abroad for a year.
2 I'm not going to do anything.
3 I'm going to study.
4 I'm going to work in a hotel.
5 I'm going to look for a job.

- Ich werde auf jeden Fall studieren - am liebsten Medizin. Meine Eltern sind auch Ärzte.
- Ich werde wohl eine Lehre in einem handwerklichen Beruf machen – vielleicht als Tischler!
- Ich werde für ein Jahr ins Ausland gehen, nach Spanien. Dort werde ich in einem Hotel arbeiten.
- Ich werde erstmal einige Monate nichts machen
- Ich muss mich vom Abitur erholen! Danach werde
- Ich mir dann irgendeinen Job suchen.

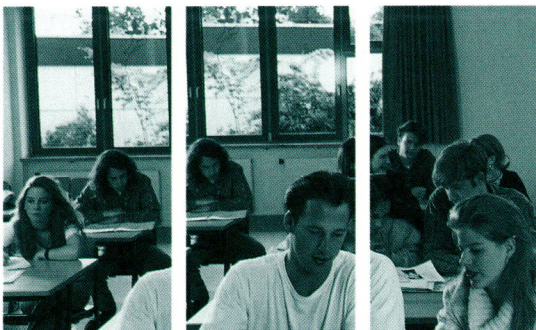

17 What will Herr Anschau from the 'Waldorfschule' be doing tomorrow morning? Rewrite his statements using 'werden'.

1 Ich trinke Kaffee mit den Kollegen.
2 Ich arbeite an meinem Computer.
3 Ich schreibe Briefe an die Eltern.
4 Ich spiele mit der 10. Klasse Fußball.
5 Ich lese die Klausuren der Abiturienten.
6 Ich mache Mittagspause!

18 Now it's your turn. Imagine you'll be doing your exams in a couple of weeks and you have to revise a lot. Here's what you've vowed to do.

1 You're going to do your 'Abitur'.
2 You're going to study every evening.
3 You're going to read lots of books.
4 You're going to do your homework.

20 Michaela from Stuttgart has opted for a 'Lehre' in a traditionally male environment. Read her story on page 41. Then read the notes below which the journalist who interviewed Michaela wrote. Correct the six mistakes.

macht seit einem Jahr eine Lehre bei Mercedes (Kfz-Mechanikerin)

die Arbeit hat ihr am Anfang sehr gut gefallen

die anderen Männer haben blöde Sprüche gemacht

arbeitet zwei Tage pro Woche bei BMW

findet die Arbeit sehr interessant

geht zwei Nachmittage pro Woche zur Berufschule

ist in 12 Monaten fertig mit der Ausbildung

möchte später gern den Meister machen und danach studieren

SPRACHTIP

In German, there are two ways to say what you're going to do in the future:

1 You can use the present tense together with an expression of time:
Ich arbeite morgen den ganzen Tag.
(I'm going to work all day tomorrow.)

2 If there is no indication of time, you can use the verb 'werden' (will). It behaves like a modal verb, i.e. the second verb always moves to the end of the sentence.
Ich werde den ganzen Tag arbeiten.
(I will work all day.)

19 Most school-leavers from the 'Hauptschule' and 'Realschule' opt to do a 'Lehre'. Listen to Elisabeth and answer the questions below in English.

Extra vocabulary: die Krankengymnastik = physiotherapy; eben = just; Praxis orientiert = practically/vocationally oriented.

1 What training has Elizabeth opted for?
2 Where does she do her training?
3 What does it focus on?
4 How is her day divided up?
5 When do her classes end?

Speichern

Ich suche eine Lehrstelle.	I'm looking for a place as an apprentice.
Ich mache eine Lehre als Bankkaufmann/frau.	I'm doing an apprenticeship as a qualified bank clerk.
Ich mache eine Ausbildung in einer Kfz-Werkstatt.	I'm doing my training in a vehicle repair shop.
Die Lehre/Ausbildung dauert drei Jahre.	The apprenticeship/training takes three years.

Mädchen in Männerberufen

Michaela Runge (18) macht seit zwei Jahren eine Lehre als Kfz-Mechanikerin bei BMW in Stuttgart. Warum hat sie sich für eine Lehre in einem typischen Männerberuf entschieden?

„Ich habe mich schon als Kind sehr für Autos interessiert", erzählt sie. „Und mein Vater und meine beiden Brüder sind auch Kfz-Mechaniker. Für mich war immer klar: Das ist mein Traumberuf!" Am Anfang hat ihr die Arbeit aber gar nicht gefallen, weil sie das einzige Mädchen im Betrieb war: „Die anderen Lehrlinge und Mechaniker haben immer blöde Sprüche gemacht: 'Mädchen stören hier bloß!' oder 'Das kannst du ja doch nicht!' – so was habe ich den ganzen Tag gehört." Nach einigen Wochen haben die Männer sie aber dann doch akzeptiert: „Sie haben eben gemerkt: Ich kann genauso hart arbeiten wie sie!" lacht Michaela. Seitdem arbeitet sie drei Tage in der Woche in der Montagehalle bei BMW. „Die Arbeit ist sehr interessant, und ich langweile mich nie – das finde ich super!" Zwei Tage in der Woche besucht sie die Berufsschule – dort lernt sie die Theorie. In einem Jahr ist Michaela mit ihrer Lehre fertig. Was sind ihre Pläne für die Zukunft? „Ich möchte gern meinen Meister machen und später meine eigene Kfz-Werkstatt haben", sagt sie. „Das ist mein Traum!"

21 Now read Michaela's diary entries for the first weeks of her 'Lehre'. They are all written in the present tense. Underline the equivalent phrases in the perfect tense in the article.

Ich höre den ganzen Tag: „Mädchen stören hier!"

Die Arbeit gefällt mir gar nicht!

Sie merken: ich kann hart arbeiten!

Die Männer machen immer blöde Sprüche.

Hurra! Sie akzeptieren mich jetzt!

22 Now read Michaela's diary entries for last Saturday and rewrite them using the simple past starting each sentence with 'Ich habe ...'

Samstag

11 Uhr: mit Tom Tennis spielen
12 Uhr: ein Buch für die Berufsschule kaufen!
14 Uhr: Hausaufgaben machen
16 Uhr: in Vatis Werkstatt arbeiten
18 Uhr: für die Prüfung lernen!
20 Uhr: bei Jule Musik hören

23 Now it's your turn to speak. Imagine you are one of the other 'Lehrlinge in Michaelas Betrieb'. These are the questions you will be asked. Prepare your answers using the information below.

1 Wo machen Sie Ihre Ausbildung?   (bei BMW in Stuttgart)
2 Was für eine Lehre machen Sie hier?   (Kfz-Mechaniker)
3 Wie lange dauert die Ausbildung?   (drei Jahre)
4 Wie gefällt Ihnen die Arbeit?   (sehr gut)
5 Wann besuchen Sie die Berufsschule?   (zwei Tage pro Woche)
6 Wo möchten Sie später gern arbeiten?   (hier bei BMW)

24 Each year, over 200 000 German 'Abiturienten' enrol for a university course and there are almost two million students in German universities. But what subjects are on offer? Read the information and match the German courses up with their English equivalents. Two have already been done for you.

Speichern

Ich besuche eine Universität.	I'm going to a university.
Ich studiere an der Humboldt-Universität.	I'm studying at the Humboldt University.
Ich studiere ...	I'm studying ...
Germanistik.	German.
auf Lehramt.	to become a teacher.
auf Diplom.	to take a diploma.
Ich bin im 3. Semester.	I'm in the third semester.
Ich muss wahrscheinlich noch ... studieren.	I'll probably have to study for another ...
Mein Studium dauert noch ...	My studies will go on for ...

Sommersemester

1	Germanistik	a	Educational Theory
2	Anglistik	b	Catholic Theology
3	Amerikanistik	c	Economics
4	Geschichte	d	French
5	Psychologie	e	English Studies
6	katholische Theologie	f	Philosophy
7	Pädagogik	g	German Studies
8	Französisch	h	History
9	Volkswirt- schaftslehre	i	Psychology
10	Philosophie	j	American Studies

25 Listen to three students from the Humboldt University talking about their courses and fill in the grid below.

Wissenswert!

In German universities, 'ein Semester' is a session of six months.

	Diana	Michael	Anja
studiert:			
ist in welchem Semester?			
muss noch wie lange studieren?			

Wissenswert!

ERASMUS, (named after the philosopher, theologian and humanist Erasmus of Rotterdam [1465-1536]) is open to all types of institutions of higher education, e.g. universities. Apart from financial support for the participating universities for teaching staff exchanges etc., ERASMUS offers direct financial grants to students who want to go on a study exchange (between 3 months and a full academic year).

26 Imagine you're a student in the UK and you're about to go on an ERASMUS exchange to Germany. You're going to meet other students – can you work out what you might want to ask them? Here are some answers – read them and then write down your questions in German.

1 Ich studiere an der Humboldt-Universität.
2 Ich studiere Französisch und Sport.
3 Ja, ich studiere auf Lehramt.
4 Ich bin im siebten Semester.
5 Ich muss noch zwei Semester studieren.

27 You've received the following e-mail message from a German student who's about to come to the UK for an ERASMUS exchange. Read it and write a reply using the message as your model. You're attending Manchester University, you're studying German and English to become a teacher, you're in your fourth term and you have to study for another five terms. After that you'd like to work as a teacher in Germany.

> Hallo! Wer schreibt mir? Ich studiere an der WilhelmsUniversität in Münster. Ich studiere Biologie und Germanistik auf Lehramt. Ich bin im 7. Semester, und ich muss noch drei Semester studieren. Danach möchte ich als Lehrerin arbeiten.

28 Now it's your turn: you're ringing the ERASMUS tutor who will be your contact during your stay in Germany. She wants to know a bit more about you. These are the questions you will be asked – answer them using your message from activity 27.

1 Wo studieren Sie?
2 Was studieren Sie?
3 Studieren Sie auf Lehramt?
4 In welchem Semester sind Sie?
5 Wie lange müssen Sie noch studieren?
6 Was möchten Sie danach machen?

Wissenswert!

SOCRATES is the European Community's education programme which is available to all 15 member states of the European Union as well as Iceland, Liechtenstein and Norway. It continues and extends a number of other EC programmes including ERASMUS (higher education) and LINGUA (language-learning). It also interacts closely with other European initiatives like the LEONARDO programme for vocational training.

SOCRATES contains a broad range of activities, including:

• exchanges
• transnational training courses for educational staff
• transnational projects, networks, partnerships and associations
• joint development of curricula, teaching materials, modules and other educational products

SOCRATES' main objectives are:

• to develop the European idea of education
• to promote improved knowledge of European languages and intercultural dimension
• to promote the mobility of students and teaching staff
• to encourage recognition of diplomas, periods of study and other qualifications by all members

Erwachsenenbildung

„Ich mache einen Anfängerkurs in Englisch"

„Ich mache einen Bauchtanzkurs"

„Ich mache einen Kurs für die Mittelstufe"

29 Many Germans attend adult education classes or courses at adult education centres (Volkshochschulen or VHS). Listen to three of them and fill in the grid.

Extra vocabulary: Erwachsenenbildung = adult education.

	was für einen Kurs?	wann/wie oft/Stufe?
Herr Elsner		
Frau May		
Herr Lemke		

31 Why have Herr Elsner, Frau May and Herr Lemke decided to enrol in these particular courses? Listen to the audio and then choose the appropriate sentences.

1 Herr Elsner macht einen Spanischkurs,
  a ☐ weil er oft nach Spanien fährt.
  b ☐ weil seine Tochter in Spanien lebt.
2 Frau May macht Bauchtanz,
  a ☐ weil sie nicht tanzen kann.
  b ☐ weil dieser Sport Spaß macht.
3 Herr Lemke macht einen Kochkurs,
  a ☐ weil der Kurs ganz einfach ist.
  b ☐ weil er nicht gut kochen kann.

SPRACHTIP

How to say how often or when you do something:

jeden Montag	every Monday
am Mittwoch	on Wednesday
dienstags	on Tuesdays
zweimal die/ in der Woche	twice a week
nächsten Freitag	next Friday

30 Here are some more phrases – what are their English equivalents?

1 dreimal im Monat
2 am Wochenende
3 einmal am Tag
4 jeden Abend
5 viermal im Jahr
6 jeden Samstag morgen

SPRACHTIP

Q: Do you remember the word order in sentences with 'weil'?
A: Words like 'weil' send the verb to the end of that part of the sentence:

Ich habe eine Tochter in England.
Ich lerne Englisch, weil ich eine Tochter in England habe.

See Grammar section 10.

32 Read the article about Hans Glunkler who's 74 and a very busy man. What courses does he attend? Fill in his timetable below.

Er macht ...

Montag   _____

Dienstag   _____

Mittwoch   _____

Donnerstag _____

Freitag   _____

33 🔊 Imagine you're attending the same courses as Hans Glunkler. Listen to the questions, and answer using your notes from activity 32.

34 Read the article again – what reasons does Hans Glunkler give for being so active and for doing his courses? Complete the 'weil' sentences below.

1 Er ist gern mit Jugendlichen zusammen, weil ... (er mag ihre Musik).
2 Er hat nie Langeweile, weil ... (er ist jeden Tag unterwegs).
3 Er fährt zur VHS nach Freiburg, weil ...
4 Er macht einen Fotokurs, weil ...
5 Er lernt Jazz-Gitarre, weil ...
6 Er lernt Englisch, weil ...
7 Er lernt tanzen, weil ...
8 Er macht einen Kochkurs, weil ...

Speichern

der Opa(s)/Großvater(¨-er)	granddad/grandfather
unterwegs	on the road; travelling
der Bart(¨-e)	beard
verblöden (coll.)	to become a zombie
der Enkel(-)	grandson
die Nichte(n)	niece

Der „Techno-Opa" ist immer unterwegs

Hans Glunkler ist 74 Jahre alt und seit 12 Jahren Rentner. Mit seinem weißen Bart sieht er wie ein ganz normaler Großvater aus – aber das ist er nicht! „Zu Hause sitzen und fernsehen wie die anderen Rentner, das ist nicht für mich. Da verblödet man doch nur!" sagt er. „Ich bin gern mit Jugendlichen zusammen. Ich mag ihre Musik! Manchmal geh' ich sogar mit meinen Enkeln in die Techno-Disco." Langeweile hat Hans Glunkler nie: „Ich bin fast jeden Tag unterwegs!" Dann fährt er zur Volkshochschule nach Freiburg: „Dort gibt es die interessantesten Kurse", erklärt er. Sein größtes Hobby ist Fotografieren – am Montag beginnt sein dritter Fotokurs. Und jeden Dienstag lernt der unkonventionelle Rentner Jazz-Gitarre. Warum gerade Jazz-Gitarre? „Das ist so schön chaotisch!" lacht er. Auch mittwochs hat Hans Glunkler viel zu tun – dann macht er einen Anfängerkurs in Englisch: „Ich habe eine Nichte in Australien – die möchte ich mal besuchen!" Und dann ist da noch der Tanzkurs jeden Donnerstag: „So bleib' ich fit und aktiv!" Jetzt will er noch chinesisch kochen lernen – der Kurs beginnt nächsten Freitag.

35 Ingrid Motzkus from Munich has enrolled in a computer course at her local 'Volkshochschule'. Can you match the German words with their English equivalents?

1 die Diskette
2 die Maus
3 der Computer
4 der Internet-Anschluss
5 der Bildschirm
6 der elektronische Briefkasten
7 die Tastatur
8 der Computerschlitz

a computer
b screen
c A-drive (slot for disks)
d mouse
e keyboard
f disk
g Internet connection
h e-mail

Wissenswert!

Das duale System

Eine Lehre in einem deutschen Betrieb dauert zwei oder drei Jahre. In Deutschland gibt es für jede Lehre das „duale System": die Lehrlinge machen zwei bis drei Tage in der Woche ihre praktische Ausbildung. Die anderen zwei oder drei Tage besuchen sie eine Berufsschule – dort lernen sie die Theorie ihres Berufes. Am Ende jedes Schuljahres müssen sie Prüfungen machen.

Öko? Logisch!

Ein Jahr für die Umwelt

Die Idee ist sinnvoll: Man arbeitet nach dem Abitur für ein Jahr bei einer Naturschutzorganisation und hilft so der Natur und der Umwelt. Das Konzept heißt „das freiwillige ökologische Jahr" (FÖJ). Mitmachen kann jede(r) zwischen 16 und 27 Jahren. Die freiwilligen Umweltschützer bekommen in dieser Zeit ein Taschengeld vom Staat (250–400 Mark pro Monat), 26 Tage Urlaub und Unterkunft (ein Zimmer), Verpflegung (d.h. Essen und Trinken) und Arbeits- kleidung gratis. Corinna Zwirner (20) macht ihr FÖJ auf einem ökologischen Bauernhof am Rande von Lübeck (Norddeutschland). „Die Arbeit ist hart, aber unheimlich interessant", erklärt sie. „Ich helfe hier dem Schäfer Martin. Ich füttere zum Beispiel die 250 Schafe, ich baue mit Martin Elektrozäune auf, und ich kümmere mich um die 80 Gänse hier." Und was gefällt ihr am besten an ihrer Arbeit? „Man lernt so viel – nicht nur über den Schutz der Natur, sondern auch über sich selbst", erklärt sie.

Die teuerste Schule der Welt

Gstaad in der Schweiz ist ein exklusiver Skiort. Viele Prominente verbringen dort den Winter in ihren Chalets und fahren Ski. Seit 1974 gibt es deshalb dort für die Kinder dieser Reichen eine Privatschule - sie ist die teuerste Schule der Welt! Die Eltern der Schüler müssen mehr als 70 000 Mark im Jahr dafür zahlen.

Immer mehr Frauen besuchen Unis

Immer mehr Mädchen machen Abitur: 1970 waren erst 40% aller Abiturienten Mädchen, heute sind es schon 56%. Und auch an den Universitäten sind die Studentinnen heute in der Mehrzahl (1970: 40%, heute 54%)!

der Umweltschützer	environmental campaigner
unheimlich interessant	incredibly interesting
der Schäfer	shepherd
der Zaun (Zäune)	fence
Gänse (die Gans)	geese

> Warum ist es denn bei euch so laut, Tina?

> Ach, das sind nur meine Eltern – sie machen meine Mathe-Hausaufgaben und streiten sich.

Au-pair-Jungen

Seit dem Ende des Zweiten Weltkrieges arbeiten junge Mädchen als Au-pair Mädchen im In- und Ausland. Sie kümmern sich um Haushalt und Kinder einer Gastfamilie. Dafür erhalten sie Taschengeld. Der einjährige Aufenthalt gibt ihnen die Chance, die Sprache des Gastlandes zu lernen. In München bewarb sich vor 7 Jahren zum ersten Mal ein Junge, ein Amerikaner, um eine solche Stelle. Neuerdings möchten immer mehr junge Männer in einem fremden Haushalt arbeiten, um eine andere Sprache lernen zu können. Oft ist es schwierig, Jungen in dem traditionellen Mächenjob unterzubringen. Noch wollen viele Familien lieber Mädchen haben. Doch es gibt auch Familien, die gerne einen Au-pair-Jungen nehmen. Gerade in Familien mit Söhnen im Alter zwischen 8–12 Jahren, die gerne streiten und kämpfen, sind Mädchen oft überfordert. Da reagiert ein Junge häufig besser. Und auch Jungen lernen schnell, wie man Babys füttert und Windeln wechselt!

Schule – nein danke!

Der Physiker Albert Einstein (1879–1955) war ein Genie: Er gründete die Relativitätstheorie und gewann 1921 den Nobelpreis für Physik. Aber in der Schule war der junge Albert gar nicht gut – er hatte nie Lust am Lernen, schwänzte oft die Schule, hatte schlechte Noten in Naturwissenschaften und ist sogar einmal sitzengeblieben.

Read all the articles, then try to answer the following questions in German.

1 Wie viel kostet die teuerste Schule der Welt im Jahr?

2 Was ist ein FÖJ?

3 Wer ist einmal sitzengeblieben (das heißt er musste die Klasse wiederholen)?

4 Wo hat sich ein Junge um eine Au-pair Stelle beworben?

5 Wo verbringen viele Prominente den Winter?

6 Welche Familien nehmen gerne Au-pair-Jungen?

Kontrolle

1 Find the odd ones out.

1 Schule/Abitur/Kfz-Mechaniker/Klasse
2 Bauer/Universität/Volkshochschule/Schüler
3 Hobby/Ausbildung/Berufsschule/Lehre

☐ / 3 POINTS

2 How would you say in German:

1 What kind of education have you had?
2 I've got 'A' levels.
3 I'm doing a computer course.
4 I'm going to study French and sports.

☐ / 4 POINTS

3 Was ist ...

1 eine Waldorfschule?
   ☐   eine Schule im Wald
   ☐   eine Privatschule
2 die mittlere Reife
   ☐   Realschulabschluss
   ☐   ein Notendurchschnitt
3 ein Männerberuf?
   ☐   ein typischer Beruf für Männer
   ☐   ein Beruf nur für Männer
4 ein Abiturient?
   ☐   Student
   ☐   ein Schüler einer Abitursklasse
5 die Volkshochschule?
   ☐   eine Schule für Erwachsene
   ☐   eine Schule für Kinder

☐ /5 POINTS

4 Write down the questions for the answers below.

1 --
   Ja, ich habe studiert.
2 --
   Ich habe fünf Jahre lang studiert.
3 --
   Ich habe die mittlere Reife gemacht.
4 --
   Ja, ich habe eine Lehre gemacht.
5 --
   Ich habe eine Lehre in einem Betrieb gemacht.

☐ / 5 POINTS

5 Write down the correct modal verbs.

1 Ich ... noch ein Jahr zur Schule gehen.
   (have to/must)
2 Ich ... im nächsten Semester Medizin studieren!
   (am allowed to)
3 Mein Sohn ... Abitur machen. (wants to/plans to)
4 Sie ... gern eine Kfz-Mechanikerlehre machen.
   (would like to)
5 Ich ... nächstes Jahr im Ausland studieren. (can)

☐ / 5 POINTS

6 Write down the correct past participles (in the gaps below).

1 Ich habe Englisch an der VHS ...   (lernen).
2 Ich habe die Humbold-Universität ... (besuchen).
3 Er hat seine letzte Abitursklausur ...   (schreiben).
4 Ich habe in der Schule Basketball ...   (spielen).
5 Sie hat im Betrieb ihres Vaters ...   (arbeiten).
6 Wir haben in der Mittagspause Tee ... (trinken).

☐ /6 POINTS

TOTAL ☐ /28 POINTS

Freizeit

Ich habe viele Hobbys: Ich lese gerne, ich interessiere mich für Theater – aber am liebsten tanze ich Tango!

Lernpunkte

Talking about hobbies and sports

Talking about holidays and the weather

Travel, transport and directions

Wir waren letztes Jahr zwei Wochen auf Sylt. Wir hatten Glück mit dem Wetter – der Urlaub war super!

In Berlin ist immer etwas los – ich bin fast jeden Abend unterwegs!

Speichern

Was machen Sie in Ihrer Freizeit?	What do you do in your spare time?
Was für Hobbys/Interessen haben Sie?	What hobbies/interests do you have?
Mein Hobby ist ...	My hobby is ...
Interessieren Sie sich für Sport/Musik?	Are you interested in sports/music?
Lesen/kochen/tanzen Sie gern?	Do you like reading/cooking/dancing?
Meine Hobbys sind Reisen/Fernsehen.	My hobbies are travelling/television.
Ich interessiere mich für Theater/Kunst.	I'm interested in the theatre/art.
Ich gehe gern ins Kino/in die Oper.	I like going to the cinema/the opera.
Ich wandere/ fotografiere gern.	I like hiking/ taking photographs.

1 🔊 Listen to four people talking about their hobbies. Then look at the illustrations – who does what? Write the correct letters in the grid. Some of them have the same hobbies.

Speichern

| zumindest | at least |
| ansonsten | otherwise |

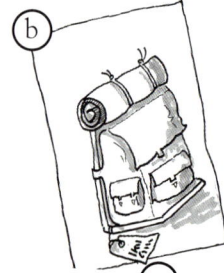

a

b

c

d

e

f

g

h

i

j

Annette	
Klaus	
Herr Taubert	
Carola	

2 🔊 Now listen again and read the statements below. Are they richtig oder falsch?

	R	F
1 Annette hat nur ein Hobby.	☐	☐
2 Sie geht zweimal in der Woche ins Theater.	☐	☐
3 Klaus geht gern ins Kino, und er liest gern.	☐	☐
4 Im Urlaub wandert er jeden Tag.	☐	☐
5 Herr Tauberts Hobby ist Sport.	☐	☐
6 Er verreist nicht gern.	☐	☐
7 Carola singt am liebsten.	☐	☐
8 Sie geht auch gern ins Theater.	☐	☐

● SPRACHTIP

Q: Do you remember how to form comparatives and superlatives (page 14)?

A: Deutsch ist schwerer als English. (German is more difficult than English.)

Japanisch ist die schwerste Sprache. (Japanese is the most difficult language.)

With 'sein' you can also form the superlative by adding 'am ...-sten' to the adjective:

Japanisch ist am schwersten. (Japanese is the most difficult [language].)

'am ... -sten' is also used for the superlative of adverbs:

Michael schwimmt am schnellsten. (Lit. 'Michael swims the fastest'.)

Note the following exceptions:

gern	lieber	am liebsten
gut	besser	am besten
viel	mehr	am meisten

See Grammar sections 4.5 and 5.1.

3 Fill in the gaps below with the correct superlative.

1 Tennis ist anstrengend, aber Basketball ist am ... (anstrengend)!
2 Das ... (schön) Hobby ist Musik.
3 Am Wochenende spielen wir am ... (gern) Tennis.
4 Senioren machen am ... (wenig) Sport.
5 Fußball ist der ... (beliebt) Sport in Deutschland.
6 Ich koche gut, aber mein Freund kocht am ... (gut)!

4 Anne has recently moved to Berlin and is looking for a friend to spend her spare time with. She's written an ad to pin up in 'das Bürgerhaus' (local community centre). Read it and fill in the gaps, using the words from the box below.

liebsten, Kultur, gern, Hobbys, interessiere, lese, zweimal

Ich (29) bin neu in Berlin und suche nette Freundin!
Meine .... sind Sport und ...... : Ich gehe .... im Monat ins Theater. Ich .... auch gern, am .... Liebesromane. Ich .... mich für Musik, und am Wochenende gehe ich .... spazieren.

SPRACHTIP

As in English, many German verbs are followed by a preposition. These verbs are often reflexive and it's always best to learn them together with their preposition. Here are some examples:

sich interessieren für (+ acc.)
(to be interested in)

sich begeistern für (+ acc.)
(to be enthusiastic about)

sich bedanken für (+ acc.)
(to thank for)

sich freuen auf (+ acc.)
(to look forward to)

See Grammar section 7.3.

5 Write a similar ad for yourself: Your hobbies are travelling and music, you go to the cinema once a month and you're interested in sports – you like swimming. You also like to read.

6 Now you can talk about your hobbies and interests using your notes from activity 5. These are the questions you will be asked – you might want to prepare your answers before you switch on the audio:

1 Was für Hobbys haben Sie?
2 Gehen Sie gern ins Kino?
3 Interessieren Sie sich für Sport?
4 Spielen Sie gern Tennis?
5 Und ansonsten?

7 Some people have rather unusual hobbies – like Burkhard Huber from Oyten. Read the article and then match up the German words below with the English.

1 der Profi-Zauberer
2 die Familienfeiern

3 der seriöse Techniker

4 Gitarre spielen
5 das ungewöhnliche Hobby
6 dafür bleibt nicht viel Zeit

a unusual hobby
b professional magician, conjurer
c there's not much time left for that
d family celebrations
e respectable technician

f playing the guitar

SPRACHTIP

Q: How do you form the simple past?

A: For weak verbs like 'machen', the following endings are added:

ich mach<u>te</u>   wir mach<u>ten</u>

du mach<u>test</u>   ihr mach<u>tet</u>

er/sie/es mach<u>te</u> sie/Sie mach<u>ten</u>

For strong verbs you have to learn the simple past form in each individual case. But it helps to know that some of these behave a bit like English verbs, e.g.:

schwimmen – ich schwamm to swim – I swam
kommen – ich kam   to come – I came

Q: You already know how to use the perfect tense but when should you use the simple past?

A: The simple past is generally only used in written texts and in more formal contexts. So it's perfectly all right for you to use the perfect tense in ordinary everyday situations as long as you can recognize the simple past when you come across it. See Grammar sections 8.9–8.11.

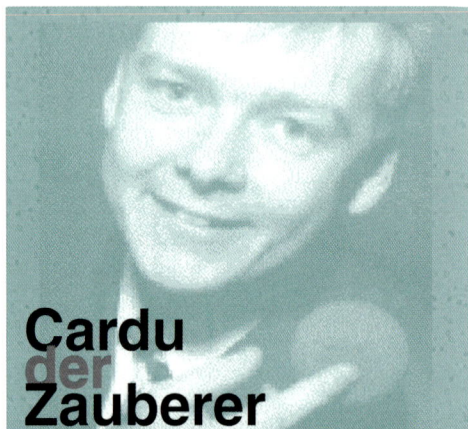

Cardu
der
Zauberer

Burkhard Huber ist 33 Jahre alt und wohnt in Oyten. Er hat Elektrotechnik studiert und arbeitet heute als Techniker bei SIEMENS in Bremen. Burkhard Huber hat ein ungewöhnliches Hobby, denn am Wochenende ist der seriöse Techniker „Cardu der Zauberer"! „Ich interessierte mich schon als kleines Kind für Zauberei ", erzählt er. „Zum 10. Geburtstag bekam ich dann einen Zauberkasten – und seitdem lässt mich die Zauberei nicht mehr los!" Während des Studiums las er Zauberbücher, machte mehrere Magiekurse und zauberte dann in seiner Freizeit für Freunde und Familie.

„Mein Publikum war jedesmal begeistert", sagt er, „und ich hatte immer mehr Spaß am Zaubern!" Er machte weitere Kurse und war fast jeden Monat auf Zauberkongressen und -veranstaltungen. Heute zaubert er auf Partys, Hochzeiten, Familienfeiern, Kindergeburtstagen und anderen Festen. „Zaubern ist für mich das schönste Hobby", sagt „Cardu". Hat er denn noch Zeit für andere Hobbys? „Ja, ich spiele gern Gitarre, und ich interessiere mich für Computer. Aber dafür bleibt nicht viel Zeit! Aber wer weiß: Vielleicht werde ich eines Tages Profi-Zauberer ... " sagt er.

8 Now read the article again and find the German for the following phrases.

1 'magic gave me more and more pleasure'
2 'I was interested in magic even as a child'
3 he read books on magic
4 'my audience was enthusiastic'

5 he received a box of conjuring tricks
6 he did courses in magic
7 he visited conventions for magicians every month
8 he performed conjuring tricks

9 Before you do the next activities, make sure you've studied grammar sections 8.9–8.11. Then fill in the missing present and simple past forms below.

1 ich spiele   ich _____

2 ich _____ ich war

3 ich _____ ich las

4 ich habe   ich _____

5 ich _____ ich sah

6 ich kaufe   ich _____

10 Read Anne's letter below and write down the correct simple past forms.

Lieber Thomas!

Berlin ist toll! Ich kenne schon viele neue Leute und bin immer unterwegs: Am Freitag … (sein) meine Freundin Katja und ich im Theater – ich … (finden) die Vorstellung super! Danach … (treffen) ich mich mit meinem Nachbarn Fritz in einer Kneipe. Ich … (trinken) dort meine erste „Berliner Weiße!" Am Samstag … (arbeiten) ich bis um zwölf und … (besuchen) danach meine Eltern. Computerkurs. Um drei … (gehen) ich mit meiner Arbeitskollegin Susanne zum Schwimmen, und am Abend … (kochen) ich Spaghetti für uns. Sonntagmorgen … (spielen) ich mit Jan vom Computerkurs Tennis. Also, mein Wochenende … (sein) toll – ich … (haben) unheimlich viel Spaß!

Deine Anne

11 Hans Bauer loved mountaineering (das Bergsteigen) when he was a student and even hit the headlines with his hobby. Here's an article from his scrapbook – read it and then answer the questions below in German.

1 Wie alt war er damals?

2 Wo wohnte er?

3 Was studierte er?

4 Welches Hobby hatte er?

5 Wohin fuhr er jedes Wochenende?

6 Mit wem traf er sich dort?

7 Was machte er im Sommer?

8 Mit wem ging er im Winter?

Hans Bauer ist 28 Jahre alt. Er wohnt in Germering bei München und studiert Psychologie in München. Er hat ein ungewöhnliches Hobby: Bergsteigen. Jedes Wochenende fährt er in die Alpen. Dort trifft er sich mit anderen Bergsteigern. Im Sommer macht er „Freestyle-Climbing". Im Winter geht er mit seiner Freundin in die Berge.

12 Look at the photos and tick the correct captions for each sport.

①

a ☐ Ich mache Leichtathletik.
b ☐ Ich mache Windsurfen.

Speichern

Machen Sie/machst du Sport?	Do you do any sports?
Welchen/was für Sport machen Sie/machst du?	Which sport do you do?
Welche Sportarten treiben Sie/treibst du?	Which sports do you do?
Ich mache/treibe Sport.	I do sport.
Ich treibe keinen Sport.	I don't do any sport.

②

③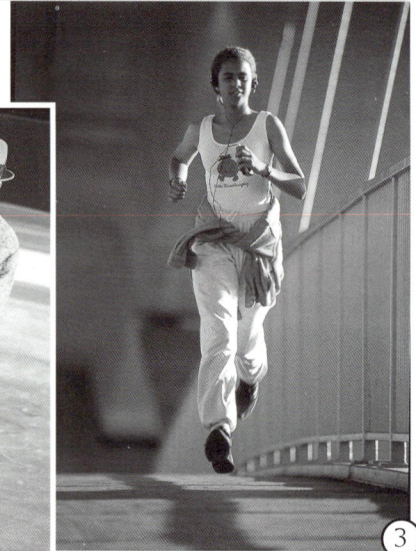

a ☐ Ich wandere.
b ☐ Ich jogge.

a ☐ Ich fahre Ski.
b ☐ Ich fahre Schlittschuh.

④

a ☐ Ich spiele Golf.
b ☐ Ich spiele Fußball.

13 How do you say which sports you play? Read the sentences below and choose the correct verbs.

1 Ich (spiele/fahre) Tennis.
2 Ich (fahre/mache) Rad.
3 Ich (schwimme/spiele).
4 Ich (fahre/spiele) Badminton.
5 Ich (reite/mache).
6 Ich (spiele/fahre) Skateboard.

● **LERNTIP**

Remember that German has three definite articles for nouns:

'der' for masculine nouns (der Vater)

'die' for feminine nouns (die Mutter)

'das' for neuter nouns (das Kind)

In the plural all definite articles become 'die'.

Making lists helps you to remember 'families' of words which belong together. You could also group new words: write down all verbs, nouns or adjectives that you come across.

14 🔊 Listen to Andrea and Markus talking about the sports they do and how often they do them. Then fill in the boxes below.

Andrea

macht:	
ist in Mainz im:	
trainiert wie oft:	

Markus

macht im Verein:	
trainiert selber wie oft:	
als Trainer:	

15 Do you remember how to say how often you do things (unit 3, page 44)? Read the sentences and fill in the gaps.

1 Saskia spielt ... Basketball. (once a week)
2 Ich schwimme ... . (every day)
3 Lutz und Ina machen nur ... Sport. (at the weekend)
4 Herr Tauber fährt ... Ski. (twice a year)
5 Ich mache nur ... Leichtathletik. (2 hours every week)
6 Wir fahren ... Rad. (every evening)

16 🔊 What sports do you do – and how often? You're being interviewed for the early morning fitness programme of a German TV station. Answer with the information below:

1 Yes, you do a lot of sports.
2 You play tennis every Sunday.
3 Yes, you belong to a club.
4 You do athletics three times a week.
5 You go swimming every morning.
6 You go skiing twice a year.

Wissenswert!

Vereine in Deutschland

'Vereine' (clubs) are very much a German institution, and a large number of Germans belong to one 'Verein' or the other. They are no casual affairs: they are strictly organized as a 'eingetragener Verein (e.V.)' (registered club) with an elected 'Vereinsvorstand' (chairman), a 'Kassen-' or 'Schatzwart' (treasurer) who looks after the 'Mitgliedsbeiträge' (membership subscriptions) and with regular 'Mitgliedsversammlungen' (members' meetings). The range of 'Vereine' is truly diverse – here are just a few examples:

Schrebergartenverein Bremen-Walle e.V.
(allotment club in Bremen-Walle)
Deutscher Kaffee-Verband e.V.
(German coffee club)
MacDonalds Fanclub Freudenstadt
(MacDonalds fanclub in Freudenstadt)
Trabant Club Berlin e.V.
(Trabant [old east German car] club in Berlin)
Münsteraner Karnevalsverein e.V.
(carnival club in Münster)

Wie war denn Ihr Urlaub?

17 How did these four people get to their holiday destination? Read their statements and match them up with the photos above.

1 Ich bin mit dem Eurostar nach England gefahren!
2 Wir sind für zwei Wochen nach Florida geflogen.
3 Ich bin mit meiner Freundin durch Europa getrampt!
4 Meine Familie ist mit dem Wohnwagen nach Südfrankreich gefahren.

18 Read the text below and fill in the gaps with the correct forms of 'sein' and the appropriate past participle.

Mein Mann und ich … nach Spanien … (fliegen). Unser Sohn … in die Türkei … (trampen). Unsere Töchter … mit dem Zug nach Griechenland … (fahren). Und ich … mit meinem VHS-Kurs nach Irland … (reisen).
Lydia Großkopf aus Neumünster

Speichern

verbringen	to spend
besichtigen	to have a look at
baden	to bathe
faulenzen	to be lazy

● SPRACHTIP

Compare the following:

Ich habe Urlaub in Italien gemacht.
Ich bin nach Italien gefahren.

Ich habe eine Woche in den USA verbracht.
Ich bin in die USA geflogen.

Some verbs use 'sein' in the perfect tense instead of 'haben'. These are mainly verbs expressing change or movement (to travel, to go etc.) and are usually formed like this:

part of 'sein + ge –en' (past participle)

But note these exceptions:

ich bin gereist (reisen – to travel)

ich bin getrampt (trampen – to hitchhike)

See Grammar section 8.5.

19 Listen to Frau May, Arne, Herr Urban and Silke talking about their last holiday. Then tick the phrases that apply.

1 Frau May hat die letzten Ferien auf Mallorca verbracht/ zu Hause verbracht.
2 Der Urlaub hat ihr keinen Spaß gemacht/ sehr gut gefallen.
3 Arne hat Urlaub auf Mykonos gemacht/ die Ferien zu Hause verbracht.
4 Sie haben gebadet und gefaulenzt/gar nichts gemacht.
5 Herr Urban hat gefaulenzt/Urlaub im Winter gemacht.
6 Er hat in München gewohnt/München besichtigt.
7 Silke hat Urlaub in Dänemark gemacht/im Urlaub gearbeitet.
8 Sie hat dort gebadet/gezeltet.

20 Look at some weather vocabulary below. Can you guess the English translations? They are all very similar.

das Wetter
der Schnee
warm
windig
kalt

22 Here's some more weather vocabulary. Study it and then switch on your audio to practise talking about the weather.

Es friert.

Es gibt ein Gewitter.

Es ist neblig.

Es ist heiß.

Es gibt Regen/ Es regnet.

Es ist sonnig/ Die Sonne scheint.

● SPRACHTIP

You know that the past participle is usually formed with 'ge -(e)t'.
But there are some exceptions – here are some examples:

Ich habe meine Ferien in Bremen verbracht.
(I spent my holidays in Bremen.)

Es hat mir dort gut gefallen.
(I liked it there.)

Ich habe den Dom besichtigt.
(I looked at the cathedral.)

See Grammar section 8.7.

21 Listen to the audio from activity 19 again. What are the missing words in the transcript below?

Und wie war das … dort?
Dort war das Wetter sehr … .
Und wie … das Wetter in München?
Das Wetter war super – wir … jeden Tag Schnee.
… war es in Mykonos?
Sehr schön, aber auch sehr … .
Wie war das Wetter in … ?
Wir hatten kein Glück mit dem … , es war sehr … .

23 Now you can talk about your last holiday. Answer with the information below.

1 You spent your last holiday in France.
2 The weather was very good – it was very warm.
3 It was cold and windy.
4 It rained.
5 It was foggy.

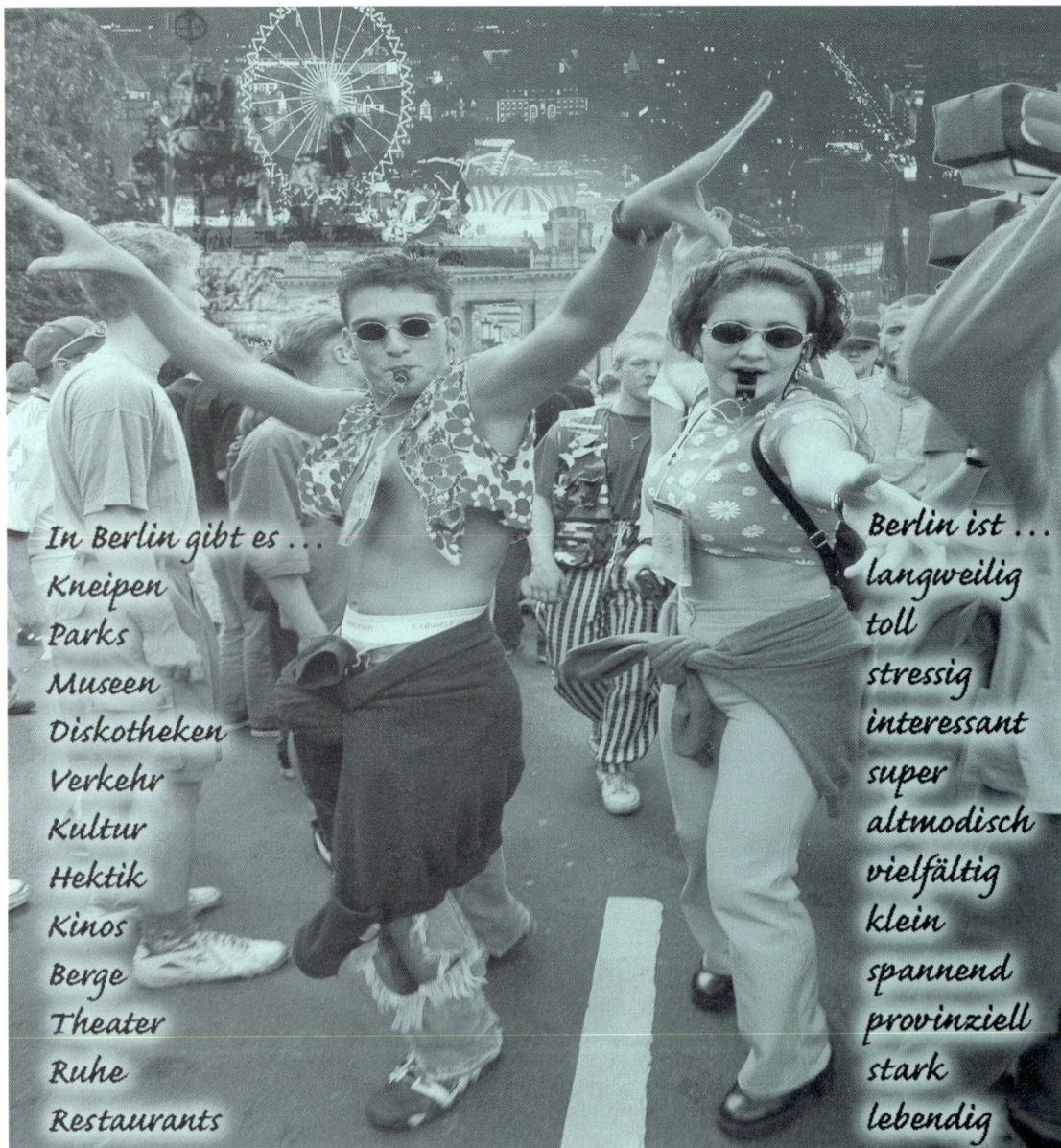

In Berlin gibt es ...
Kneipen
Parks
Museen
Diskotheken
Verkehr
Kultur
Hektik
Kinos
Berge
Theater
Ruhe
Restaurants

Berlin ist ...
langweilig
toll
stressig
interessant
super
altmodisch
vielfältig
klein
spannend
provinziell
stark
lebendig

24 Listen to Bine and Uwe, two tourists who are visiting Berlin – what do they think of Germany's capital? Study the words above and tick off the ones which apply. You may want to listen more than once.
Extra vocabulary: echt stark (coll.) = really great.

25 Listen again and answer the questions below in German.
1 Warum findet Bine Berlin super?
2 Was hat sie alles in Berlin gemacht?
3 Was gefällt ihr noch an Berlin?
4 Warum mag Uwe Berlin?
5 Was ist hier am besten?
6 Was gefällt ihm sonst noch?

26 Now listen to the interview with Stefan who lives in Berlin. What does he do in the evening and at the weekend? Tick the correct statements.

1 Stefan geht am Wochenende …
  a ☐ gerne aus.
  b ☐ ins Kino.

2 Er geht gern …
  a ☐ in ein schönes Restaurant.
  b ☐ ins Theater.

3 In Diskotheken geht er …
  a ☐ sehr oft.
  b ☐ nicht so gern.

4 In Berlin gibt es für junge Leute …
  a ☐ sehr viel zu tun.
  b ☐ nur nachts etwas zu tun.

5 Man kann bis morgens früh …
  a ☐ mit dem Bus fahren.
  b ☐ ausgehen.

Speichern

ausgehen	to go out
der Nachtschwärmer(-)	late-night reveller
das Morgengrauen	dawn

27 Read the postcard from Berlin below and fill in the gaps with the words in the box below.

junge, gibt, machen, tolle, Angebot, finde, Morgengrauen, kann, Diskotheken

Viele Grüße aus Berlin!
Berlin ist eine … Stadt für Touristen!
Man … hier so viel …: Es … Theater, …, viele Kneipen und auch ein großes kulturelles …
Auch für … Leute gibt es hier unheimlich viel zu tun .
Ich … vor allem das Nachtleben toll - man kann bis zum … unterwegs sein!

Markus

LERNTIP

Listening

• Read the transcript through before you start – this will give you an idea of what you have to listen out for and will help you to do the task more quickly. You can also listen more than once, or pause the tape or rewind it.

• Read the questions or statements before listening, to predict what you will hear.

• Don't worry if you don't understand everything. Try to pick out the key words as you listen.

• Listen to the tone of voice of the speakers for clues of understanding: does he/she sound happy/worried/angry?

• Listen to as much German as you can on radio and on television. Don't worry if you don't understand very much at the beginning – you will soon get a feel for the language. You can also record programmes from the radio or television and play them back as often as you like.

28 Now it's your turn to say what you think about Berlin. You're visiting for the weekend and are being interviewed by a reporter from the local radio station. This is what you'll have to say:

1 Berlin is great.
2 Berlin is a wonderful city for tourists.
3 Berlin is exciting, interesting and lively.
4 There is so much to do.
5 There is a wide range of cultural activities.
6 There is always something going on.

29 Berlin is lively, exciting and interesting, and there's lots to see and do. So what's the best way to get about town? Read the information leaflet, then answer the questions below in English.

1 What's the idea behind the *WelcomeCard*?

2 What does it offer in terms of sightseeing?

3 What does it offer in terms of transport?

4 Who is it valid for?

5 How much does it cost?

6 Where can one buy the *WelcomeCard*?

Berlin entdecken mit der Berlin WelcomeCard!

NEU FÜR TOURISTEN UND BERLINER!

Die Idee: für drei Tage einfach mal nach Berlin und soviel wie möglich sehen und erleben. Die WelcomeCard bietet drei Tage lang freien Eintritt bzw. 50% Ermäßigung bei Stadtrundfahrten, Theatern, Museen – und 48 Stunden FREIE FAHRT mit allen Bussen, U-Bahnen, Straßenbahnen und Zügen in und um Berlin! Die Karte ist gültig für einen Erwachsenen und bis zu drei Kindern unter 15 und kostet nur DM 29,00. Die WelcomeCard gibt es bei den Touristeninformationsstellen am Brandenburger Tor und im Europa-Center, an allen Bahnhöfen, U-Bahn- und S-Bahnstationen und in vielen Hotels.

30 You want to explore Berlin with the *WelcomeCard*. But first you have to find your way to the nearest underground station. Look at the phrases below and choose the appropriate illustration.

1 Wo ist die nächste U-Bahnstation, bitte?
2 Nehmen Sie die erste Straße links.
3 Gehen Sie geradeaus und dann rechts.
4 An der Kreuzung biegen Sie links ab.
5 Gehen Sie 200 Meter bis zur Ampel.
6 Die U-Bahnstation ist dort drüben um die Ecke.

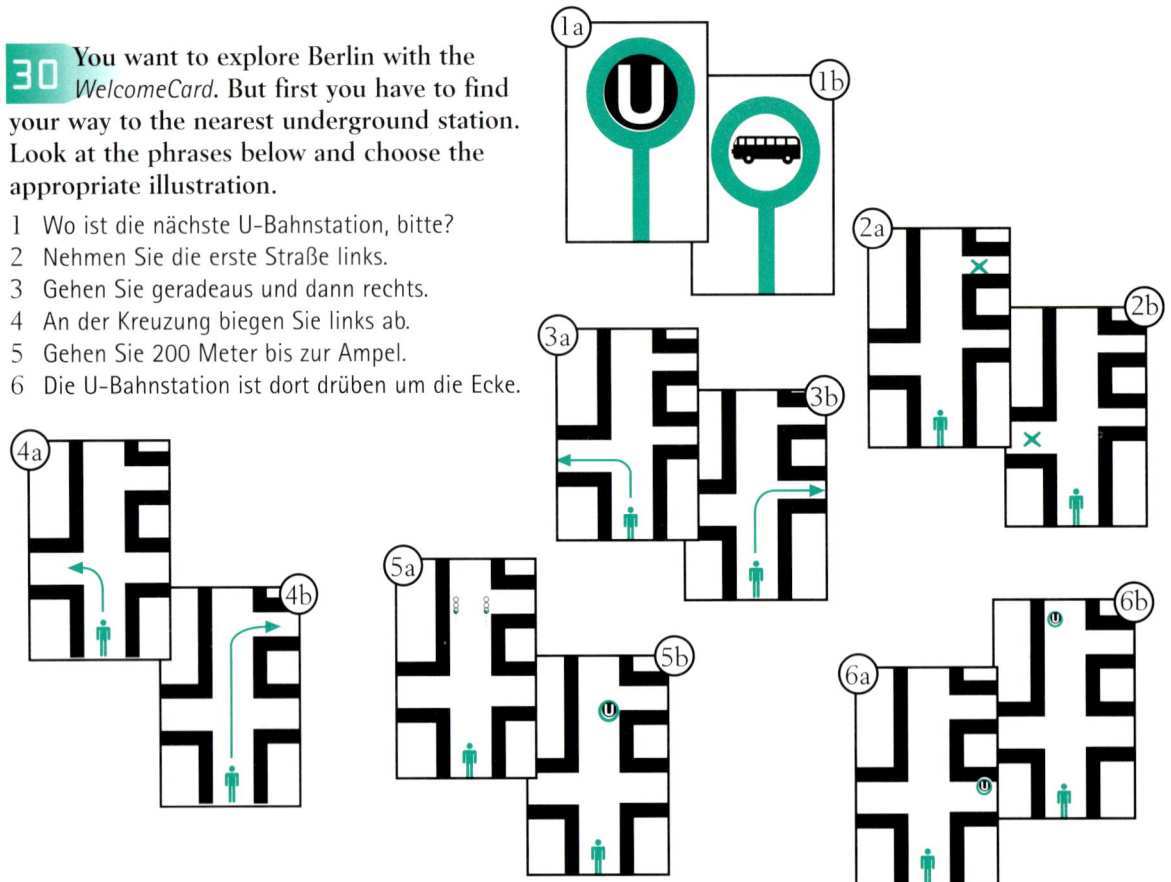

31 You've arranged to meet a colleague who's faxed you instructions on how to get to the meeting place. Draw them on the map below. Where do you meet?

Gehen Sie geradeaus – bei der Ampel erste Straße links. Dann gehen Sie wieder geradeaus und nehmen dann die erste Straße rechts und dann geradeaus bis zur U-Bahnstation. Dort gehen Sie links, und … … ist genau gegenüber.

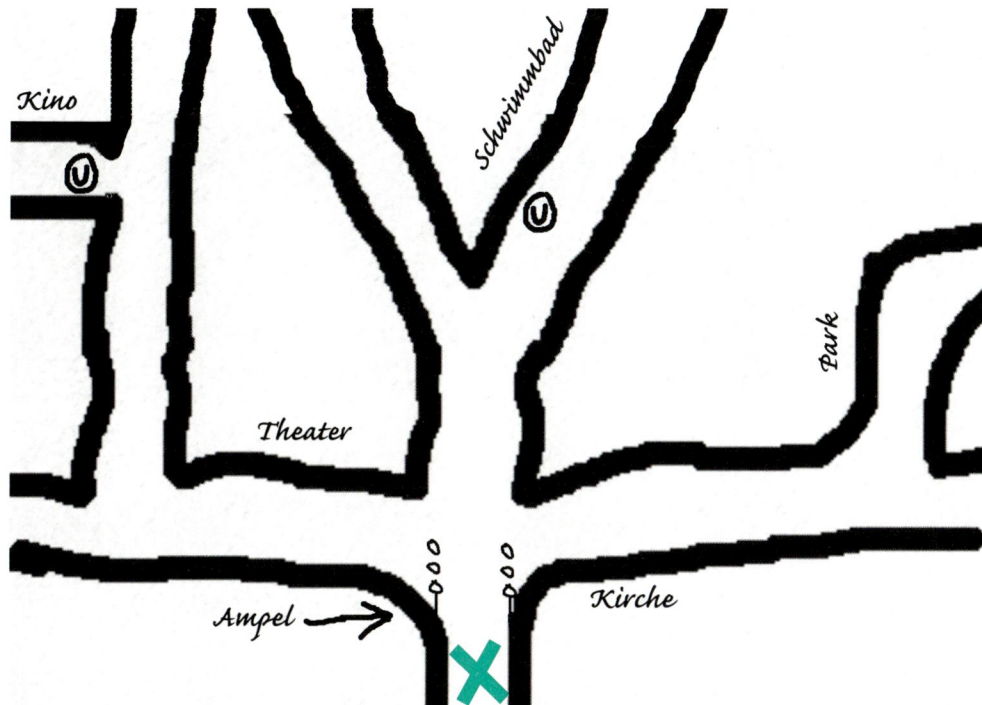

Kino · Schwimmbad · Theater · Park · Ampel · Kirche

32 You've bought your *WelcomeCard* and are ready to explore Berlin on public transport! Here are some key phrases for travelling by bus and train. Bine is making some enquiries. Listen a few times, and find the German phrases for:

1 Excuse me please …
2 When's the next bus to the Alexanderplatz?
3 How long does that take?
4 And when's the next train?
5 In 30 minutes.
6 At a quarter to four.
7 At half past four.

33 Now it's your turn to practise making enquiries. You're at the Nordbahnhof and you want to get to Bahnhof Zoo. You can either take the train or the bus. Here are the questions you have to ask:

1 When is the next train to Bahnhof Zoo?
2 How long does the journey take?
3 When is the next bus to Bahnhof Zoo?

Kostbare Freizeit

Freizeit ist den Deutschen lieb – und teuer! Das hat das Statistische Bundesamt ermittelt: „Familie Mustermann" (das heißt Vater, Mutter, zwei Kinder) im Westen Deutschlands gibt pro Monat 791,30 Mark (Ostdeutschland: 632,50 Mark) für Freizeitvergnügen aus.

West 791,30 DM		Ost 632,50 DM
214,50 DM	Urlaub	169,60 DM
111,60 DM	Auto	111,70 DM
94,30 DM	Computer, Elektronik usw.	49,70 DM
91,40 DM	Sport, Camping	57,40 DM
83,80 DM	Radio, TV	84,60 DM
63,50 DM	Bücher, Zeitungen usw.	47,70 DM
49,10 DM	Garten, Haustiere	45,80 DM
39,20 DM	Spiele, Spielwaren	26,80 DM
19,50 DM	Theater, Kino	16,10 DM
18,50 DM	Foto, Film	15,40 DM
5,90 DM	Heimwerken (DIY)	7,70 DM

Schloss Neuschwanstein bleibt Nummer 1

Über 1,3 Millionen Touristen haben im vergangenen Jahr das bayerische Königsschloss Neuschwanstein besucht – damit ist das Märchenschloss von König Ludwig II wieder die Touristenattraktion Nr. 1 in Bayern. Insgesamt besichtigten 5,5 Millionen Besucher die bayerischen Schlösser, Burgen, Residenzen und anderen Sehenswürdigkeiten. Außer Neuschwanstein waren auch die beiden anderen Schlösser Ludwigs als Ausflugsziel sehr beliebt: Schloss Linderhof kam mit 850 000 verkauften Eintrittskarten auf Platz zwei und Schloss Herrenchiemsee mit knapp 820 000 kam auf den dritten Platz!

Karneval der Kulturen in Berlin

Insgesamt leben 430 000 Ausländer aus mehr als 180 Ländern in Berlin, und sie tragen viel zum kulturellen Leben der Stadt bei. Seit dem 16. Mai 1996 gibt es deshalb jedes Jahr dort den „Karneval der Kulturen". 2 500 Akteure und mehr als 50 000 Zuschauer nehmen an diesem multikulturellen Straßenumzug teil. Die Teilnehmer kommen aus allen fünf Kontinenten. Und so sieht der Karneval der Kulturen aus: In den Straßen von Kreuzberg und Neukölln (zwei Berliner Bezirke mit einem großen Ausländeranteil) präsentieren verschiedene Bands Salsa, Merengue und andere lateinamerikanische Musikstile, afrikanische und europäische Musik, russische Volkslieder – und auch neue Kreationen wie „Irish-Turkish-Speed-Folk"! Überall hört man koreanische, westafrikanische und lateinamerikanische Trommeln. Das begeisterte Publikum kann Volkstänze aus der Türkei, traditionellen Voodoo-Tanz aus Benin (Westafrika), bunte Kostüme aus Indien sowie Holzmasken aus Ghana und aus dem Senegal bewundern. Die Veranstalter des Karnevals, die „Werkstatt der Kulturen", sieht die Veranstaltung als Alternative zum tradionellen deutschen Fasching: „Unser Karneval ist ein Fest aller Generationen und sozialen Gruppen – hier kann jeder mitmachen!" erklärt Anett Szabo vom Projektbüro „Werkstatt der Kulturen".

Nackt ohne Verein

FKK (Freikörperkultur)-Vereine gibt es seit Ende des 19. Jahrhundert in ganz Deutschland. Gesundheitsapostel, Lebensreformer und Wandervögel forderten damals „freie Körper ohne Kleidung" – die Freikörperkultur begann. Ende der 70er Jahre hatten die Nudistenklubs für Naturfreunde ohne Kleidung noch über 150 000 Mitglieder. Doch die Zahl der organisierten Nudisten wird immer kleiner: Heute gibt es nur noch 60 000 FKK-Mitglieder. „Die Deutschen tolerieren Nacktheit heute auch ohne Mitgliedausweis", erklärt Wolfgang Weinreich, Vizepräsident des Deutschen FKK-Verbandes. „Sonnenfreunde können sich heute fast überall ohne Badehose oder Bikini sonnen – zum Beispiel in Parks und an Stränden und Flussufern. Unsere FKK-Gelände mit ihren hohen Zäunen sind nicht mehr nötig – leider!"

Die beliebtesten Sportarten in Deutschland

„Tooor!" – Fußball ist in Deutschland die absolute Sportart Nummer 1: Es gibt über 5 Millionen Mitglieder in deutschen Fußballvereinen. Insgesamt sind in Deutschland rund 21 Millionen Sportler (zwei Drittel davon sind Männer) in mehr als 75 000 Vereinen organisiert – das ist Weltrekord!

Sportvereine und -verbände in Deutschland	Mitglieder
Fußball	5 257 000
Turnen	4 265 000
Tennis	2 174 000
Schießen	1 354 000
Leichtathletik	897 000
Handball	860 000
Tischtennis	798 000
Skisport	713 000
Schwimmen	620 000
Reiten	604 000

Karatetraining für Senioren

„Yoi!" schreien die Frauen und Männer in den weißen Karateanzügen. 38 Arme und Beine bewegen sich schnell und synchron durch die Turnhalle. Kata heißt diese Übung – ein Kampf gegen einen imaginären Gegner. Doch die Teilnehmer an diesem Karatekurs tragen nicht nur weiße Anzüge, sondern haben auch weiße Haare: Sie sind alle zwischen 50 und 74 Jahren alt. Das Training findet zweimal in der Woche statt und dauert jeweils 90 Minuten. „Bei uns kann jeder Senior mitmachen", erklärt

Karatetrainer Ingo Schneider, „die einzige Bedingung: Man muss vorher zum Arzt gehen und einen kleinen Gesundheitstest machen." Else Seemann (69) macht seit einem Jahr beim Karatekurs mit: „Früher habe ich nie Sport getrieben", sagt sie, „aber so fit und beweglich wie heute war ich schon lange nicht mehr!" Vor allem ihre Enkelkinder sind ganz begeistert von ihrem Freizeitsport: „Letzte Woche habe ich zum Spaß mit meinem 13jährigen Enkel gekämpft – und habe ihn direkt zu Boden geworfen! Seitdem erzählt er überall: 'Meine Oma ist echt stark!'."

Was ist ...?

1 ein Ausflugsziel
- ☐ a a charter flight
- ☐ b destination of an outing

2 ein Straßenumzug
- ☐ a removal van
- ☐ b street procession

3 eine Bedingung
- ☐ a an object
- ☐ b a condition

Was sind ...?

4 Sehenswürdigkeiten
- ☐ a sights
- ☐ b palaces

5 Trommeln
- ☐ a traditional dances
- ☐ b drums

6 Gesundheitsapostel
- ☐ a ill people
- ☐ b health fanatics

7 Mitglieder
- ☐ a members
- ☐ b professional footballers

Kontrolle 4

1 How would you say the following:

1 I'm interested in sports.
2 I look forward to the weekend.
3 She thanks her (female) friend.
4 She's enthusiastic about dancing the tango.

☐ / 4 POINTS

2 Write down the questions for the answers below.

1 .... ?
Die nächste U-Bahnstation ist rechts an der Ampel.

2 .... ?
Der nächste Zug nach Berlin fährt um 9 Uhr.

3 .... ?
Die Fahrt dauert 25 Minuten.

4 .... ?
Eine Fahrkarte kostet 8 Mark.

5 .... ?
Die WelcomeCard bekommen Sie im Europa-Center.

☐ / 5 POINTS

3 Write down the German simple past forms of the following verbs.

1 Ich .... mich als Jugendlicher sehr für Reisen. (interessieren)
2 Mein Mann .... im Urlaub in der Nordsee. (schwimmen)
3 Ich .... als Kind am liebsten Kochbücher. (lesen)
4 Meine Freundin .... im Sommer in der Türkei. (sein)
5 Ich .... mich gestern mit Freunden in der Stadt. (treffen)
6 Wir .... sehr viel Spaß! (haben)

☐ / 6 POINTS

4 How do you say the following in German?

1 The weather is very good.
2 It's raining.
3 The sun is shining.
4 It's cold and foggy.
5 It's freezing.

☐ / 6 POINTS

5 Was ist ...

1 ein Wohnwagen?   a ☐ a holiday flat
                       b ☐ a caravan

2 eine Kneipe?   a ☐ a pub
                       b ☐ a sport

3 ein Liebesroman?   a ☐ a type of ticket
                       b ☐ a romantic novel

4 eine U-Bahn?   a ☐ a tube
                       b ☐ a tram

5 ein Nachtschwärmer? a ☐ a night-time reveller
                       b ☐ a nightshift worker

☐ / 5 POINTS

6 Fill in the correct forms of 'sein' or 'haben'.

1 Wir .... mit unseren Kindern nach Amsterdam gereist.
2 Ich .... nach Amerika geflogen.
3 Meine Nachbarin .... Urlaub in Kenia gemacht.
4 Meine Tochter .... durch Indien getrampt.
5 Wir .... unsere Ferien in Schweden verbracht.

☐ / 5 POINTS

TOTAL ☐ /31 POINTS

Geld

Lernpunkte

Arranging to go out

Shopping and paying

Talking about the cost of living

„Das Leben in

extra frisch - extra günstig
Für Ihren Vorrat-extra billig.
nimm 2!
Große Auswahl - extra günstig!
Top Auswahl und Frische.
frisch und munter

Deutschland ist

COMMERZBANK

einfach zu teuer!"

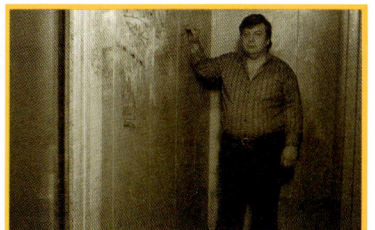

1 If you want to spend your money on going out and enjoying yourself, then Berlin is THE city for you: it has the most exciting and interesting venues. Read the ads from the 'Veranstaltungskalender' (events) of *tip*, a Berlin magazine and match them with the statements below.

1 Ich habe Lust, heute abend in ein Musical zu gehen.
2 Wie wäre es mit Kino?
3 Ich habe Hunger – wollen wir essen gehen?
4 Gehen wir tanzen!
5 Ich interessiere mich sehr für Oper.
6 Wo können Nachtschwärmer morgens frühstücken?

a) DAS NEUE GERSHWIN MUSICAL
CRAZY FOR YOU!
Heute 20.00 Uhr
SCHILLER THEATER ☎ 31 11 31 11

b) 21.00: Madame Edwarda (Baracke)
DAS NEUE GERSHWIN MUSICAL
CRAZY FOR YOU!
SCHILLER THEATER ☎

c) NEUERÖFFNUNG
Nemo
Café · Kneipe · Biergarten
Frühstück
Handjerystraße 77
(am Renée-Sintenis-Platz)
12159 Berlin, Tel. 851 15 50

d) *Komische* OPER
Heute, 20 Uhr
SONNENKÖNIG
Eine Reise (Ch.: Jan Linkens)
Tanztheater der Komischen Oper
Tickets: 20 260-360 od. 47 02 1000
Deutsche Oper
18.30: Wagners „Ring" an einem Abend
Deutsche Staatsoper
18.30: Rosenkavalier
Deuts
19.30:
21.00:
(Bara

e) 21.00: Madame Edwarda (Baracke)
DAS NEUE GERSHWIN MUSICAL
CRAZY FOR YOU!
Heute 20.00 U
SCHILLER THEATER ☎ 31 11

f) ✳ **Indira Mahal** ✳
Indisches Restaurant mit Tandoor-Ofen
Lassen Sie sich von uns diese traditionelle Zubereitungsart vorführen
Mo.-Fr. 16.30-24.00 Uhr, Sa. + So. + Feiertage 12.00-24.00 Uhr
Alt-Moabit 53, Berlin-Tiergarten, Tel.: 393 45 58
Bus: 101, 245, 341

2 Now read the ads again and then answer the questions in German.

1 Wo gibt es lateinamerikanische Musik?
2 Um wieviel Uhr beginnt das Musical?
3 Wo kann man auch draußen Bier trinken?
4 An welchem Tag kann man Filme sehen?
5 Wann hat das indische Restaurant geöffnet?
6 Wo gibt es Karten für die Komische Oper?

3 Tom Begerow from Berlin is arranging to go out with Sabine Kühn. Listen to the telephone conversation. How do they say the following in German:

1 Have you got anything arranged for this evening?
2 I've already got a date.
3 I'm free on ... .
4 Would you like to go to ...?
5 How about ...?
6 Let's go …!

4 Listen again and then read the statements below. Are they richtig oder falsch?

	R	F
1 Frau Kühn hat heute abend schon etwas vor.	☐	☐
2 Sie interessiert sich sehr für Oper.	☐	☐
3 Sie möchte lieber essen gehen.	☐	☐
4 Herr Begerow kennt ein thailändisches Restaurant.	☐	☐
5 Dort gibt es nur vegetarische Gerichte.	☐	☐
6 Herr Begerow bestellt einen Tisch für 21 Uhr.	☐	☐

5 You are a courier for a travel company and one of your group is pestering you with questions which you don't know the answers to. Write down your replies, starting with 'Ich weiß nicht, ob ...'

MODELL
    Gibt es hier ein Theater?
    Ich weiß nicht, ob es hier ein Theater gibt.
1 Beginnt der Film um 20 Uhr?
2 Kommt unser Busfahrer aus Berlin?
3 Ist Berlin 800 Jahre alt?
4 Geht Frau Herrmann ins Theater?
5 Haben Sie morgen Zeit?
6 Regnet es morgen?

SPRACHTIP

Compare the following:
Ich esse Fisch.   ➤ Fisch esse ich.
Ich kenne die Station nicht. ➤ Die Station kenne ich nicht.
The word order in German is far more flexible than in English – it is possible for just about any sentence element to be the first as long as the verb is always the second idea. See Grammar section 10.7.

Speichern

thailändisch	Thai
vegetarische Gerichte	vegetarian dishes
hervorragend	superb
einen Tisch bestellen	to book a table

SPRACHTIP

Compare the following:
    Gibt es dort vegetarische Gerichte?
    Ich weiß nicht, ob es dort vegetarische Gerichte gibt.
'ob' (if, whether) can be used to introduce an indirect question. Like 'weil' and 'dass', 'ob' sends the main verb to the end of the sentence. See Grammar section 10.3.

6 Now listen to the rest of the telephone conversation between Herr Begerow and Frau Kühn and answer the following questions:

1 Wo treffen sie sich?
2 Wann treffen sie sich?

7 Now it's your turn - you're in Berlin and you're arranging to go out with a German acquaintance. Answer with the information below.

1 You're sorry, but you're already engaged this evening.
2 Yes, you're free tomorrow evening.
3 No, you don't feel like going to a musical.
4 Agree and invite your friend for a meal and ask where you should meet.
5 Ask when you should meet.
6 Say until tomorrow – you're looking forward to it very much.

Hier ist der Kunde König!

8 For people with lots of money, Berlin is a consumer heaven. It has the most exclusive shops, the most expensive restaurants – and also Europe's largest department store. Read the article from *TV Hören + Sehen* about the 'KaDeWe', then match up the German words below with their English equivalents.

1	Konsum auf acht Etagen	a	the largest department store in Europe
2	das größte Kaufhaus Europas	b	stop for a bite to eat or a drink
3	ein Einkaufsparadies	c	groceries
4	der Mitarbeiter	d	consumer goods on eight floors
5	die edelste Feinkostabteilung	e	delicious chocolates
6	Lebensmittel	f	shoppers' paradise
7	eine Ess- oder Trinkpause	g	the finest food and delicatessen department
8	leckere Pralinen	h	employee

Das KaDeWe (Kaufhaus des Westens) an der Tauentzienstraße in Berlin ist Luxus und Konsum auf acht Etagen. Das größte Kaufhaus Europas ist ein Einkaufsparadies der Superlative: Hier findet man auf 60 000 qm insgesamt 380 000 Artikel – der teuerste ist eine Stereoanlage für 158 000 Mark! Es gibt 64 Rolltreppen, 24 Fahrstühle und zwei Parkhäuser. 600 Millionen Mark geben die Kunden pro Jahr im KaDeWe aus. Dabei helfen ihnen insgesamt 2 500 Mitarbeiter. Der 6. Stock ist das Paradies für Feinschmecker und zugleich die edelste Feinkostabteilung des Landes: 33 000 Lebensmittel-Artikel kann man dort kaufen, und an 33 Imbissständen können hungrige Kunden eine Ess- oder Trinkpause machen. Doch das ist noch nicht alles: Im KadeWe ist der Kunde wirklich König! Ein italienisch sprechender Babysitter? Eine Urlaubsbuchung für eine Weltreise? 500kg leckere Pralinen als Geschenk nach Saudi-Arabien? Eine Hochzeitsfeier für 5 000 Gäste? All das ist im KaDeWe kein Problem – wenn man genug Geld hat.

9 Read the article again and answer the questions in English.

1 What do these figures represent: 60 000; 380 000; 158 000; 600 million; 2 500?
2 What's on the 6th floor?
3 What can hungry customers do there?

Wissenswert!

German wages are still amongst the highest in Europe – the average gross salary (das Bruttojahresgehalt) is 36 000 DM per year. Most west German employees receive a 13th monthly wage at Christmas, and a lot of them rely on this money to pay for their Christmas shopping.

10 Listen to Andrea's friend Katja doing her shopping at the 'KaDeWe'. What are the missing words in the transcript below?

– ... Sie, können Sie mir bitte helfen? Ich ... ein T-Shirt für meine Schwester.
– Damenbekleidung ... Sie im ersten Stock.
– Und wo finde ich ...?
– Strumpfhosen – auch im ... Stock.
– Und wo finde ich ...?
– ... befinden sich im zweiten Stock.
– Im zweiten Stock. Und ... kann ich dann bezahlen?
– ... Sie vorne an der ...

11 Fill in the gaps with the appropriate dative objects.

1 Ich danke ... . (du)
2 Bitte antworten Sie ... . (ich)
3 Es tut ... sehr Leid. (wir)
4 Ich bin ... in der Stadt begegnet. (sie/pl.)
5 Ich gratuliere ... ! (Sie)
6 Können Sie ... helfen? (ich)

SPRACHTIP

Some German verbs require a dative object where English has a direct object. These include:

helfen	to help
antworten	to answer
gratulieren	to congratulate
danken	to thank
begegnen	to meet by chance
Leid tun	to be sorry

See Grammar section 2.3.

LERNTIP

Say the words and phrases you learn out loud to yourself – this will help you remember them more easily and it's good practice.

12 You're going shopping at the 'KaDeWe' now. You want to buy some chocolates in the food and delicatessen hall. Here are the questions you have to ask:

Excuse me, where can I find chocolates?
Where can I find the delicatessen and food hall?
Where is the escalator?
Could you help me please?
I'd like to buy some chocolates – 500 grams.
Thank you, and where do I pay?

13 Going shopping can be quite stressful, especially if you haven't got much free time. So what about the following solution? Read the article above and then read the statements below. Are they richtig oder falsch?

	R	F
1 Man kann Teleshopping zu jeder Zeit machen.	☐	☐
2 Man kann es nur im Wohnzimmer machen.	☐	☐
3 *H.O.T.* kommt aus Amerika.	☐	☐
4 Es gibt kein sehr großes Angebot.	☐	☐
5 Man bestellt die Produkte mit dem Telefon.	☐	☐
6 Die Waren kommen innerhalb von 14 Tagen.	☐	☐
7 8 Millionen Haushalte können *H.O.T.* sehen.	☐	☐
8 Teleshopping ist keine Konkurrenz zum normalen Einkaufen.	☐	☐

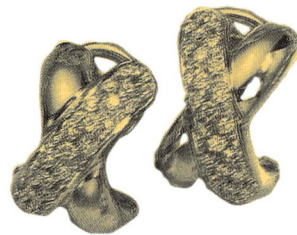

14 Read the article again and find the German for:

1 in my comfortable TV armchair
2 the gold watch
3 the smart black leather suit
4 the multi-coloured coffee set
5 the first German shopping channel
6 the desired article
7 a convenient addition
8 (to) normal shopping

Teleshopping: Kaufrausch im K a b e l n e t z

Einschalten!
Aussuchen!
Bestellen!

Es ist Sonntagabend, 22 Uhr. Ich sitze in meinem gemütlichen Fernsehsessel und kaufe ein. Die Auswahl fällt schwer: Was nehme ich denn nun? Die goldene Armbanduhr zu DM 99? Oder lieber den schicken schwarzen Lederanzug zu DM 249? Oder vielleicht das bunte Kaffeeservice (DM 124,50)? Teleshopping mit H.O.T.(Home Order Television) – das ist Einkaufen im Wohnzimmer, ohne Stress und Hektik

rund um die Uhr. H.O.T. ist der erste 24stündige deutsche Einkaufssender. Das Angebot ist groß, es gibt für jeden etwas: Schmuck, Sport- und Haushaltsartikel, Kosmetik, Elektroartikel, Geschenke, CDs und Videos, Mode und Bücher. Teleshopping ist einfach: Man wählt eine Telefonnummer, nennt den Namen des Produktes und den Preis und schon hat man den gewünschten Artikel bestellt.

Innerhalb einer Woche bekommt man die Ware direkt ins Haus. H.O.T. erreicht heute 8 Millionen Haushalte über Kabel und Satellit. Ist Teleshopping damit eine Konkurrenz für Kaufhäuser und Fachgeschäfte? Nein, meint H.O.T. Chef Andreas Büchelhofer: „Teleshopping ist eher eine bequeme Ergänzung zum „normalen" Einkaufen!"

SPRACHTIP

Q. You've already learned that adjectives change their endings in front of a noun (unit 1, page 11). So what do those endings depend on?

A: The endings depend on a number of factors including gender and case.

You will find a complete list of all endings in Grammar sections 4.1–4.3.

15 Make sure you've studied Grammar section 4.1 to 4.3 before you do this activity. Then fill in the gaps with the correct adjectival endings.

1 Ich suche einen ... Rock. (rot)
2 Der ... Verkäufer kommt aus Bremen. (neu)
3 Ich trinke am liebsten ... Champagner. (teuer)
4 Haben Sie meine ... Tochter gesehen? (klein)
5 Ich nehme den ... Pullover. (blau)
6 Ich trinke nur ... Wein. (deutsch)

16 Imagine you're watching *H.O.T.* and you'd like to order some goods by phone. But first, let's revise how to pay by credit card, by cheque and in cash. Match the phrases below.

1 Das macht DM 299.
2 Ich zahle mit Scheck.
3 Wie möchten Sie zahlen?
4 Ich zahle bar.
5 Ich zahle mit Kreditkarte.

a I'll pay by credit card.
b How would you like to pay?
c That's 299 Marks.
d I'll pay by cheque.
e I'll pay cash.

17 You want to buy the watch shown on *H.O.T.* Here is what you will have to say – you might want to prepare your answers before you switch on the audio:

You'd like to buy a watch.
98 51 62 034.
You'd like the gold-coloured watch.
You'll pay by credit card (Visa).
Give your name.
Say until July 2003.

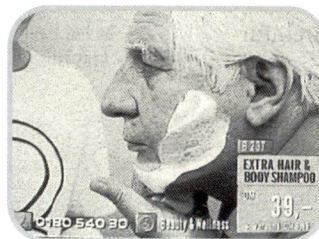

eine Armbanduhr (gold oder silber)
DM 129.-
Produkt Nr. 98 51 62 034
Telefonnummer: 800 55297

extra frisch - extra günstig

Top Auswahl und Frische.

frisch **und munter**

Für Ihren Vorrat-extra billig.

nimm 2

Große Auswahl - extra günstig

Speichern

das Leben(-)	here: the cost of living
die Miete(-n)	rent
sparen	to save
das Gehalt(¨-er)	salary
die Nebenkosten(pl.)	running costs; additional costs
die Versicherung(-en)	insurance
die Steuer(-n)	tax

18 Life in a big city like Berlin can be very expensive. Listen to three people (a,b,c) from Berlin talking about the cost of living and tick the appropriate boxes below.

(a)
1 Das Leben in Deutschland ist: ☐ teuer ☐ billig
2 Ich gebe am meisten aus für: ☐ Kleidung ☐ Urlaub ☐ Lebensmittel
☐ Miete ☐ Versicherung
3 Ich spare: ☐ etwas ☐ sehr viel

(b)
4 Das Leben in Deutschland ist: ☐ nicht so teuer ☐ sehr teuer
5 Ich gebe am meisten aus für: ☐ Lebensmittel ☐ Steuer ☐ Kleidung
☐ Miete ☐ Urlaub
6 Ich spare: ☐ ja ☐ nein

(c)
7 In Deutschland ist: ☐ manches teuer ☐ alles billig
8 Ich gebe am meisten aus für: ☐ Steuer ☐ Miete ☐ Urlaub
☐ Einkaufen ☐ Versicherung
9 Uns geht es: ☐ sehr schlecht ☐ ganz gut

19 Sonja Keller from Potsdam near Berlin has to budget carefully. Read the article on page 73. Then choose the correct English equivalent for the German phrases below.

1 2 283 Mark netto	a ☐ 2283 DM a year	b ☐ 2283 DM a month
2 verdienen	a ☐ to save	b ☐ to earn
3 Strom	a ☐ electricity	b ☐ rent
4 Heizung	a ☐ warm clothes	b ☐ heating
5 die Rate	a ☐ instalment	b ☐ repairs
6 die festen Kosten	a ☐ savings	b ☐ fixed costs

Ich arbeite seit 15 Jahren als Verkäuferin in einem Kaufhaus in Berlin. Ich verdiene 2 283 Mark netto pro Monat. Ich muss ständig rechnen: Meine Miete kostet 950 Mark für 48 Quadratmeter.

Dazu kommen 60 Mark für Strom und 50 Mark für Telefon. Für Heizung und Wasser muß ich insgesamt 1800 Mark pro Jahr zahlen - das sind 150 Mark im Monat. Dann ist da noch die Rate für mein Auto – das Auto brauche ich, weil es bis zu meinem Arbeitsplatz 20 Kilometer sind – und die Kosten für Benzin: Das alles kostet mich 270 Mark im Monat. Meine Krankenversicherung wird auch immer teurer: Das sind jetzt 84 Mark im Monat. Für Lebensmittel gebe ich 400 Mark im Monat aus. Ich kaufe fast nur beim Penny-Markt oder bei Aldi ein, weil es dort am billigsten ist. Wenn ich alle meine festen Kosten zusammenrechne, dann bleiben mir nur knapp 400 Mark im Monat zum Leben. Ich gehe deshalb selten aus. Ich freue mich riesig, wenn ich zum Geburtstag mal eine Theaterkarte oder Bücher bekomme. Abends sehe ich meist fern. Ich find's richtig toll, dass es Fernsehen gibt! So kann ich die schönsten Filme, Konzerte und Theaterstücke sehen - und all das fast umsonst.

20 Read the article again and answer the questions in German.

1 Wofür gibt Sonja Keller am meisten aus?
2 Warum braucht sie ein Auto?
3 Warum kauft sie beim *Penny-Markt* und bei *Aldi?*
4 Wieviel Geld bleibt im Monat übrig?
5 Warum findet sie Fernsehen toll?

21 The following extract from a reader's letter appeared in a local newspaper in Berlin. Read it and fill in the gaps with the words in the box.

Heizung	Leben	sparen	Geld
kann	Mutter	teuer	zahlen
wohne	Nebenkosten		Lebensmittel

Ich bin 28 Jahre alt und ich ... in Berlin. Ich bin allein erziehende ... – ich habe drei Kinder. Das ... in Deutschland ist sehr ... . Das meiste ... gebe ich für Miete und für ... aus. Die ... sind auch teuer: Für ... und Wasser muss ich zum Beispiel 120 Mark pro Monat ... . Ich ... von meinem Gehalt nichts ... .

22 A newspaper is running a series of features on less well-off people. You have decided to send in information about your own situation. Write a similar letter in German with the information below. You may want to use the phrases from activity 21 as a model:

Alter:	41
Wohnort:	Aberdeen (Schottland)
Familienstand:	geschieden, zwei Töchter
Leben:	sehr teuer
am teuersten:	Kleidung, Miete
auch sehr teuer:	Nebenkosten (Strom und Telefon = £80)
sparen:	nicht viel

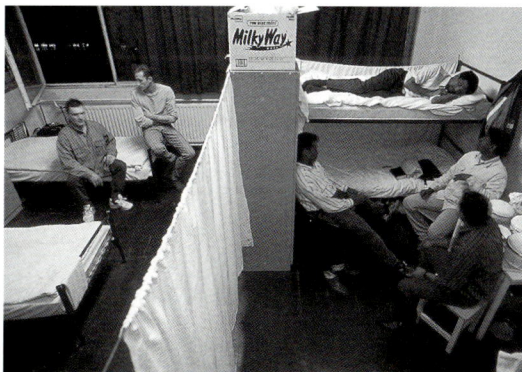

23 Like Sonja Keller, Franziska Haake, a mother of four from Berlin, has to budget very carefully and does her weekly shopping at the cheap discount store *Penny-Markt*. Our reporter Britta accompanied her on one of her shopping trips – what does she buy? Tick the illustrations which apply.

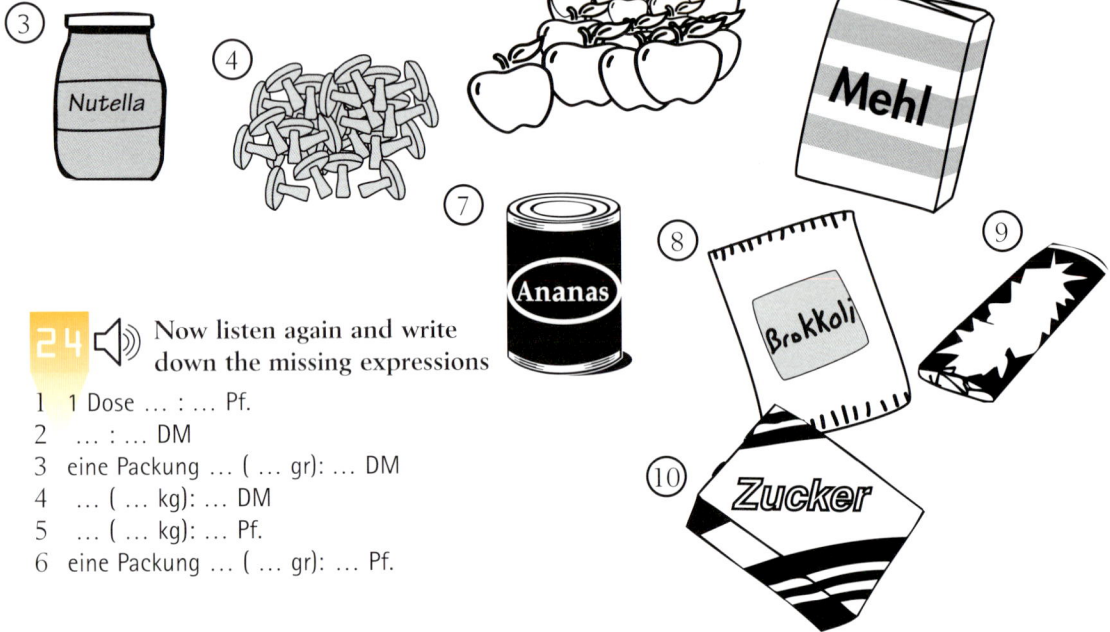

①

② leberwurst

③ Nutella

④

⑤

⑥ Mehl

⑦ Ananas

⑧ Brokkoli

⑨

⑩ Zucker

24 Now listen again and write down the missing expressions

1 1 Dose … : … Pf.
2 … : … DM
3 eine Packung … (… gr): … DM
4 … (… kg): … DM
5 … (… kg): … Pf.
6 eine Packung … (… gr): … Pf.

25 Look at the illustrations on the right and match up the quantities with the articles.

1 ein Kilo …
2 100 Gramm …
3 eine Flasche …
4 ein Glas …
5 ein Becher …
6 eine Dose …
7 eine Packung …
8 eine Schachtel …

① WEIN
② HONIG
③ COLA
④ PRALINEN
⑤ ERBSEN
⑥ WURST
⑦ TOMATEN
⑧ JOGHURT

26 Even with careful budgeting, some Germans still have to struggle to make ends meet. Read the three statements on the right, then look at the sentences below. Are they richtig oder falsch?

		R	F
1	Anna Schäfer kommt mit ihrem Geld nicht aus.	☐	☐
2	Sie verdient pro Monat 480 Mark.	☐	☐
3	Die Frau von Manfred Penz arbeitet auch.	☐	☐
4	Sie haben kein Geld für Extrawünsche.	☐	☐
5	Dietrich Keller arbeitet nicht.	☐	☐
6	Seine Frau bekommt pro Monat 1250 Mark.	☐	☐

Speichern

die Rente(-n)	pension
die Arbeitslosenhilfe	unemployment benefit
über die Runden kommen	to manage, to make ends meet
nicht drin sein	to be impossible
sterben	to die

Als ich noch arbeitete, kam ich mit meinem Geld aus. Aber jetzt bin ich Rentnerin und bekomme im Monat 992 Mark Rente. 480 Mark kostet meine Wohnung, plus 73 Mark Nebenkosten. Da bleiben 439 Mark übrig - zuwenig zum Leben und zuviel zum Sterben.
Anna Schäfer (67)

Ich bin Elektriker und verdiene 2500 Mark netto. Wenn die Kinder groß sind, kann auch meine Frau wieder arbeiten. Im Moment kommen wir gerade mal so über die Runden. Aber Extras - zum Beispiel Urlaub, neue Kleidung oder mal essen gehen - sind nicht drin.
Manfred Penz (30)

Seit sechs Jahren bin ich arbeitslos. Wann ich wieder arbeiten kann, weiß ich nicht. Ich bekomme 900 Mark Arbeitslosenhilfe, und meine Frau verdient 350 Mark in einer Videothek. Das sind 1250 Mark pro Monat - davon müssen wir leben.
Dietrich Keller (46)

● SPRACHTIP

Compare the following:
Als ich noch arbeitete, hatte ich genug Geld.
(When I was still working I had enough money.)
Wenn ich arbeite, habe ich genug Geld.
(When I work I have enough money.)
Like 'weil', dass' and 'ob', 'als' and 'wenn' send the verb to the end of their sentence.
See Grammar section 10.3.

27 Fill in the gaps with either 'als' or 'wenn'.

1 ... er vom Einkaufen nach Hause kam, regnete es.
2 Ich freue mich, ... meine Kinder mich besuchen.
3 ... ich noch Schüler war, hatte ich sehr wenig Geld.
4 ... ich Zeit habe, fahre ich im Sommer in Urlaub.
5 Ich arbeite wieder, ... meine Tochter im Kindergarten ist.
6 ... wir ihn sahen, war er sehr traurig.

28 Money is more easily available these days, with every bank and building society (die Sparkasse) offering loans, credit cards or cash cards and making all sorts of other attractive offers. But more and more people have problems with repaying all the money they owe. Kai Schulze from Rostock is one of them. Read the article on the right and then match up the German phrases with their English equivalents.

1	Schulden haben	a	to be dissatisfied
2	in Höhe von	b	credit counsellor
3	einen Kredit bekommen	c	to have debts
4	nicht zufrieden sein	d	to pay off
5	die monatlichen Zahlungen	e	financial plan
6	der Kreditberater	f	to the extent of
7	der Finanzierungsplan	g	to get a loan
8	abzahlen	h	monthly payments

29 Read the article again and answer the questions in English.

1 What happened to Kai Schulze last year?
2 Why did he go to his bank for a loan?
3 How much did he have to pay back every month initially?
4 What did he do with his car?
5 What did his parents say about credit cards?
6 What did he think about paying by credit card?
7 What happened to his monthly payments?
8 How did the credit counsellor help Kai?

30 Paying with plastic can be very tempting, but if you use credit cards carefully, this method of payment does have its advantages – especially on holiday. However, sometimes other options are better. Read the information leaflet from the *Deutsche Vereinsbank* on page 77. What different options does it mention? Write them down in English.

„Ich habe Schulden!"

Kai Schulze (20) aus Rostock macht eine Lehre als Einzelhandelskaufmann. Er ist im dritten Lehrjahr und verdient 865 Mark im Monat. Er wohnt bei seinen Eltern zu Hause. Vor einem Jahr hatte Kai ein großes Problem: Er hatte Schulden in Höhe von 5 000 Mark. „Es fing alles nach meinem 18. Geburtstag an", erzählt er. „Mein Opa hat mir das Geld für den Führerschein geschenkt. Dann wollte ich natürlich ein eigenes Auto haben." Kai ging zu seiner Bank und bekam einen Kredit für 2 000 Mark: „Die Raten waren 150 Mark pro Monat. Das ist kein Problem, dachte ich." Doch schon bald war Kai mit seinem kleinen VW Golf nicht mehr zufrieden: „Ich wollte meine Karre richtig aufmotzen und hab' immer neue Autoteile gekauft: Spoiler, Sportreifen, Racing-Felgen …" All diese Käufe bezahlte Kai mit seiner Kreditkarte: „Meine Eltern sagten zwar immer: 'Junge, sei vorsichtig mit Kreditkarten – das ist nichts für Leute wie uns!'" Aber das war so einfach und bequem. Schon bald schuldete er der Bank 5 000 Mark. „Die monatlichen Zahlungen wurden immer mehr – zum Schluss waren es 619 Mark pro Monat." Kai fand schließlich Hilfe beim Kreditberater seiner Bank. Der stellte einen Finanzierungsplan auf. Heute zahlt Kai pro Monat 200 Mark ab. „Eins ist für mich klar", sagt er, „ich mache nie wieder Schulden!"

Wissenswert!

Paying by credit card is not as common in Germany as it is in some other countries. Cash is still the most common method of payment – with the largest bank note being 1000 DM.

Deutsche Vereinsbank

Der richtige Mix für die Urlaubskasse

Welches Zahlungsmittel ist am günstigsten auf Ihrer Reise: Bargeld, Plastikgeld oder Reiseschecks?

a Bargeld
Bei Reisen in die meisten westeuropäischen Länder kann man die Sorten (das ausländische Geld) schon bei einer Bank zu Hause besorgen. Nur in Ländern mit schwächeren Währungen (z.B. Portugal, die Türkei oder Griechenland) bekommt man vor Ort mehr Geld für die D-Mark.

b Zahlen mit ec-Karte
Auch im europäischen Ausland wird „electronic cash per edc (electronic debit card)" immer beliebter. Das heißt: Karte und Geheimnummer (PIN) genügen zum Bezahlen an Tankstellen und in Kaufhäusern.

c Zahlen mit Kreditkarte
Der Vorteil des Plastikgeldes: Kreditkarten (z.B. Visa, American Express oder Mastercard) sind auf der ganzen Welt gültig. Man hat automatisch immer die richtige Währung, und man braucht seine Käufe mit Kreditkarte erst vier Wochen später zu bezahlen.

d Reiseschecks – die günstige Alternative
Eine gute Ergänzung für die Urlaubskasse sind traveller's cheques (Reiseschecks). Sie müssen sie vor dem Urlaub kaufen. Im Ausland tauscht man sie in Banken, Wechselstuben und auch Geschäften gegen Bargeld.

32 Read all the information again. Then read the statements below and choose the appropriate method of payment.

1 Ich fahre für zwei Wochen nach Griechenland. Ich will keine Zeit in Banken oder Wechselstuben verbringen. Aber Plastikgeld mag ich auch nicht!

2 Ich bezahle im Urlaub am liebsten bargeldlos. Eine Unterschrift genügt – und die Rechnung kommt dann nächsten Monat.

3 Ich habe keine Zeit, vor den Ferien Geld zu tauschen. Ich bezahle am liebsten mit Schecks – auch im Urlaub.

4 Im Urlaub finde ich es wichtig, dass ich rund um die Uhr Geld abheben kann – genauso wie zu Hause!

Speichern

die Urlaubskasse(-n)	holiday kitty
schwächere Währungen	weaker currencies
vor Ort	on the spot
genügen	to be enough
die Umrechnungs-gebühr(-en)	exchange fee
der Betrag(¨-e)	amount

31 Now read the following tips from the *Vereinsbank* leaflet and match them up with the appropriate method of payment.

1.Vereinsbank-Tip
Günstig ist diese Karte, wenn man damit Rechnungen im Hotel, im Restaurant oder an der Tankstelle bezahlt. Teuer ist sie dagegen, wenn man damit am Automaten Geld abhebt – die Umrechnungsgebühr beträgt 2% des Betrags.

2.Vereinsbank-Tip
Vergessen Sie nicht Ihren Ausweis oder Reisepass, wenn Sie Schecks einlösen wollen – ohne Ausweis bekommen Sie kein Geld!

3.Vereinsbank-Tip
Mit dieser Karte können Sie 24 Stunden pro Tag Geld an rund 100 000 Geldautomaten in 25 Ländern bekommen: einfach Karte einschieben, PIN (Geheimzahl) eintippen, Betrag eingeben!

4.Vereinsbank-Tip
Tauschen Sie einen kleinen Betrag der Landeswährung schon vor der Ankunft in Ihrem Reiseland – für Taxifahrten, eine Tasse Kaffee oder Trinkgeld.

---

33 Read the questions below and choose the correct answers.

1 Wo bekommen Portugal-Urlauber mehr Geld für die D-Mark?
   a ☐ zu Hause   b ☐ in Portugal
2 Was kann man mit der ec-Karte machen?
   a ☐ Geld vom Automaten bekommen   b ☐ Geld in Banken tauschen
3 Wann ist eine Kreditkarte am besten?
   a ☐ beim Bezahlen von Rechnungen   b ☐ beim Geldautomaten
4 Man kauft Reiseschecks
   a ☐ im Urlaubsland   b ☐ zu Hause

Rent-a-Huhn

Eine edle Cartieruhr, James Bonds BMW-Limousine oder das persönliche Huhn – heute kann man (fast) alles mieten und leihen.

Insel
Billiger als eine eigene Wohnung: eine einsame Südseeinsel ab 9,99 Dollar pro Tag. Die Robinson-Inseln vermietet „Vladi Private Islands" in Hamburg.

Schloss
Barbara Cartland live erleben! Echte schottische Schlösser wie das Hatton Castle in der Nähe von Turriff gibt es bei „Scotts Castle Holidays" in Edinburgh - Preis pro Woche: 300 englische Pfund.

Handy
Das Mobiltelefon kostet von Freitag bis Montag 9,99 DM. 15 Sekunden telefonieren kosten 60 Pfennig.

Schmuck
Edlen Schmuck und kostbare Uhren kann man bei „Rent a watch" in Nürnberg mieten (und eventuell später kaufen). Preisbeispiel: Das 10 000-DM-Collier kostet 194 Mark im Monat.

Huhn
Nie wieder Billigeier aus dem Supermarkt! Miethühner hat zum Beispiel der „Billand-Hühnerhof" in Teding (Norddeutschland): Ein Bio-Huhn kostet 100 DM im Jahr und legt 250 Eier – die muss man aber selber vom Bauernhof abholen.

Luxus-Autos
Ideal für die Hochzeitsfeier: Mieten Sie einen „Rolls Royce Silver Cloud II" - für 165 Mark pro Stunde und mit Chauffeur! Oder wie wäre es mit dem James-Bond-Roadster BMW Z3 (ein Wochenende für 395 DM)?

ZU VERMIETEN

Frauenwünsche
Als Gewinnerin eines Preisausschreibens wünsche ich mir:

Topliste Westdeutschland
1. Städtekurzurlaub
2. Schönheitsfarmaufenthalt
3. sehr gutes Abendessen
4. Diamantring
5. Designerkostüm
6. Gemälde nach Wahl
7. Tafelservice
8. wertvolle Pflanzen
9. Luxusherd
10. Fitnessgerät

Topliste Ostdeutschland
1. sehr gutes Abendessen
2. Städtekurzurlaub
3. wertvolle Pflanzen
4. Schönheitsfarmaufenthalt
5. Fitnessgerät
6. Diamantring
7. Gemälde nach Wahl
8. Luxusherd
9. Designerkostüm
10. Tafelservice

Kaufen bis zum Kollaps

Deutschland, das Land der Einkaufs-Superlative: In Berlin gibt es das KaDeWe, das größte Kaufhaus Europas. Und in Oberhausen (Nordrhein-Westfalen) gibt es Europas größtes Einkaufszentrum – das „Centro Oberhausen"!

100 000 Besucher kommen täglich zum „größten Einkaufs- und Vergnügungszentrum Europas". Dort finden sie 200 Geschäfte, 24 internationale Fast-Food-Stände mit 1200 Sitzplätzen, 28 Kneipen, einen über 80 000 Quadratmeter großen Vergnügungspark, eine Konzert-Arena für 1500 Besucher und einen Kinopalast mit neun Sälen. Kein Wunder, dass das Nahverkehrssystem immer öfter zusammenbricht: Züge und Busse sollen alle 90 Sekunden dort ankommen, aber sie bleiben oft stecken. Auch die Autos der Besucher stehen immer öfter im Stau: Bis zu 25 Kilometer stauen sie sich jeden Tag schon vor der Abfahrt 'Neuen Mitte Oberhausen'. Die Kunden stört all dies jedoch nicht. Sie zieht es weiterhin zum supergroßen Supermarkt – solange das Geld reicht.

LERNTIP

Read as much authentic German as you can – German magazines and newspapers are available at a lot of major newsagents.

Quiz

Was ist ein „Miet-Huhn"?

1 Ein Huhn in einer Mietwohnung
2 Ein Huhn zum Leihen
3 Ein Billighuhn aus dem Supermarkt.

Stimmt so!

Trinkgeld international

	Taxi	Hotelboy/ Kofferträger	Restaurant
Österreich	10%	10–20 Schilling	10%
USA	15%	1–2 Dollar	15–20%
Spanien	10%	100 Peseten	5–10%
Deutschland	10%	2–5 DM	10%
UK	10%	2 Pfund	5–10%
Japan	nicht üblich	nicht üblich	nicht üblich

Wie viel Trinkgeld ist genug? Kommt darauf an: in Japan ist Trinkgeld nicht üblich; in den USA bekommen die Kellner im Restaurant nur wenig Lohn und müssen von der Großzügigkeit der Gäste leben. *Deutsch Plus 2* rät: lieber ein paar Pfennig zuviel – das macht Freunde.

1   **How would you say the following in German:**

1   Can you help me please?

2   I'll pay by credit card.

3   Where do I find the gift department?

4   I'm looking for a black suit.

5   Where are the escalators?

6   I'll take the red jumper.

☐ / 6 POINTS

2   **Rearrange the jumbled-up words into proper sentences.**

1   WIR/OPER/IN/GEHEN/DIE!

2   ES/KINO/WIE/MIT/WÄRE?

3   THEATER/WIR/INS/GEHEN/WOLLEN?

4   ESSEN/HABE/LUST/ZU/ICH/GEHEN.

5   MICH/MUSICALS/INTERESSIERE/FÜR/SEHR/ICH.

☐ / 5 POINTS

3   **Read the sentences below and choose the correct definition.**

a   Ich mag Schokolade nicht.

b   Schokolade mag ich nicht.

1   The word order is correct in sentence a and wrong in sentence b.

2   The word order in sentence b is correct but it's wrong in sentence a.

3   The word order in both sentences is correct as it's very flexible in German.

☐ / 1 POINT

4   **Find the odd ones out.**

1   Nebenkosten/Miete/Heizung/Mitarbeiter

2   Sparkasse/Restaurant/Oper/Salsa-Disco

3   Feinkostabteilung/Versicherung/Konsum/ Kaufhaus

☐ / 3 POINTS

5   **Choose the correct English equivalents.**

1   Schulden   a ☐ debts
                b ☐ savings

2   Reiseschecks   a ☐ spending money
                b ☐ traveller's cheques

3   das Bargeld   a ☐ cash
                b ☐ pub bill

4   Währungen   a ☐ credit cards
                b ☐ currencies

5   die Ratenzahlung   a ☐ payment by cheque
                b ☐ payment by instalments

6   der Betrag   a ☐ exchange bureau
                b ☐ amount

☐ / 6 POINTS

6   **Choose the correct word in the brackets for each sentence.**

1   Ich kaufte in teuren Geschäften ein, [als/wenn] ich viel verdiente.

2   Ich weiß nicht, [weil/ob] er Fleisch isst.

3   Ich fahre mit dem Auto, [als/wenn] es regnet.

4   Ich verdiente viel, [wann/als] ich in einer Disko arbeitete.

☐ / 4 POINTS

TOTAL ☐ / 25 POINTS

Gesundheit

Sauna für Anfänger

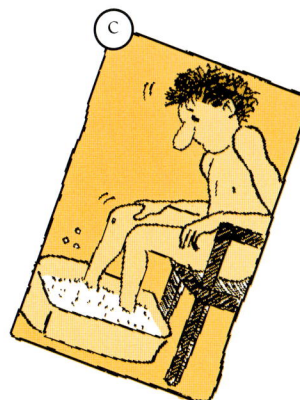

Lernpunkte

Talking about food

Talking about your lifestyle

Talking about illness and health

SPRACHTIP

Q: How do you make formal requests or commands?

A: The verb goes in the first position, followed by 'Sie':

Trinken Sie! (Drink!)

Q: Is this the same when using the less formal 'du' or 'ihr'?

A: No. Drop 'du' or 'ihr' and use the following verb forms:

Trinke! (trink'!) (Drink!)
(to one person)

Trinkt! (Drink!)
(to more than one person)

See Grammar section 10.5.

Sauna for beginners – the pictures are in the right sequence. Match the captions with the cartoons.

1. In der Sauna: Nehmen Sie auf der unteren Bank Platz!
2. Zweiter Saunagang: 8–15 Minuten. Danach: Gehen Sie an die frische Luft!
3. Warme Füße sind wichtig! Nehmen Sie ein warmes Fußbad!
4. Ruhen Sie mindestens eine halbe Stunde.
5. Trinken Sie Mineralwasser oder Fruchtsäfte. Keinen Kaffee oder Tee!
6. Waschen Sie sich zuerst unter der warmen Dusche!

1 On the audio, the German baker Herr Kusche tells Ruth how to stay healthy. What else does he recommend, apart from going to the sauna?

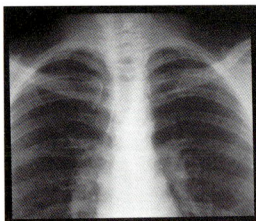

2 A healthy lifestyle includes having a healthy diet, too. On the audio, Andrea asks a woman in Lübeck what she eats. Before you switch it on, look at the grid – it will give you the main points to listen out for. Then complete it in English.

how many meals per day?	which ones?	most important meal?	favourite meal?

3 Now listen again, but concentrate on the questions. How does Andrea ask them in German? Put the words in the box in the correct order.

Mahlzeiten/wie viele/am/essen/Sie/Tag?	How many meals do you eat per day?
und/wäre/das?	And that would be?
Mahlzeit/wichtigsten/welche/ist/Ihnen/am?	Which meal is the most important for you?
essen/und/zum/was/Sie/Frühstück?	And what do you eat for breakfast?
Lieblingsgericht/ist/was/Ihr?	What's your favourite dish?
Gericht/welches/am/besten/schmeckt/Ihnen?	Which dish do you enjoy most of all?

4 Listen again and focus on the answers, but this time in more detail. Then answer the questions below in German, as if you were the woman. Some, but not all, of the boxed items are being mentioned in the interview.

Kaffee, Kuchen, Roggenbrot, Orangensaft, Müsli, eine Scheibe Toastbrot, Weißbrot, Jogurt, Schwarzbrot, Lasagne, Knäckebrot, Brötchen, Apfel

1 Was essen Sie zum Frühstück?
2 Und am Sonntag?
3 Welches Gericht schmeckt Ihnen am besten?

5 Time to talk about your own eating habits. Imagine you eat three meals a day. You start the day with tea and a slice of toast. Your most important meal is supper but your favourite dish is spaghetti.

6 Food can influence your mood – according to the article on page 83. Study it and decide whether the statements are richtig oder falsch.

	R	F
1 Obst macht ausgeglichen.	☐	☐
2 Bei Depressionen helfen Nüsse!	☐	☐
3 Bananen machen aktiv!	☐	☐
4 Trauben machen fit!	☐	☐
5 Zimt macht müde!	☐	☐
6 Schokolade macht glücklich!	☐	☐

Gute Laune kann man essen
– Der Mensch ist, was er isst

Essen Sie Trauben!
Fruchtzucker macht fit!
Haben Sie schlechte Stimmung?
Ändern Sie Ihren Speiseplan!
Sind Sie total ausgepowert?
Kaufen Sie braunen Reis!
Schlafen Sie schlecht?
Trinken Sie Milch!
Haben Sie lange nicht mehr gelacht?
Naschen Sie ein Stückchen Schokolade!

Wissenschaftler haben entdeckt: bestimmte Stoffe helfen Leib und
Seele. Haferflocken und Naturreis machen uns aktiv. Obst, vor allem
Bananen, enthalten Serotonin. Damit werden Sie ausgeglichen.
Vielleicht brauchen Sie auch mehr Ruhe? Dann essen Sie mehr Salat!
Das hat viel Kalzium und Vitamin B. Haben Sie ein Stimmungstief?
Nüsse und Schokolade stimulieren die Endorphin-Produktion, das sind
Glücksstoffe im Körper. Und übrigens: Zimt soll eine erotisierende
Wirkung haben. Das sollte also in keinem Dessert fehlen.

Speichern

naschen	to nibble (specifically sweet things)
der Wissenschaftler(-)	scientist
(der) Leib und (die) Seele	body and soul
enthalten	to contain
die Haferflocken (pl)	rolled oats
ausgeglichen	balanced
der Stoff(-e)	material; substance
der Zimt	cinnamon
die Wirkung(-en)	effect
die Laune(-n)	mood

7 It's your turn to give some sound advice. Imagine Frau Kabel wants to improve her diet and asks for your help. This is what you'll need to write to her (use the formal 'Sie').

MODELL   Kaufen Sie braunen Reis!
1 Change your diet!
2 Drink more milk!
3 Eat more fruit!
4 Buy more lettuce!
5 Nibble a piece of chocolate!

SPRACHTIP

Study the position of 'zu' in the following sentences:
Ich versuche, mit dem Rauchen auf_zu_hören.
Ich versuche, gesund _zu_ essen.
Ich versuche, mich gesund _zu_ ernähren.
Q: How do you know where to put 'zu' ?
A: In separable verbs, 'zu' goes between the separable part and the verb, in all other cases, it stands on its own in front of the verb. See Grammar section 8.17.

8 Does Stefan lead a healthy life? Listen to the interview and tick the sentences that Stefan actually says. Extra vocabulary: sich ernähren = to eat; passt zusammen = goes together; was soll's! = so what!

1 Ich versuche schon, mich gesund zu ernähren. ☐
2 Ich versuche, sehr viel Obst zu essen. ☐
3 Ich versuche auch, möglichst viel Milch zu trinken. ☐
4 Ich mag Fisch. ☐
5 Ja, ich rauche sehr gern. ☐
6 Jeder Mensch muss selbst glücklich werden. ☐
7 Ich habe einfach keine Lust auf Diäten. ☐

9 Turn on the audio for more speaking practice. Imagine Stefan has already reformed his life, but you are still trying. Study the Sprachtip, then use the following dialogue pattern:

Stefan: Ich rauche weniger.
You: Ich versuche, weniger zu rauchen.

10 On the audio, Andrea orders herself a healthy lunch. Do you remember the most important phrases for ordering food? Listen to Andrea before you answer the questions below. Extra vocabulary: der Champignon(-s) = type of mushroom

How does Andrea …
1 ask for the menu?
2 order a pear juice?
3 order an omelette?
4 And how does the waitress say: "Enjoy your meal!"

Frühstück
Kännchen Kaffee oder Tee
Tasse Kakao
Grapefruitsaft
Orangensaft
Brötchen
Schwarzbrot
Butter
Jogurt
Quark
Marmelade
Honig
Käseaufschnitt
Wurstaufschnitt
Omelett

11 The second part of the recording is about settling up. Listen several times. How do they say the following phrases?
1 Did you enjoy your meal?
2 Would you like anything else?
3 I would like to pay.
4 The bill will be with you in a minute.
5 That's correct; keep the change.

12 Time to practise some of the phrases you've just learnt. Study the breakfast list on the left in preparation for placing your own order on the audio. Be prepared to be quite hungry.

Bircher Müsli (Bircher-Benner-Müsli) [nach M.Bircher Benner]
Diätspeise aus 80–100g eingeweichten Haferflocken, dem Saft einer halben Zitrone, einem Esslöffel Kondensmilch, 200g geriebenen Äpfeln oder anderem Obst und einigen gemahlenen Nüssen oder Mandeln. Auf diese Weise ist frisches Obst auch für den empfindlichen Magen verträglich.

13 Why not try a 'Bircher Müsli'? The Swiss doctor Maximilian Bircher-Benner devised it for people with sensitive stomachs. Study it first, then advise a patient on how to make a 'Bircher Müsli'. Underline the correct verbs in the dialogue below.
Extra vocabulary: einweichen = to soak; reiben = to grate; mahlen = to grind; (die) Mandel(-n) = almond; der empfindliche Magen = sensitive stomach; verträglich = digestible.

Patient: Soll ich die Haferflocken einweichen?
You: Man (muss/darf) die Haferflocken einweichen!
Patient: Und was muss man mit den Äpfeln machen?
You: Man (sollte/kann) die Äpfel reiben.
Patient: Aber ich mag keine Äpfel. Kann ich auch anderes Obst nehmen?
You: Ja, Sie (müssen/können) auch anderes Obst nehmen.
Patient: Brauche ich auch Nüsse?
You: Ja, und die Nüsse (dürfen/sollten) gemahlen sein.

SPRACHTIP
soll/en … can sometimes be translated as 'shall':
Soll ich Ihnen helfen?   Shall I help you?
But it can also mean 'is supposed to':
Trauben sollen fit machen.   Grapes are supposed to make you fit (healthy).
Similarly, sollte/sollten … can mean 'should':
Du solltest mehr Vitamine essen.   You should take more vitamins.
But it can also mean 'was supposed to':
Er sollte gestern ankommen.   He was supposed to arrive yesterday.

14 On the audio, Herr Ignasias introduces 'Klöße' (dumplings), a speciality from Thüringen. Read the statements below, then listen to the audio and decide whether they are richtig oder falsch.

R F

1 Gerichte aus Kartoffeln sind typisch für die Thüringer Küche. ☐ ☐
2 Den Thüringer Kloß muss es jeden Tag geben. ☐ ☐
3 Thüringer Klöße muss man mit Fleisch und sehr viel Sauce essen. ☐ ☐
4 Bei Herrn Ignasias gibt es jeden Sonntag Thüringer Klöße. ☐ ☐
5 Thüringer Klöße machen sehr viel Arbeit. ☐ ☐

15 On the audio, Herr Ignasias explains how to make 'Thüringer Klöße'. Which verbs go in the gaps in the transcript below? You will need to work out the right forms from the infinitive forms. They are in the box but not in the right order. Extra vocabulary: durch den Wolf drehen = to mince; roh = raw; der Brei = mash/paste

Wie ... man Thüringer Klöße? Das ... sehr lange, und die Hausfrau ... sehr viel zu ... . Zuerst ... sie Kartoffeln, dann ... sie diese Kartoffeln durch den Wolf, dann ... sie rohe Kartoffeln, ... mit denen das Gleiche, dann ... sie diese Kartoffeln zu einem Brei, dann ... Salz hinzu, verschiedene Gewürze, und dann wird das ganze ... zu Kugeln, und diese Kugeln werden in heißem Wasser ... .

formen
drehen
vermischen
kochen
nehmen
machen
kommen
kochen
machen
tun
dauern
haben

Fit Food statt Fast Food für Schule, Studium und Beruf
Zutaten:
12 Kirschtomaten, 2 Champignons, 1 kleine rote Zwiebel, 4 Scheiben Roggenknäckebrot, 100 g Schmelzkäse mit Salami (30% Fett), 1 Esslöffel gehackte Kräuter, Salz, Pfeffer.

Ofen auf 220 Grad heizen, Tomaten halbieren, Pilze in dünne Scheiben und Zwiebel in Ringe schneiden, Brot mit Schmelzkäse bestreichen, mit Tomaten und Pilzen belegen, kurz überbacken. Zwiebelringe darauf verteilen, mit Salz und Pfeffer bestreuen.

16 Look at the Sprachtip above again, then read the recipe and complete the sentences below.
Extra vocabulary: (die) Zutat(en) = ingredient; der Schmelzkäse = processed cheese; (das) Kraut(¨-er) = here: herb.

MODELL Die Kräuter werden ... (hacken). Die Käuter werden gehackt. (Remember, not all verbs form the past participle in the same way.)

1 Der Ofen wird ... (heizen).
2 Die Tomaten werden ... (halbieren).
3 Die Pilze werden in Scheiben ... (schneiden).
4 Das Brot wird mit Schmelzkäse ... (bestreichen).
5 Das Brot wird mit Tomaten und Pilzen ... (belegen).
6 Die Zwiebelringe werden ... (verteilen).
7 Das Brot wird mit Salz und Pfeffer ... (bestreuen).

17 What's the best way of keeping healthy and happy? On the audio, Walter Maier-Janson and his wife – both doctors – tell Ruth what they think is best. Listen to their advice several times and connect the right words in the boxes below.

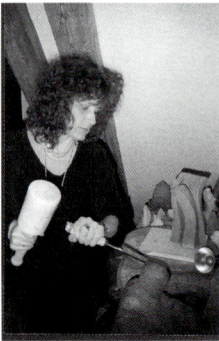

Frau Maier-Janson

1	Lebensrhythmen	a	akzeptieren
2	Grenzen	b	genießen
3	Leben	c	kennen

Herr Maier-Janson

1	Dinge	a	genießen
2	Spaß	b	üben
3	Zeit	c	tun
4	Leben	d	einplanen
5	Entspannung	e	machen

Speichern

genügend	sufficient
die Entspannung	relaxation
der Rhythmus (die Rhythmen)	rhythm
die Grenze(-n)	limit

18 Look at the list of things people like to do. Make sure you understand them. Then listen to the people on the audio and tick the things that make them happy each time you hear them mentioned. Which is the most popular activity?

Liste der persönlichen Genüsse		
ein langes Schaumbad nehmen		
Kreuzworträtsel lösen		
mit Freunden telefonieren		
mit jemandem flirten		
einen Stadtbummel machen		
zum Friseur gehen		

19 Even the healthiest people need to go the chemist's occasionally. On the audio, Andrea asks Frau Josef which medicines are the top sellers. Before you listen to the audio, choose the correct English expressions from the box below on the right for the German medicines on page 87. You do not need all of them. Check your answers.

Now listen to the interview and note down the most important things that Frau Josef says about each item on the labels on page 87. Two have already been done for you.

Speichern

der Unterschied(-e)	difference
klimabedingt	depending on climate
vorbeugend	preventive
überwiegend	mostly

dietary supplements, baths, medicines for the common cold, vitamins, diets, cough sweets, painkillers for headaches (headache pills), throat lozenges, sunscreen lotion/cream, travel medicines for diarrhoea, creams or lotions for rubbing into the skin.

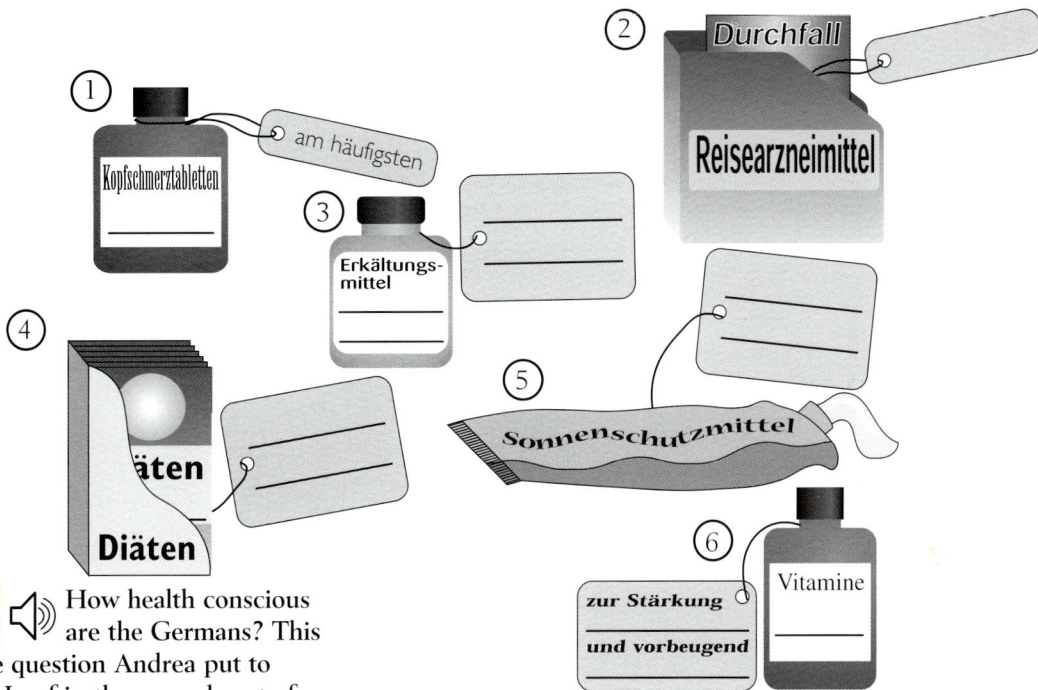

① Kopfschmerztabletten

am häufigsten

② Durchfall

Reisearzneimittel

③ Erkältungs-
mittel

④ ...äten

Diäten

⑤ Sonnenschutzmittel

⑥ Vitamine

zur Stärkung
und vorbeugend

20 How health conscious are the Germans? This is the question Andrea put to Frau Josef in the second part of the interview. Make sure you understand the sentences first then listen to the audio and cross out the wrong ones – you'll need to cross out four of them.

Die Deutschen sind …
1 gesundheitsbewusster als früher.
2 weniger gesundheitsbewusst als früher.

Sie kaufen mehr …
3 alternative Heilmittel.
4 homöopathische Mittel.
5 chemische Mittel.
6 pflanzliche Arzneimittel.

Vo zehn Jahren …
7 war es anders.
8 waren die Kassen nicht so großzügig.
9 waren die Kassen großzügiger.
10 waren die Ärzte großzügiger.

Damals …
11 ging man zum Apotheker.
12 ging man zum Arzt.
13 bekam man ein Rezept.
14 … und hat geschluckt, was der Arzt verlangt hat.

Speichern

die Kasse(-en)	here: medical insurance
der Arzt(¨-e)	doctor
das Rezept(-e)	prescription
schlucken	to swallow
Ich habe …	I have …
Zahnschmerzen	toothache
Halsschmerzen/Fieber	a sore throat/a temperature
Durchfall	diarrhoea
Ich möchte ….	I want …
ein Heilmittel/Arzneimittel	a medicine/remedy
ein Mittel gegen …	something for …
ein homöopathisches/ pflanzliches Mittel	a homeopathic/ herbal remedy/medicine
Brauche ich ein Rezept?	Do I need a prescription?

21 Now it's your turn to go to the chemist's. You have a headache, perhaps even diarrhoea and a temperature, but you want a herbal remedy. Before you start, have another look at Speichern and underline the phrases you are likely to need.

Natürliche Therapien

HELFER DER MENSCHHEIT
SEBASTIAN KNEIPP
10 +5 DEUTSCHE BUNDESPOST

„Alles, was wir brauchen, um gesund zu bleiben, hat uns die Natur reichlich geschenkt. Warum vergessen wir das nur so oft?"

Sebastian Kneipp wurde am 17. Mai 1821 in Stefansried im Allgäu geboren. Er war das vierte Kind eines armen Landwebers. Während seines Theologiestudiums erkrankte er schwer an Lungentuberkulose. Der junge Student wurde von den Ärzten schon aufgegeben. Aber nach einer Wasserkur in der winterlichen Donau wurde Kneipp wieder gesund. Er arbeitete während der folgenden Jahre als Priester in Wörishofen und behandelte viele Menschen mit seinen Wassertherapien. Dreißig Jahre später schrieb er das Buch: „Meine Wasserkur". Sebastian Kneipp starb am 17. Juni 1897. Seine Kuren sind weltweit anerkannt. Und das Bauerndorf Bad Wörishofen wurde zum Mekka der Kneipp-Therapie.

Kneipp Pfad

SPRACHTIP

Q: How do you translate the following structures?

　Er wurde geboren.

　Er wurde aufgegeben.

A: You have already come across the passive in the present tense (p. 85). The sentences here have the same structures but are in the simple past tense:

| He was born. | Er wurde geboren. |
| He was given up on. | Er wurde aufgegeben. |

Q: But what about: Er wurde gesund?

A: Here, 'werden' is used as a main verb meaning 'to become':

　Ich werde gesund.

　(I'm getting better [lit. 'become healthy']).

And this is the simple past:

　Ich wurde gesund.

　(I got better [lit. 'became healthy']).

22 Water therapies are a traditional way of improving your health. One of the most prominent exponents is Sebastian Kneipp who came from the Allgäu, a hilly region in South-west Germany. Read the text above and find the German equivalents for the following sentences.

1　He was born in Stefansried.
2　He was the child of a country weaver.
3　During his studies he became ill.
4　The student was given up on by the doctors.
5　After a water cure in the Danube he became well again.
6　He worked as a priest and treated many people.
7　Thirty years later he wrote the book: *"My water cure."*
8　He died on the 17th of June 1887.

23 According to Sebastian Kneipp there are five principles for keeping in good health. Match the keywords with the appropriate descriptions.

a   Heilkräuter in Form von Tees, Säften, Tabletten oder Dragees!

b   Kalte und warme Wasserbehandlungen zur Stimulierung des Immunsystems!

c   Einfache, nahrhafte Kost und Krankendiät!

d   Ein regelmäßiges Leben zur Harmonie von Körper, Geist und Seele!

e   Rad fahren, Gymnastik, Wandern und Tennis zur Stärkung des Organismus!

① Hydro-Therapie

② Arzneipflanzen-Therapie

③ Bewegungs-Therapie

④ Ernährungs-Therapie

⑤ Ordnungs-Therapie

Speichern

heilen	to heal
die Behandlung(-en)	treatment
nahrhaft	nutritious
regelmäßig	regular
der Geist(-er)	spirit; ghost

24 And just in case you do come across a 'Kneipp Pfad' ('Kneipp walk') in the forest, here's a quick reminder of the body parts. Choose from the words below and label the correct parts.

der Magen, der Bauch, die Nase, das Knie, das Bein, das Blut, der Fuß, das Auge, das Herz, der Arm, der Finger, der Hals, das Ohr

Wissenswert!

A regular 'Kneipp Kur' will last 3–4 weeks and will be offered in most spas. Sometimes, you can also find a designated 'Kneipp Pfad' along a forest brook. Small boards carry detailed advice on various water treatments: where to start treading water, for example; for how long, etc. These treatments can have a powerful effect, so it's important to follow the instructions carefully.

BAD♥ISCHL

Bad Ischl, Österreichs altes Kaiserstädtchen, liegt im Herzen des Salzkammerguts. Die heilende Kraft der Ischler Sole und Ischler Luft ist schon lange bekannt. 1820 machte der Ischler Arzt Dr. Götz seine ersten Badeversuche mit an Gicht leidenden Salinenarbeitern. Drei Jahre später kamen die ersten Kurgäste. Von 1848–1914 war Ischl die jährliche Sommerresidenz von Kaiser Franz Joseph. Während der Kaiserzeit kamen viele Staatsmänner nach Ischl – unter ihnen auch der englische König Edward VII. Auch bei Künstlern war Ischl beliebt. Die Brüder Strauß, Johannes Brahms und Anton Bruckner kamen immer wieder nach Bad Ischl.

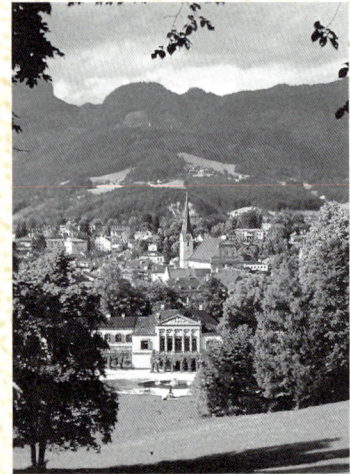

Heute ist Bad Ischl ein moderner Kurort mit vierzehntausend Einwohnern und dreitausend Betten. In Bad Ischl werden vor allem Erkrankungen der Atemwege, des Herz-Kreislaufsystems sowie Rheuma-Erkrankungen behandelt.

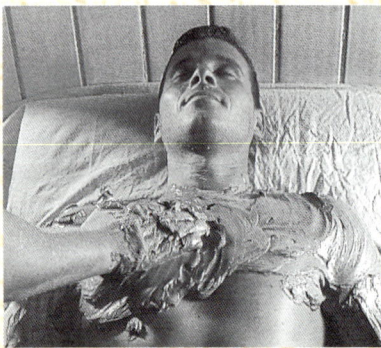

Wissenswert!

Going to the spa at regular intervals has been a tradition for many Germans. Once their application was authorised by the doctor, they could have several weeks off work (in addition to their holiday entitlement) and take a 'Kur'. As this was considered a preventive health measure, a large part of the bill was paid for by the health insurance or pension scheme. In recent years, however, these provisions have been cut back and Germans are having to foot a much larger part of the bill themselves.

25 Read the extract from the tourist brochure on page 90 and answer the questions in German.

1 Wo liegt Bad Ischl?
2 Welche zwei Dinge haben Bad Ischl bekannt gemacht?
3 Wer wurde durch die Kraft des Salzes zuerst geheilt?
4 Wer kam während der Kaiserzeit nach Bad Ischl?
5 Wie viele Menschen wohnen heute in Bad Ischl?

Gäste:	50 000
Übernachtungen:	385 000

Nützliche Telefonnummern

a	Notarztdienst	23340
b	Autoverleih	23146
c	Kurapotheke	23205
d	Reisebüro	23261
e	Geldwechsel	24407
f	Tierklinik	23724
g	Hals–Nasen–Ohrenarzt Dr. Buchacher	23144
h	Taxi Bahnhof	23806
i	Stadtführungen	24000
j	Zahnarzt Dr. Aster	23548
k	Frauenarzt Dr. Bichler	23534
l	Praktischer Arzt Dr. Egger	23314

26 Where would these people go? Study the statements and match them with the correct place. (Example: 1b)

1 Ich möchte ein Auto mieten.
2 Ich brauche österreichische Schillinge.
3 Mein Hund ist krank!
4 Ich kann nichts mehr hören!
5 Ich will einen Flug von Wien nach London buchen.
6 Wir brauchen sofort ärztliche Hilfe!
7 Ich muss mein Rezept einlösen.

27 Which is the best time of year for visiting Bad Ischl? On the audio, Frau Telsnig from the Austrian Tourist Office gives Andreas some advice. Listen to the interview and tick the correct statements below.
Extra vocabulary: bevorzugen = to prefer.

Es gibt ...
1 □ eine feste Jahreszeit.
2 □ keine feste Jahreszeit.
Es hängt davon ab, ob man ...
3 □ den Sommer oder den Winter bevorzugt.
4 □ im Sommer oder im Winter Zeit hat.

Die Wassertemperatur ist ...
5 □ immer dieselbe.
6 □ im Sommer warm und im Winter kalt.
Der Sommer ist vielleicht schöner, weil man nach der Kur ...
7 □ im Garten sitzen kann.
8 □ im See schwimmen kann.

ROGNER BAD BLUMAU

ein Paradies in vollkommener
Harmonie mit der Natur

*247 Doppelzimmer und 24 Appartements
für 2–4 Personen,*

*Nichtraucherhaus, Behinderten-
und Anti-Allergiezimmer*

*Steirisches Spezialitätenrestaurant,
Poolrestaurant, Kaffeehaus*

*Naturprodukte direkt von den
Bauernhöfen der Umgebung*

Konferenzräume bis zu 250 Personen

Freizeitangebot
*Tennis, Reiten, Radfahren, Golf,
Gymnastik, Stretching, Fitnessraum
Thermalquellen aus dem Neolithikum,
Innen- und Außenbecken, Wellenbad,
Kneippbad, Whirlpools und Kinderbecken*
Kinderbetreuung (4–14 Jahre)

Gesundheit und Schönheit
*Fango, Heilbäder, Unterwassermassage,
Inhalation, römisches Bad, türkisches
Dampfbad, finnische Sauna, Beauty Farm,
Kosmetiksalon, Friseur, Meditationsinsel,
Qi-Gong, Thai Chi, Yoga etc.*

**Wohnen im weltweit größten
Gesamtkunstwerk Integration der Architektur
in die Umgebung Autofreie Anlage mit
Tiefgaragen. Ausflugs- und
Einkaufsmöglichkeiten Transferservice**

28 Bad Blumau, a unique new 'Kurort' (spa) in Austria, was designed by the famous Austrian artist Friedensreich Hundertwasser and completed in 1997. Study the brochure on the left and write down the German words for the expressions in the box.

1	non-smokers	7	outdoor pool
2	rooms for disabled people	8	wave pool
3	natural products	9	childcare
4	from the farms	10	steam bath
5	conference rooms	11	meditation island
6	thermal springs	12	underground car parks

29 🔊 On the audio, Andreas asks Frau Telsnig from the Austrian Tourist Office about Bad Blumau. Listen to the recording a few times, then fill in the missing words in the gaps below.

rund, Platz, Fußgänger, Farben, Sport, Autos, Kurort, Kunstwerk, Urlaub, Golf, Kur, Tiefgaragen, Radfahrer

1 Bad Blumau ist besonders, weil es eine Art ... ist.
2 Es ist nicht nur ein ..., sondern ein Kunstwerk.
3 Die Leute können dort ihren ... verbringen.
4 Sie können auf ... gehen.
5 Sie können ... betreiben oder ... spielen.
6 Alles ist fließend, ...
7 Die ... sind bunt – rot, blau, gelb, grün.
8 600 Personen haben ... in diesem Komplex.
9 Es gibt Straßen, aber nicht für die ...
10 Es gibt ..., wo die Autos verstaut werden.
11 Die Straßen sind für die ... und ...

Speichern

besonders	special
sich erholen	to relax
ungewöhnlich	unusual
gesamt	whole
anpassen	to adapt
fließen	to flow
konzipieren	to plan
verstauen	to stow away
der Fußgänger(-)	pedestrian

30 Imagine you want to go to a spa in Austria. You haven't decided yet where to go – a traditional spa or something more unusual. How would you ask the following questions in German? Write them down.

1 I'd like to go to a spa. (use 'besuchen')
2 Where is Bad Ischl? (use 'liegen')
3 What is so special about Bad Blumau?
4 What can one do there?
5 Which is the best time of year?

Guess which aspect of the body
the German man is least
satisfied with.

Schönheit ist wichtig für den Erfolg
Das meint fast jeder zweite Deutsche.
Womit ist der deutsche Mann am
wenigsten zufrieden?
1 mit seinem Bauch (zu rund)
2 mit seinen Muskeln (zu dünn)
3 mit seiner Größe (zu klein)

Nehmen Sie das Leben leicht?

1 Was würden Sie am liebsten von einem
  Experten lernen?
  a Rosen züchten   0
  b Tauchen   2
  c ein neues Computerprogramm   4

2 Wie finden Sie es, wenn ein Erwachsener
  eine Plastikente in der Badewanne hat?
  a lustig   0
  b ungewöhnlich   2
  c alarmierend   4

3 Würden Sie aus einem See Wasser trinken?
  a ja   0
  b nein   4

4 Mögen Sie Trickfilme?
  a ja   1
  b nein   4

5 Glauben Sie an eine Art Leben nach
  dem Tod?
  a ja   0
  b nein   4
  c ich weiß nicht   2

Summe der Punkte:

15 Punkte und mehr
Sie sind ein Pessimist. Sie sollten das Leben
leichter nehmen!
10-14 Punkte
Sie sollten positiver denken – dann könnten
Sie das Leben mehr genießen!
bis 4 Punkte
Sie sind ein Optimist. Aber vielleicht sollten Sie
manchmal etwas vorsichtiger sein!

züchten	to grow
tauchen	to dive
die Ente (-n)	duck
der Trickfilm (-e)	animated cartoon

Was die Deutschen in Stimmung bringt

Pop, Sekt und ein schönes Schaumbad

„Verliebte muss man gar nicht
erst in Stimmung bringen..."
Klar, dieser Oldie der 60er
Jahre hatte Recht. Die Liebe
ist immer der Stimmungshit Nr 1. Was aber macht
den Deutschen sonst noch Stimmung? Laut einer
Umfrage sind es diese 12 Punkte: Musik,
Urlaubsplanung, Spazierengehen, Sport,
Fußball (im Fernsehen), Tanzen, Telefonieren,
Shopping, Naschen, Game Shows (im TV), ein
Gläschen Sekt/Bier/Wein. Und vor allem bei
Damen der große Hit: ein entspannendes
Schaumbad.

Fragen zur Pinnwand

1 In welchem Jahrhundert lebte die Heilige Hildegard?
   im zwölften Jahrhundert
   m vierzehnten Jahrhundert

2 Welches Obst isst der Deutsche am liebsten?
   Bananen
   Äpfel

3 Wer sollte die Doc Martins eigentlich zuerst kaufen?
   die Kids
   ältere Damen

4 Mit wieviel Jahren kam Hildegard ins Kloster?
   mit 8
   mit 18

5 Was bringt die Deutschen am meisten in Stimmung?
   die Liebe
   ein Schaumbad

6 Wer schrieb die Goldenen Regeln für eine gesunde Lebensführung?
   der Papst
   Hildegard
   Dr. Martins

7 Mit welchem Körperteil ist der deutsche Mann am wenigsten zufrieden?
   mit seinem Bauch
   mit seiner Nase

„Der Mensch hat Himmel und Erde in sich selber"

Hildegard von Bingen

(1089–1179) war Äbtissin und Heilkundige, Komponistin und Dichterin. Ihre Zeitgenossen sahen in ihre eine Prophetin. Als Achtjährige kam Hildegard in ein Kloster. Später kämpfte sie für das Recht, ein eigenes Kloster zu gründen. Mit 42 Jahren schrieb sie ihre Visionen nieder. Die Natur- und Heilkunde der Heiligen Hildegard enthält hunderte von Rezepten zur Heilung der wichtigsten allgemeinen Erkrankungen. Ihre goldenen Regeln für eine gesunde Lebensführung machen sie auch heute wieder hochaktuell.

Doc Martins – der Hit bei den Kids

Die Kids finden sie cool, Polizisten und Arbeiter praktisch. Aber eigentlich begannen sie als Gesundheitsschuhe. Es war während des Krieges in München. Der Arzt Dr Martins erholte sich von einem Skiunfall. Aber das Gehen machte ihm große Schmerzen, und so entwickelte er einen bequemen Laufschuh. Zusammen mit seinem Freund konstruierte er einen völlig neuartigen Schuh mit einer Luftpolstersohle aus Autoreifen. Die Schuhe kamen in Deutschland vor allem für ältere Damen auf den Markt, wurden aber dann in ganz Europa populär. Seit 1960 werden die Doc-Martins auch in England produziert. Inzwischen gibt es über 150 verschiedene Modelle. Sogar der Papst soll ein Paar besitzen.

Quiz

What do you think are the Germans' favourite fruits and vegetables?

Complete the statistics by guessing where the following items should go.

Weiß- und Rotkohl, Tomaten, Äpfel, Bananen, Zwiebeln, Gurken, Birnen

Obst und Gemüsekonsum in Deutschland

Obst Verbrauch(kg/Kopf)	Gemüse Verbrauch (kg/Kopf)
28,3	14,1
12,5	6,4
6,7	5,7

Source: HARENBERG 97. p139

1 How would you make the following formal requests:

MODELL   Kaufen Sie mehr Obst!

1   Take a cold shower!
2   Go into the fresh air!
3   Rest – for at least half an hour!
4   Eat more salad!
5   Drink more juice!

☐ / 5 POINTS

2 These words have become separated. Put them together again! You should come up with at least eight combinations. Write them down, together with a translation, and decide whether they are masculine, feminine or neuter. Do you remember the rule?

> FRÜH REIS ORT GÄNGER FRUCHT WERK
> PRODUKT FLOCKEN NATUR MILCH ZUCKER
> HAFER STÜCK KUR FUSS KUNST

☐ / 8 POINTS

3 How would you (use the formal 'Sie') ...

1   ask for the menu?
----
2   say: Enjoy your meal
----
3   ask for the bill?
----
4   say: Keep the change!

☐ / 4 POINTS

4 Healthy plans – rearrange jumbled words into proper sentences.

Ich versuche ...

1   Rauchen mit dem aufzuhören.
2   zu gesund ernähren mich.
3   treiben Sport viel zu.
4   zu Alkohol weniger trinken.
5   machen zu Yoga.

☐ / 5 POINTS

5 Complete the sentences using 'solltest' 'soll' or 'sollten'.

1   Aber was ....'s. Es ist mein Leben.
2   Du .... mehr Vitamine essen!
3   Sie .... viel Sport treiben.

☐ / 3 POINTS

6 Fill in the right verb forms.

1   Das Brot wird in Scheiben .... (schneiden).
2   Die Klöße werden in heißem Wasser .... (kochen).
3   Die Schuhe werden jetzt auch in England .... (produzieren).
4   Sebastian Kneipp wurde von den Ärzten .... (aufgeben).
5   Kneipp wurde durch seine Wasserkur in der Donau .... (heilen).

☐ / 5 POINTS

7 How would you say ...

1   I've got a headache?
----
2   I'd like something for diarrhoea.
----
3   Do I need a prescription?

☐ / 3 POINTS

TOTAL ☐ /33 POINTS

Die Arbeitswelt

SIEBEN TAGE

1 *Am Montag ins Büro gehen - der totale Horror! Noch ewig lange bis zum Wochenende.*

Lernpunkte

Talking about your job

Talking about your workplace

Writing your CV

Jutta is struggling to combine work and family life. Read the statements below – which one sums up Jutta's life best?
Extra vocabulary: kaputt (coll.) = exhausted; der Mist (coll.) = rubbish; erschaffen = to create; wahrscheinlich = probably; die Gewerkschaft = trade union.

1 Jutta geht sehr gern zur Arbeit.
2 Am Wochenende ruht Jutta sich aus.
3 Jutta ist nie zufrieden.

2 *Am Dienstag halt ich's schon nicht mehr aus!! Noch vier Tage, also noch 32 Arbeits-stunden.*

3

Erst Mittwoch!! Oh Gott, wie soll ich das nur schaffen??

4 *Donnerstag ist echt schlecht!! Wir sind total kaputt - und haben immer noch einen ganzen Tag vor uns.*

5 *Am Freitag denk' ich nur noch ans Wochenende - und mach' beim Tippen tausend Fehler!*

6 *Der schrecklichste Tag der Woche: Samstag!! Die Geschäfte sind total voll, die Kinder schreien, und ich hab' Angst vorm Sonntag...*

7 *Sonntag? Oh nein, ich hab' Kopf-schmerzen, Mann hat schlechte Laune, im Fernsehen gibt's nur Mist - und ich denk' schon wieder an Montag...*

8 *Warum hat Gott nicht einen Tag mehr erschaffen, an dem wir glücklich sind?*

Wahrscheinlich ist er nicht in der Gewerkschaft!!

Speichern

Was sind Sie von Beruf?	What do you do (for a living)?
Wo arbeiten Sie?	Where do you work?
Seit wann arbeiten Sie hier?	How long have you been working here?
Ich bin Journalist/in (von Beruf).	I'm a journalist (by profession).
Ich arbeite in einem Büro/einer Firma.	I work in an office/ for a company.

1 **Listen to four people talking about their jobs. What are the missing words below? Extra vocabulary:** die GmbH = limited company; gehören = to belong; leiten = to run; lautet = is called; entwickeln = to develop.

Anne Klar ist … von Beruf. Sie arbeitet in einem … . Klaus Jonas ist … von Beruf. Er … bei Jenapharm und … Computerprogramme. Lutz Bräuning hat eine … – die BZ Holzbau GmbH. Er ist der … . Ulrike Mendra … das Fremdenverkehrsamt in Jena. Die … gefällt ihr sehr.

2 **Klaus Jonas talks a bit more about his job. Listen and then read the statements below. Are they** richtig **or** falsch**? Amend the incorrect statements.**

	R	F
1 Klaus Jonas arbeitet seit sechzehn Jahren bei Jenapharm.	☐	☐
2 Die Arbeit gefällt ihm sehr gut.	☐	☐
3 Gleitzeit findet er nicht so gut.	☐	☐
4 Normalerweise beginnt sein Arbeitstag um Viertel vor neun.	☐	☐
5 Manchmal ist sein Arbeitstag um halb fünf zu Ende.	☐	☐
6 Ihm gefällt auch das gute Betriebsklima bei Jenapharm.	☐	☐

3 **Reorder the following sentences starting with the underlined words.**

1 ich/nicht/<u>Heute</u>/arbeite
2 arbeite/bis/um/ich/acht/<u>Manchmal</u>
3 nicht/Büro/gehe/<u>Morgen</u>/ins/ich
4 Firma/<u>Normalerweise</u>/ich/in esse/der

SPRACHTIP

Remember that you don't use 'ein' or 'eine' when you say what your job is:
Ich bin Verkäufer.   I'm a sales assistant.
Ich bin Lehrerin.   I'm a teacher (female).

Speichern

die Gleitzeit	flexi-time
Feierabend machen	to finish work
das richtet sich danach, ob …	that depends on
der Betrieb(-e)	firm
das Betriebsklima	atmosphere at work

SPRACHTIP

Compare the following:
Mein Arbeitstag beginnt normalerweise um acht.
Normalerweise beginnt mein Arbeitstag um acht.

Ich komme manchmal um neun.
Manchmal komme ich um neun.

If you want to emphasize certain information in a sentence (for example the time or the date), you can put it at the beginning of the sentence. The verb always has to come second. See Grammar section 10.

4 It's your turn to talk about work now. Imagine you are a computer programmer from Leeds. Before you listen and answer the questions, prepare what you have to say by looking at the information below.

1 Your name is Alex Smith and you live in Leeds.
2 You have been living in Leeds for seven years.
3 You are a computer programmer.
4 You've been working for your company for three years.
5 Your working day normally starts at 8 a.m.
6 You usually finish work at 4.30 p.m.
7 You like it best that you're on flexi-time.
8 The working atmosphere is very good.

5 Klaus Jonas (activity 1) likes his job because of 'das gute Betriebsklima' (the good working atmosphere). What do other people like about their jobs – and why? Read the article on the right. Then study the phrases below. How do you say them in German?

1 My job is very versatile.
2 I can work independently.
3 My company is very flexible.
4 My relationship with my colleagues is very relaxed.
5 I make my own decisions.
6 I can be very creative.

„Ich bin für meine eigenen Projekte verantwortlich. Meine Chefin redet mir da nicht rein – ich kann selbstständig arbeiten, und ich treffe meine eigenen Entscheidungen. Das ist super – und motiviert!"

Ellen Lahmann (28), Werbetexterin

„Gut finde ich, dass meine Firma so flexibel ist. Das ist für mich sehr wichtig, denn ich bin allein erziehender Vater und muss meinen Sohn morgens zum Kindergarten bringen. Da kann ich nicht immer pünktlich in der Firma sein. Aber mit gleitender Arbeitszeit ist das kein Problem!"

Lutz Unwerth (37), Ingenieur

„Ich arbeite in einem kleinen Betrieb, und das Verhältnis zu meinen Kollegen ist sehr entspannt – richtig familiär! Wir arbeiten sehr gut zusammen – wir sind ein richtiges Team. Wir helfen uns gegenseitig, wenn es hektisch wird. Und wir vertrauen einander – das ist sehr wichtig. "

Annette Glade (41), Sekretärin

„Am besten gefällt mir, dass mein Job so vielseitig ist. Und ich kann kreativ sein! Ja, mein Beruf ist eher Künstlerin als Graphikerin – ich „male" mit meinem Computer. Das ist einfach super. Langeweile am Arbeitsplatz kenne ich nicht – Gottseidank!"

Stephanie Jobst (32), Graphikdesignerin

6 Many employers are now recognising the importance of offering their employees flexible working hours. Read the article from the *Berufsmagazin* which describes such a scheme in Leverkusen. Then tick the correct statements.

1 Marita und Wolfgang arbeiten seit neun Jahren ...
a ☐ als Chemiker. b ☐ in Bayern.
2 Vor einem Jahr arbeiteten sie beide ...
a ☐ den ganzen Tag. b ☐ halbtags.
3 Sie wollten beide arbeiten und ...
a ☐ Erziehungsurlaub nehmen.
b ☐ mehr Zeit für ihre Kinder haben.
4 Marita arbeitet ...
a ☐ morgens. b ☐ abends.

SPRACHTIP

Q: What's the difference between 'wollen' and 'wollten'?

Wir wollen Zeit haben.
Wir wollten Zeit haben.

A: 'wollten' is the simple past tense of the modal verb 'wollen'. See Grammar section 7.1.

7 Although unemployment in Germany has increased over the last few years, one branch of industry is booming: the service industry. Read the article about Matthias Schlede from Berlin and then match the words and phrases 1–8 with their English equivalents.

1 zuverlässig   a company
2 der Pedalbote   b to offer
3 liefern   c new ideas are needed
4 die Einnahme   d reliable
5 Aufträge vermitteln e bicycle courier
6 das Unternehmen   f to deliver
7 neue Ideen sind gefragt g takings
8 anbieten   h to arrange jobs

Speichern

wir wollten ... haben	we wanted to have ...
verzichten auf	to give up
das Labor(-s)	laboratory
das klappt (coll.)	this works
die Abteilung(-en)	department

Job-Sharing – Ein Ehepaar, ein Arbeitsplatz!

Marita und Wolfgang Isbaner arbeiten beide seit neun Jahren bei der Bayer AG in Leverkusen und haben den selben Beruf: Sie arbeiten als Chemikerin bzw. Chemiker. Bis vor einem Jahr arbeiteten beide ganztags. Doch dann erwartete Marita das dritte Kind. „Für meine beiden anderen Kindern habe ich Erziehungsurlaub genommen", erzählt sie. „Aber nun wollten wir beide mehr Freizeit für die Kindererziehung haben. Nur: auf den Arbeitsplatz wollte auch keiner von uns verzichten ..." Sie sprachen mit ihrem Chef, und gemeinsam kamen sie zu folgender Lösung: „Wir teilen uns heute einen Arbeitsplatz im Labor", erklärt Wolfgang. „Marita arbeitet jeden Morgen von 9 Uhr bis 13 Uhr, und ich arbeite von 14 Uhr bis 18 Uhr." Das „Job-Sharing" klappt prima: „Wir sind glücklich, und unsere Kollegen im Team haben damit auch keine Probleme." Inzwischen gibt es „Job-Sharing" auch mit viel Erfolg in anderen Abteilungen. Marita und Wolfgang finden es super, dass die Bayer AG so flexibel ist: „So macht die Arbeit Spaß!", sagen sie.

Fahrradkuriere in Berlin

Sie sind schnell und zuverlässig: Fahrradkuriere sieht man immer öfter. In ganz Deutschland arbeiten inzwischen rund 1000 dieser „Pedalboten", ein Fünftel davon allein in Berlin.

Matthias Schlede (30) arbeitet seit drei Jahren als Fahrradkurier für den Kurierdienst „Messenger" in Berlin. Rund 80 Radboten arbeiten für das 1989 gegründete Unternehmen.

Sie transportieren alles, was in ihre Taschen passt: Akten, Bierflaschen, Videos, Kondome. Eine Kurierfahrt von vier Kilometern kostet rund 10 Mark. 5 000 bis 6 000 Mark kann ein guter Fahrradkurier so im Monat einnehmen. „Aber ein Drittel dieser Einnahmen bekommt die Zentrale", erklärt Matthias Schede. „Sie vermittelt uns dafür die Aufträge und macht die Werbung. Alle übrigen Kosten, zum Beispiel Fahrradreparaturen, müssen wir selber zahlen." Neue Ideen sind gefragt, vor allem in Berlin, wo es allein über 200 Fahrradkuriere gibt. Erfolg haben heute vor allem Unternehmen, die Extra-Service anbieten – sie arbeiten zum Beispiel mit einer Reinigung oder einem Blumengeschäft zusammen und liefern die Waren per Kurier an ihre Kunden. Daniel Stecher, Kuriermanager bei „Messenger", hatte sogar eine ganz neue Idee: den „Walker", der joggend als Kurier arbeitet. Zwei dieser professionellen Läufer sind jetzt schon auf Berlins Straßen unterwegs.

8 Read the article again and answer the questions in English.

1 How many bicycle couriers are there in Germany?
2 How many of them work for *Messenger* in Berlin?
3 How much money can a good courier make in a month?
4 How much of that money can he keep?
5 What does the agency do for them in return?
6 What do courier companies have to offer to remain successful?
7 What new service is Daniel Stecher now offering?

9 Being able to speak foreign languages is becoming more important at work. **Listen to Frau Winzer who talks about the languages being spoken in her company. Then read the statements below. Are they** richtig oder falsch? **Amend the incorrect statements. Extra vocabulary:** der Mitarbeiter(-) = colleague; die Personalabteilung(-en) = personnel department.

		R	F
1	Frau Winzer braucht für ihren Beruf keine Fremdsprachen.	☐	☐
2	Sie kann Englisch sprechen.	☐	☐
3	Die Mitarbeiter im Export sprechen Italienisch und Französisch.	☐	☐
4	Sie können nicht spanisch sprechen.	☐	☐
5	Die Firma bietet Sprachkurse für die Mitarbeiter an.	☐	☐
6	Italienisch ist dabei die beliebteste Sprache.	☐	☐

SPRACHTIP

Compare the following sentences:

Die Leute sprechen italienisch. Sie arbeiten im Export.
Die Leute, die im Export arbeiten, sprechen italienisch.
(The people who work in exports speak Italian.)
Der Chef ist sehr nett. Er kommt aus Bremen.
Der Chef, der aus Bremen kommt, ist sehr nett.
(The boss who is from Bremen is very nice.)

If you want to combine two sentences about the same person or object into one, or if you want want to add more information to a sentence, you can use the German for 'who', 'which' or 'that' (der, die, das). They send the verb to the end of their clause. These words are called relative pronouns and depend on the noun(s) they replace. See Grammar section 10.6.

10 Combine the following sentences using der, die, das.

MODELL
Die Chemikerin arbeitet hier. Sie macht Jobsharing.
Die Chemiker, die Jobsharing macht, arbeitet hier.

1 Die Firma ist sehr neu. Sie ist klein.
2 Der Informatiker arbeitet in Jena. Er heißt Klaus Jonas.
3 Seine Arbeit beginnt um acht. Sie ist anstrengend.
4 Die Firma gehört mir. Sie ist in Jena.
5 Das Büro ist im ersten Stock. Es hat ein Faxgerät.
6 Meine Firma hat 10 Mitarbeiter. Sie ist sehr flexibel.

11 Speaking a foreign language is very useful if you want to be 'ein richtiger Europäer' (a true European) and want to work in another European country. But how does the 'Arbeits-platz Europa' (lit. 'place of work: Europe') work? Read the article, then tick the correct definitions (1-6).

1 Ein Ausbildungsaufenthalt ist …
   a ☐ ein Urlaub.
   b ☐ Zeit zum Lernen in einem anderen Land.
2 Ein Arbeitspraktikum bedeutet:
   a ☐ man lernt die Arbeit in einem Büro etc. kennen.
   b ☐ man lernt einen praktischen Beruf.
3 Bei einem Weiterbildungsprogramm …
   a ☐ lernt man Neues.
   b ☐ sieht man Bilder an.

4 Ein Stipendium – das ist …
   a ☐ ein Studium.
   b ☐ Geld, z.B. vom Staat.
5 'finanziell unterstützt' heißt:
   a ☐ man muss selber bezahlen.
   b ☐ man bekommt Geld.
6 Eine Aufenthaltserlaubnis bedeutet:
   a ☐ man darf in diesem Land Urlaub machen.
   b ☐ man darf in diesem Land wohnen und arbeiten.

Chancen ohne Grenzen
Arbeiten in Europa

Schon heute denken immer mehr Unternehmen europäisch: Sie haben Büros in Lyon oder Lissabon, Fabriken in Dublin und Kopenhagen. Jeder Bürger der EU kann deshalb in jedem anderen EU-Staat eine Ausbildung machen und dort auch arbeiten.

Das LEONARDO-Programm
Dieses Programm der EU bietet Berufsausbildung in Europa an, zum Beispiel:
* Ausbildungsaufenthalte und Arbeitspraktika für 15 000 Jugendliche
* Weiterbildungsprogramme und Praktika für Arbeiter zwischen 18 und 27 Jahren
* Stipendien für Gruppen-Sprachkurse
Die Projekte dauern drei bis zwölf Wochen (kurzfristig) oder drei bis neun Monate (langfristig) und werden alle finanziell von LEONARDO unterstützt.

Praktische Tips
* Jeder EU-Bürger kann problemlos in einem anderen EU-Land einen Arbeitsvertrag unterschreiben. Danach bekommt er/sie dann eine Aufenthaltserlaubnis für sich und seine Familie. Das gilt auch für Teilzeitjobs.
* Besonders gute Chancen haben Berufe in den Bereichen Umwelt und Gesundheit.
* Weitere Informationen gibt es bei:

LEONARDO
Carl Duisberg Gesellschaft e.V.

12 Read the information again and then answer the questions in English.

1 What do many companies already have nowadays?
2 What does LEONARDO offer teenagers?
3 What can people over 18 do?
4 What's on offer if you want to do a language course?
5 How long do the projects last?
6 What is no problem for EU citizens?
7 Which professions have the best chances?
8 Where is more information available?

13 Kati Meyer from East Germany has lived and worked in Europe since 1990. Read this article about her. Underline all the verbs in the simple past, then complete the timetable below in the present tense.

1986–1989:	Kati studiert Russisch und Politikwissenschaften
Herbst 1989:	_____
im Mai 1990:	_____
1992:	_____
Heute:	_____

14 Read the article again and answer the questions below in English.

1 What did Kati Meyer know about the West before 1989?
2 Where does Kati work today?
3 How does she describe the working atmosphere ?
4 What languages does she speak and with whom?
5 What does she say about her working hours?
6 Who looks after her son while she works?
7 In what way has her life changed in the past ten years?

15 Now it's your turn – you want to work in Germany! You've linked up with the LEONARDO project on the Internet and have been asked to telephone the *Carl Duisberg Gesellschaft* – they want to find out a bit more about you. Here are your details: you are Kim Carter and you're English. From 1978 to 1981 you studied chemistry in London. You've worked as a chemist at Unilever in Oxford since 1982. You speak German and a little French. You will be asked the following questions:

1 Wie heißen Sie?
2 Welche Nationalität sind Sie?
3 Wo und wann haben Sie studiert?
4 Was haben Sie studiert?
5 Was sind Sie von Beruf?
6 Wo arbeiten Sie?
7 Seit wann arbeiten Sie dort?
8 Welche Fremdsprachen sprechen Sie?

„Ich bin Europäerin!"

Kati Meyer (29) kommt aus Dresden in Ostdeutschland. Von 1986 bis 1989 studierte sie dort Russisch und Politikwissenschaften. „Das westliche Ausland kannte ich damals nur vom Fernsehen", erzählt sie. Doch im Herbst 1989 wurde alles anders: Die Berliner Mauer fiel, und sie lernte den Engländer Robert kennen. Die beiden wurden ein Paar und zogen im Mai 1990 nach England. Kati besuchte einen Englischkurs und studierte dann in Southampton weiter Politik. 1992 bekam Robert einen Job als Journalist beim Europäischen Parlament in Brüssel. Kati zog mit ihrem Mann nach Brüssel und fand schnell selber einen Job:

„Seitdem arbeite ich als Assistentin für einen deutschen Europaabgeordneten," erzählt sie. „Die Atmosphäre hier im Parlament ist wirklich international: Mit meinem Chef spreche ich deutsch, am Telefon spreche ich französisch und mit den anderen Assistenten englisch!" Katis Arbeitstag beginnt um neun und ist um halb sechs zu Ende. Ihr kleiner Sohn Jakob (2) kommt morgens mit zur Arbeit. Er besucht den internationalen Kindergarten im Parlament. „Mein Leben hat sich in den letzten 10 Jahren wirklich total verändert", sagt Katie. „Vor 10 Jahren war Europa für mich ein Fremdwort – aber jetzt bin ich eine richtige Europäerin!"

Speichern

Russisch	Russian
die Politikwissenschaften	political studies
der Europaabgeordnete	member of the European Parliament
das Fremdwort (-e)	foreign word; here: something unknown

Firmenporträts

16 Jena – facts and figures. Listen to the audio where Herr Ignasias gives some basic information about Jena. Take notes in German.

1 Jena: Was für eine Stadt?
2 Wie viele Einwohner?
3 Was für (eine) Industrie?

17 Jenapharm GmbH is one of the largest firms in Jena. On the audio, Dr Taubert gives some details. What are the missing words in the transcript below? You will find the expressions in Speichern. Then listen to the interview to check your answers.

Dr. T. Ich heiße Dieter Taubert, ich ... seit 1978 bei der Jenapharm ... und arbeite jetzt als ... bei der Jenapharm GmbH.

A. Herr Doktor Taubert, was für eine ... ist Jenapharm?

Dr. T. Die Jenapharm ist ein pharmazeutisches ... und hat Herz-Kreislaufpräparate, Hormonpräparate und Vitamine in ihrem ... .

A. Wie viele ... haben Sie?

Dr. T. 980 Mitarbeiter.

A. Und wo ... Sie Ihre ... ? Hier in Deutschland oder auch im ... ?

Dr. T. Wir verkaufen unsere Präparate vor allen Dingen hier in Deutschland. Wir ... aber auch nach Osteuropa und in andere Länder der Welt.

A. Und wie groß ist Ihr ... ?

Dr. T. Im vergangenen Jahr hatten wir 190 ... Umsatz.

18 Imagine you are asked about the company you work for. Complete the dialogue below. Each dash represents one missing letter. 1–6 will give you the keyword and the key topic for this unit.

1 – Wie heißt Ihre F _ _ _ ☐?
   – Mann und Co.
2 – Wer ist der G _ _ _ _ _ _ _ _ _ _ ☐ _ _?
   – Herr Hasenklever.
3 – Wie viele M _ _ _ ☐ _ _ _ _ haben Sie?
   – Etwa 5000.
4 – Was haben Sie in ihrem S _ _ _ _ ☐ _ _ ?
   – Pharmazeutische Produkte, Antibiotika, Vitamine ...
5 – Wohin e _ _ _ _ ☐ _ _ _ Sie Ihre Waren?
   – Nach Italien, Spanien, Großbritannien.
6 – Wie hoch ist Ihr U _ _ ☐_?
   – 3,8 Millionen Mark pro Jahr.

Keyword _ _ _ _ _ _

Speichern

das Herz-Kreislaufpräparat(-e)	cardiovascular drug
der Mitarbeiter(-)	employee
der Geschäftsführer(-)	managing director
verkaufen	to sell
die Million(-en)	million
exportieren	to export
der Umsatz	turnover
bin bei ... beschäftigt	am employed by ...
das Sortiment	product range
die Ware(-n)	goods
im Ausland	abroad
die Firma(-en)	firm
das Unternehmen(-)	enterprise

19 Imagine you are Frau Hennig, 'die Geschäftsführerin' (managing director) of a firm called *Intrafon*. Before you answer the questions on the tape, prepare your answers.
You have 250 employees, and a turnover of 100 Million DM p.a.

20 What does Frau Winzer do? And what kind of firm does she work for? Listen to the audio and write the most important details on the notepad – in German. Extra vocabulary: *Wir stellen her = we produce.*

Name
Vorname
Alter
Wohnort
Name der Firma
Abteilung
Produkte
Mitarbeiter

SPRACHTIP

You can turn certain verbs into nouns by taking the verb stem and adding '-ung'. All nouns ending with '-ung' are feminine.

herstellen (to produce)	die Herstellung (production)
gründen (to found)	die Gründung (foundation)
entwickeln* (to develop)	die Entwicklung (development)

*Sometimes minor adjustments are necessary for ease of pronunciation.

Speichern

selbstständig	independent
der Hersteller(-)	producer
die Investition(-en)	investment
die Einführung(-en)	introduction

21 Read the Jenapharm brochure and underline all the '-ung' forms. Then write down the six verbs from which these nouns were derived.

Jenapharm
innovativ & kompetent

Tradition

1942 Herstellung von Penicillin im Labor durch den Arzt Dr. Hans Knöll.

1950 Gründung des selbstständigen Unternehmens VEB Jenapharm.

1960 Entwicklung des ersten oralen Kontrazeptivums. Jenapharm wird führender Hersteller der Pille in Mittel-Osteuropa.

1991 Privatisierung der Jenapharm GmbH durch die GEHE AG Stuttgart.

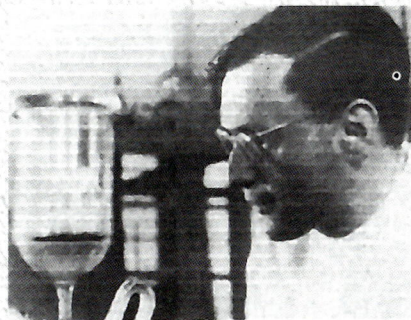

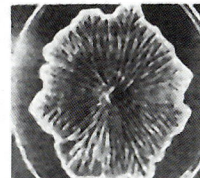

Penicillin WUNDPULVER SZI

Investitions- und Modernisierungsprogramm

1995 Einführung der Mikro-Pille Valette
1996 Gründung eines Joint-Ventures zwischen der SCHERING AG und der GEHE AG. Weltweite Vermarktung der Jenapharm-Produkte.

22 Translate the following sentences into German.

MODELL

We want to develop the product.
Wir wollen das Produkt entwickeln.

1 She wants to privatise the business.
2 I can modernise the laboratory.
3 I want to market the products.
4 He wants to introduce the micro-pill.
5 We can found a joint venture.

23 🔊 Herr Kusche is from Leipzig but came to Ham in London to open a German bakery. Study the vocabulary and the questions first to prepare yourself for the interview. Then listen to the audio, study the Sprachtip, listen to the interview again and write down your answers in German.

1 Was hat Herr Kusche in London entdeckt?
2 Was sagt er über die Deutschen und ihr Brot?
3 Beliefert er auch englische Firmen?
4 Was verkauft sich am besten?
5 Wo verkauft er seine Waren? **(name 5 places)**
6 Wie viel Mitarbeiter hat er jetzt?
7 Und als er anfing?

Speichern

die Marktlücke(-n)	gap in the market
beliefern oder liefern ... an + acc.	to deliver to
die Kette(-n)	chain
erfolgreich	successful
der Erfolg(-e)	success
das Holzofenbrot	traditionally baked bread
die Botschaft(-en)	here: embassy

SPRACHTIP

Q: Do you remember how 'weil' affects the word order in a phrase (Unit 2, p. 27)?

A: The verb gets sent to the end of the phrase.

Herr Kusche freut sich. Sein Geschäft geht gut.
Herr Kusche freut sich, weil sein Geschäft gut geht.

Q: What if the second sentence is in the perfecht tense?

A: The main verb goes right to the end, the past participle goes in front of it:

Herr Kusche freut sich. Er hat eine Bäckerei eröffnet.
Herr Kusche freut sich, weil er eine Bäckerei eröffnet hat.

24 🔊 Your turn to talk business. Imagine you have just met someone from a firm you are interested in. Prepare your questions before listening to the audio. These are the questions you want to ask.

1 How big is your firm?
2 Are you the manager?
3 How many employees do you have?
4 Where do you sell your products?

25 Teleworking has been hailed as the work form of the future. Kerstin Bertram is a teleworker for IBM in Berlin. Read the article and answer the questions in English. **Extra vocabulary:** das Nachthemd = nightie; sich einwählen in = to dial into; das Soll = target.

1 How long has Kerstin Bertram been working from home?
2 What's her job?
3 Why are most teleworkers women with small children?
4 What does a working day look like for Kerstin Bertram?
5 How many hours per day does she need to work?

Im Nachthemd ins Büro

„Das Schöne an der Telearbeit ist, dass man auch im Nachthemd seine Arbeit machen kann", sagt Kerstin Bertram. Seit drei Jahren kontrolliert sie Computerprogramme für IBM. Die Firma beschäftigt zirka 250 Telearbeiter und plant weitere Telearbeitsplätze in ganz Deutschland. Ein Großteil der Telearbeiter sind Mütter mit Kleinkindern: Sie können mit der flexiblen Arbeitszeit Beruf und Familie kombinieren.

Für Kerstin Bertram beginnt der Arbeitstag morgens um sechs. Vom PC im Arbeitszimmer ihrer Wohnung wählt sie sich per Modem in den zentralen IBM-Computer ein und beginnt mit der Arbeit. Nach dem Frühstück um acht Uhr bringt sie ihre Tochter Marie in den Kindergarten und setzt sich dann wieder an den Computer. Um zwölf holt sie Marie ab und macht Mittagessen. Wenn Marie Mittagsschlaf macht, arbeitet Kerstin Bertram weiter. Meistens arbeitet sie auch abends. Nur so kann sie ihr Soll, einen 8-Stunden-Tag, erfüllen.

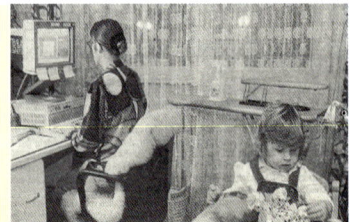

26 Sabine Schuster is a journalist working from home. On the audio she tells Ruth why she has opted for teleworking. First match the English with the German words on the right. Then fill in the missing prepositions from the box.

die Rundfunkjournalistin(-en)	therapist
die Redaktion(-en)	advantage
der Nachteil(-e)	disadvantage
das Manuskript(-e)	appointment
der Termin(-e)	missing
der Therapeut(-en)	radio journalist
der Vorteil(-e)	editorial office
mangelnd	manuscript
ich bin ... angeschlossen	I'm connected to

mangelnd → missing
ich bin ... angeschlossen → I'm connected to

> mit, für, an, per, von, in, mit

1 Frau Schuster ist ... Computer und Modem ... den Zentralcomputer ... der Redaktion angeschlossen.
2 Sie arbeitet ... zu Hause, weil sie drei kleine Kinder hat. Der älteste Sohn hat Downs-Syndrom.
3 Sie hat oft Termine ... Ärzten und Therapeuten.
4 Die Arbeit von zu Hause hat ... sie Vorteile und Nachteile.
5 Der große Nachteil ist der mangelnde persönliche Kontakt ... den Kollegen.

27 According to teleworkers, working from home has advantages and disadvantages What do the experts think? The *TAGESSPIEGEL* talked to the multi- media expert Harald Schmidt. Rephrase the statements, using 'dass'.

MODELL
   Die Arbeitsplätze sind nicht kontrollierbar.
   Ein Nachteil ist, dass die Arbeitsplätze nicht kontrollierbar sind.

1 Die Arbeitnehmer sind einsam.
2 Die Firma spart Bürokosten.
3 Die Telearbeiter sparen Zeit und Geld.
4 Die Arbeitszeiten sind flexibler.

SPRACHTIP

As with 'weil', 'dass' sends the verb right to the end of the phrase. You will practise this point in the next exercise.

Im Interview: Harald Schmidt, Multimedia-Experte

Tagesspiegel: Manche sagen, dass Telearbeit ein Rezept gegen Arbeitslosigkeit ist. Stimmt das?

H. Schmidt: Es gibt Chancen für die ländlichen Regionen. Man bringt die Arbeit zu den Menschen. Aber neue Arbeitsplätze werden nicht geschaffen.

Tagesspiegel: Oder die Telearbeit geht ins billigere Ausland ...

H. Schmidt: Ja. Das ist eine Gefahr. Die Lufthansa lagert zum Beispiel Computerarbeiten nach Indien aus.

Tagesspiegel: Meinen Sie, dass die neue Technik den Arbeitgebern oder den Arbeitnehmern nutzt?

H. Schmidt: Sie nutzt beiden. Die Beschäftigten sind produktiver, sie machen weniger Fehler. Die Firma spart Bürokosten. Und die Arbeitnehmer sind flexibler.

Tagesspiegel: Aber es gibt auch Probleme ...

H. Schmidt: Ja. Die Arbeitsplätze und die Arbeitszeiten sind nicht kontrollierbar. Die Arbeitnehmer fühlen sich isoliert. Deshalb wollen wir, dass Telearbeiter ein bis zwei Tage pro Woche in der Firma sind.

TEILZEITARBEIT IST FRAUENARBEIT
90% aller Teilzeitbeschäftigten sind Frauen

Speichern

die Arbeitslosigkeit	unemployment
schaffen	to create
die Gefahr(-en)	danger
auslagern (separable)	to relocate
nutzen (+ dat.)	to profit, be of use to

DIE JOB-BÖRSE

Gesucht: 10 Azubis
Ausbildungsplätze im Kurhotel
Das Kurhotel Brugger bietet Ausbildungsplätze für Köche/Köchinnen und Hotelfachmänner/frauen. Sie brauchen: einen guten Hauptschulabschluss und ein Mindestalter von 16 Jahren. Interessierte junge Leute bewerben sich bitte bei:
Kurhotel Brugger am See

Eigeninitiative erwünscht!
Planen, Termine koordinieren, Kontakte herstellen, in der Kontoführung arbeiten. Diese Aufgaben hat eine Kauffrau oder ein Kaufmann bei der Postbank. Das können Sie nicht? Kein Problem! Die Postbank macht Sie in Workshops fit für diesen Job. Haben Sie einen Realschulabschluss? Dann bewerben Sie sich bitte bei:
Deutsche Postbank

Jobs mit Zukunft?

Rund eine Million junger Menschen verlassen in diesem Jahr die Schule. Sie fragen sich: Was nun – in welchem Beruf kann ich auch in 25 Jahren noch Geld verdienen?

Die Experten sagen: Sie müssen flexibel bleiben und immer bereit sein, etwas Neues zu lernen. Einen Beruf fürs Leben gibt's nicht mehr. Doch hier sind die Jobs mit Zukunft:

– **Verkäufer/in**
– **Altenpfleger/in**
– **Online-Redakteur/in**
– **Kindererzieher/in**
– **Allergologe/in**

28 What's an 'Azubi'?

1 a Mongolian tribe
2 a long term unemployed
3 an abbreviation for 'Auszubildender' (trainee)
4 a sweet

29 Study the article on the left, then answer the following questions in English.

1 Which jobs do have a future (name 5)?
2 What attitude is necessary in order to keep in work?
3 What sort of job will be gone?

Now, match the comments with the jobs in the article.

a Es wird immer mehr Senioren geben.
b Immer mehr Menschen leiden an Allergien.
c Berufstätige Eltern brauchen nicht nur Babysitter.
d Sie arbeiten kreativ im Internet.

30 What jobs do young people dream of? On the right are comments from *Chance*, a German school magazine. Study them first, then decide which of the 'jobs with a future' above might be suitable for whom.

31 Imagine Guido, Isa and Milan are interviewed about their future plans. How would they answer the following questions? Start each answer with 'weil'.

MODELL
Guido, warum wollen Sie Banker werden?
Weil mir das gefällt.

1 Guido, warum wollen Sie nicht den ganzen Tag arbeiten?
2 Isa, warum wollen Sie keinen Bürojob?
3 Milan, warum interessieren Sie sich nicht für die normale Informatik?

Chance

„Ich weiß noch nicht genau. Vielleicht Banker, das gefällt mir. Aber ich will nicht den ganzen Tag arbeiten. Das ist zu viel Stress." (Guido, 16 Jahre)

„Ich interessiere mich für den Umweltschutz. Auch Krankenschwester oder Ärztin ist sehr gut. Aber da brauche ich ein gutes Abitur. Einen Bürojob will ich nicht. Da bin ich nicht der richtige Typ."(Isa, 17 Jahre)

„Ich beschäftige mich viel mit Computern und dem Internet. Aber die normale Informatik ist mir zu trocken!" (Milan, 15 Jahre)

32 When looking for a job, basic telephone skills will come in handy. Ask yourself the following questions:

1 In German, how would I ask to speak to someone on the phone?
2 What do you say if the other person says: Wie war Ihr Name bitte?
3 What's a common German phrase for asking someone to wait for a second?
4 What's the German word for 'to connect'?

Now listen to the short audio clip to remind yourself of those phrases and write them down.

33 Time to practise your own telephone skills. Imagine you're Klaus Remme and you've called the *Firma Jenaer Glaswerke* to talk to Frau Winzer. You won't need any prompts.

34 Imagine you've got to go for an interview. Listen to the audio and test your directions. What do you hear for the following phrases?

1 on the first floor
2 on the right-hand side
3 Is there a lift here?
4 on the left-hand side
5 at the end of the corridor

35 Oliver Klausner has applied for a job as a trainee banker and has submitted the following CV to the Personnel Officer who returned it marked unsatisfactory. After you've read the *Wissenswert* below, study it, mark the mistakes and decide which points are inappropriate, irrelevant or missing altogether. You should spot three spelling/typing errors and (at least) five omissions or 'faux pas'.

Wissenswert!

How to write a German CV
Head it 'Lebenslauf' and enclose a passport photo. Then subdivide the key data into:

- name and address
- date and place of birth
- nationality
- marital status
- education/qualifications (incl. study periods abroad)
- vocational/job experience
- additional relevant skills

Don't forget to sign and date your 'Lebenslauf'.

Lebenslauf

Nahme	Oliver Klausner
Wohnort	34121 Kassel
	Tel 0561 1436781
Geburtsdatum	12.10.1973
Geburtsdatum	Hannover
Eltern	Roland Klausner
	(Industriekaufmann)
	Helga Klausner (Hausfrau)
Familienstand	ledig
Schule	
1979-83	Grundschule Hannover
1983-92	Goethe Gymnasium Kassel
1929	Abitur
Praktika	
1992	Betriebspraktikum
Berufserfahrung	
1994-95	Diskjockey
Sprachen	Englisch (fließend)
	Italienisch

Kassel, 6. august 97

Wer war's?

His books have made him internationally famous, and yet he lived like a pauper throughout his life. Try to work out who this is.

Im Sommer 1849 kam er ohne einen Pfennig in der Tasche in London an: ein Journalist, der aus politischen Gründen aus seiner deutschen Heimat verbannt wurde. Mit ihm kamen seine Frau Jenny und ihre drei Kinder. Krankheit und Geldsorgen plagten ihn sein Leben lang.

Seine Bücher machten ihn zu einer der wichtigsten Persönlichkeiten der modernen Geschichte. Am liebsten arbeitete er im Lesesaal des Britischen Museums. Er starb 1883 und wurde auf dem Londoner Friedhof Highgate begraben.

Kontakt pflegen	to keep in contact
ein Lernziel setzen	to set a target
die Branche(-)	field of business
der Kunde(-)	customer
der Konkurrent(-en)	competitor
der Ruf	reputation
der Jobwechsel	change of jobs
die Nische(-n)	niche
die Anstrengung(-en)	effort

How safe is your job or your firm? Try this test from the magazine *Made in Berlin.*

Checkliste

Kommen Sie mit Ihren Ideen beim Team noch an?
ja ☐   nein ☐

Haben Sie wichtige Mentoren im Management?
ja ☐   nein ☐

Pflegen Sie Kontakt zu anderen Abteilungen im Haus oder zu anderen Firmen in der Branche?
ja ☐   nein ☐

Haben Sie sich im vergangenen Jahr ein Lernziel (z.B. eine neue Sprache, ein neues Softwareprogramm) gesetzt und es erreicht?
ja ☐   nein ☐

Sind Sie motiviert? Haben Sie Spaß an Ihrem Job?
ja ☐   nein ☐

Würden Sie in Ihre Firma investieren?
ja ☐   nein ☐

Hat Ihre Firma bei Kunden, Konkurrenten und in der Presse einen guten Ruf?
ja ☐   nein ☐

Haben die Produkte Ihrer Firma am Markt Zukunft?
ja ☐   nein ☐

Gibt es interne Möglichkeiten zum Jobwechsel?
ja ☐   nein ☐

Positive Antworten

0-3 : Sie haben Glück, dass Sie überlebt haben.
4-6 : Sie halten noch mit. Aber nicht mehr lange.
8-9 : Sie sind gut, aber Sie könnten noch besser sein.
10 : Die Zukunft gehört Ihnen.

In the face of growing insecurity on the job market, some fear that foreigners might take their jobs. But do they? The magazine *Der Spiegel* put this question to Economics Professor Ulrich Heilemann.

Spiegel   *Herr Professor Heilemann, nehmen Ausländer den Deutschen die Arbeit weg?*

Prof. H.   Nein. Die Ausländer gehen meist in Regionen und Branchen, an denen die Deutschen kein Interesse haben.

Spiegel   *Und gibt es im Arbeitsmarkt Nischen für Ausländer?*

Prof. H.   Ja, in den alten Industrien, wo harte körperliche Arbeit nötig ist, in Branchen mit sehr ungünstigen Arbeitszeiten und im Restaurant- und Hotelbereich.

Mehmet Ogur will kein Gastarbeiter ohne Arbeit sein. Und so putzt er Schuhe.

Im Dezember entließ die Baufirma X ihren Bauarbeiter Mehmet Ogur. Der Grund: schlechtes Wetter. Als das Frühjahr kam, hatte der 50jährige immer noch keine Arbeit. Ogur ging zum Arbeitsamt, aber auch da bekam er keine Hilfe. Doch seine Frau fand die Anwort: auf einem Markt in Ankara kaufte sie einen schönen, traditionellen, alten türkischen Schuhputzkasten. Damit setzt sich Mehmet Ogur jeden Tag vor die Freiburger Markthalle und wartet auf Arbeit. Oft wartet er stundenlang. Viele Freiburger starren ihn an: Er ist der erste Schuhputzer in ihrer Stadt. Aber Mehmet Ogur ist kein einfacher Schuhputzer. Das sieht man schon an seiner Kleidung: eine dunkelrote Samtweste mit Spiegeln und Goldstickereien, dazu eine passende Kappe. Mehmet Ogur liebt seine Arbeit. Er macht für jedes Paar Schuhe eine eigene Farbmischung und poliert sie mit viel Liebe und Perfektion. An schlechten Tagen hat er drei, an normalen sechs bis acht Kunden. Und an einem langen Donnerstag kamen sogar einmal fünfundzwanzig.

entließ	
entlassen	dismissed
anstarren	to dismiss
die Samtweste	to stare at
die Goldstickerei	velvet vest
polieren	gold embroidery
	to polish

How to be your own boss.

Der Spiegel introduces two people who've made it.

Wollen Sie Ihr eigener Chef sein?
Dann brauchen Sie Flexibilität, Ideen und viel Energie ...
Diese Leute haben es geschafft:
Der Globetrotter

Stephan Schambach, 26
Online-Shopping
Von Jena nach Kalifornien. Dort vermarktet er seine Software aus Thüringen. Mit seiner Familie lebt er seit Mai 96 südlich von San Francisco. Seine 35-Mann-Zentrale bleibt im deutschen Osten: "Da bekomme ich bessere Leute als im Silicon Valley".

Der Partylöwe
Peter Gonschorek, 30
Musikagentur
Als Schüler legte er bei Partys die ersten Platten auf. Als das Studium langweilig wurde, machte er aus seinem Hobby einen Beruf. Seine Firma Kompaktsound organisiert Partys, Firmenfeste und Popkonzerte und vermittelt Diskjockeys.

Quiz

Was ist ein langer Donnerstag?
1 Ein Donnerstag im Sommer, wenn die Tage länger hell sind.
2 Ein Donnerstag, an dem die Geschäfte länger geöffnet sind.
3 Ein langweiliger Donnerstag.

Who would have said what?

1 Diesen Beruf hatte ich eigentlich schon als Schüler.
2 Ich lebe gerne in den USA, aber meine Firma bleibt in Ost/Deutschland.
3 Hier in dieser Stadt hat man noch nie einen Schuhputzer wie mich gesehen.
4 Ich schreibe das wichtigste Buch der Welt, und doch habe ich kaum Geld zum Leben.
5 Viele Ausländer arbeiten im Hotelbereich.
6 An einem langen Donnerstag habe ich mehr Kunden.

Kontrolle 7

1 How would you say:

1 I'm a (male) secretary.
2 I'm a (female) chemist.
3 I've been working here for two years.
4 My working day usually starts at 8 a.m.
5 I'm the (female) managing director and I have 10 employees.

☐ / 5 POINTS

2 Was ist ...

1 Gleitzeit?
   a ☐ flexi-time   b ☐ part-time work
2 eine GmbH?
   a ☐ the name of a company
   b ☐ a limited company
3 ein gutes Betriebsklima?
   a ☐ airconditioning at work
   b ☐ a good atmosphere at work
4 *LEONARDO?*
   a ☐ a work exchange for EU citizens
   b ☐ a famous painter
5 ein Lebenslauf?
   a ☐ a biography   b ☐ a CV

☐ / 5 POINTS

3 Find six words related to work in the wordsearch below.

F	E	I	E	R	A	B	E	N	D	C	B	Q	B
F	K	A	R	B	E	I	T	S	T	A	G	X	E
I	H	N	F	E	H	K	A	J	G	C	W	N	T
R	N	D	R	R	C	K	I	G	R	M	L	R	R
M	S	M	E	U	S	B	M	H	O	S	F	H	I
A	T	Y	M	F	D	M	R	G	S	M	F	A	E
U	N	T	E	R	N	E	H	M	E	N	C	Y	B

☐ / 6 POINTS

4 Fill in the gaps with the words in the box.

> zu Hause Vorteile Kontakt flexibler Arbeitstag Telearbeiterin

Frau Klar arbeitet als _____ . Sie arbeitet_____ . Der _____ beginnt für sie normalerweise um halb sechs. Die Arbeit zu Hause hat viele _____ – die Arbeitszeiten sind _____ . Schlecht ist, dass sie keinen _____ zu anderen Kollegen hat.

☐ / 6 POINTS

5 Rearrange the jumbled-up words into proper statements.

1 wollen/wir/Produkte/entwickeln/neue
2 wir/Telefon/sprechen/am/müssen/Englisch
3 zuhause/arbeiten/ich/kann
4 meinen/modernisieren/will/Betrieb/ich
5 um/können/Feierabend/machen/wir/fünf
6 arbeiten/Tag/ich/muss/jeden

☐ / 6 POINTS

6 Read the CV below and match the information on the left with the word on the right.

1 Name: a Englisch (fließend), Spanisch
2 Geburtsdatum: b verheiratet
3 Geburtsort: c Annette Glade
4 Nationalität: d 6.5.1962
5 Familienstand: e Verkäuferin
6 Schule: f Nürnberg
7 Berufserfahrung: g deutsch
8 Sprachen: h 1973 - 1980: Schiller-Gymnasium

☐ / 8 POINTS

TOTAL ☐ /36 POINTS

112

Wohnen

Das Ideal

Ja, das möchste:

Eine Villa im Grünen mit großer Terrasse,

vorn die Ostsee, hinten die Friedrichstraße,

mit schöner Aussicht, ländlich-mondän,

vom Badezimmer ist die Zugspitze zu sehn -

aber abends zum Kino hast du's nicht weit ...

Kurt Tucholsky
Dichter und Satiriker (1890-1935)

Which sentence would best sum up the message of the poem?

1　Deine ideale Villa liegt in Süddeutschland.
2　Die ideale Wohnsituation gibt es nicht.
3　Das ideale Haus ist sehr teuer.

Speichern

im Grünen	in the countryside
die Ostsee	the Baltic
die Friedrichstraße	famous street in Central Berlin
mondän	chic
die Zugspitze	highest mountain in the German part of the Alps

Wissenswert!

Rund 90% der Deutschen möchten gerne in einem Eigenheim oder einer Eigentumswohnung wohnen (they want to have their own home or flat).

Aber etwa 60% wohnen immer noch zur Miete (in rented accommodation).

Stadt und Land

Immobilien

Altbauwohnung Charlottenburg, in der Nähe des Ku'damms, circa 200 m² sonnig und ruhig. Kaufpreis 700 000.- DM Tel 21 67 99 00

Hat Ihre Wohnung auch zu wenige Kinderzimmer, aber was Neues zu mieten ist zu teuer? Dann kaufen Sie doch diese Wohnung: Freie 4½-Zimmerwohnung, mit Blick aufs Grüne. Nur 288 000.- DM. Tel 0125 66 54 32

Wittenau, sonnige, ruhige 2½-Zimmerwohnung, 89m² Hochparterre, 346 000.-DM Tel 0234 56 88 92

1 On the audio, Frau Borst tells Andrea where she lives.
Listen to the interview and cross out the statements that don't apply.

Frau Borst wohnt ...
1 in der Innenstadt von Berlin.
2 in einem Vorort.
3 in einem Schloss.
4 direkt am Charlottenburger Schloss.
5 in einer Eigentumswohnung.
6 in einer 2-Zimmer Wohnung.
7 zur Miete.
8 alleine.
9 mit ihrem Mann und ihrer Tochter.

Speichern

der Vermieter(-)	landlord
der Mieter(-)	tenant
die Miete(-n)	rent
der Untermieter(-)	lodger
der Eigentümer(-)	owner
vermieten	to rent
der Vorort(-e)	suburb
das Schloss(¨-er)	castle; palace
der Makler(-)	estate agent
die Immobilie(-n)	property
Charlottenburg	district in Central Berlin

SPRACHTIP

Q: What's the difference between these two sentences?

Wir fahren auf das* Land.   Wir leben auf dem Land.
(We go to the countryside.)   (We live in the country.)

A: The first sentence describes a movement from A to B, the second an activity which does not involve movement. When movement is involved, certain prepositions such as 'auf, an, in, vor', require the accusative. Otherwise, they take the dative.

* Often, 'auf das' gets shortened into 'aufs'; similarly: 'in das (ins); in dem (im); an dem (am); auf dem' ('aufm' {spoken German only}). See Grammar section 6.3.

2 You'll be asked about where and how you live. Imagine you live in a rented two bedroom flat in the centre of Berlin. Underline the words and phrases you'll need from activity 1, then turn to the audio to give your details.

3 Complete the sentences using 'in der/im/in einer/am'.

1 Ich möchte eine Villa ... Grünen.
2 Charlottenburg ist ... Innenstadt.
3 Frau Borst wohnt direkt ... Schloss.
4 Sie wohnt ... Wohnung.

Wissenswert!

Frankfurt am Main
Wichtiges Finanzzentrum und viertgrößte Stadt Deutschlands (über 600 000 Einwohner). Geographische Lage: am Main in Westdeutschland.

Frankfurt an der Oder

Kleine Universitätsstadt (80 000 Einwohner). Geographische Lage: an der Oder in Ostdeutschland.

4 Frau Borst likes Berlin but she's also very fond of the countryside. On the audio, she tells Andrea how she manages to combine the two. Study the questions below, then listen to the interview and answer the questions in German. Extra vocabulary: sich aufhalten (sep.) = to stay; das Land Brandenburg = federal state near Berlin; besiedelt = populated; umfassen = to contain, here: to have.

1 Hat Frau Borst ein Haus oder eine Wohnung auf dem Land?
2 Wann hält sich ihr Mann dort auf?
3 Warum?
4 Wann fährt Frau Borst mit ihrer Tochter aufs Land?
5 Was für ein Dorf ist das?
6 Ist Brandenburg sehr stark besiedelt?
7 Wie viele Menschen wohnen in den Dörfern?

5 On the audio, Frau Borst tells Andrea what she likes about her village in Brandenburg. First match the words with the pictures, then listen carefully and tick all the things she mentions.

1 das Reh
2 die Maus
3 der Feldhase
4 die Katze
5 der Vogel
6 der Badesee
7 das Wild
8 der Hund

Speichern

hervorragend	superb/ly
es herrscht	there is
unglaublich	incredible
die Umgebung(-en)	surrounding area

Wissenswert!

Bevölkerungsdichte: Bewohner/qkm
(Density of population: inhabitant/sqkm)

Österreich	96
Schweiz	174
Deutschland	228
Großbritannien	235

Source: Harenberg Aktuell 97

Einsamkeit oder Gemeinsamkeit?

Schicksal Einsamkeit

Der Preis der Ich-Sucht

**Jede zweite Wohnung in den Großstädten ist ein Single-Apartment.
Szenen aus der Sologemeinschaft. Die moderne Wohn- und Arbeitswelt.**

Allein im Luxus

*„Die Städte füllen sich
mit Singles, die zu
niemandem gehören."*

Einsamkeit im Alter

Anonyme Beton-Wüste

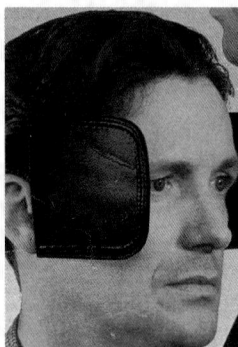

Scheinwelt

*„1,4 Mio. Bundesbürger haben in
den letzten 24 Stunden mit
niemandem gesprochen."*

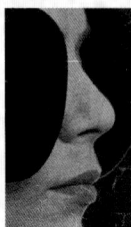

6 Match the following
captions with the photos.

1 Die traditionelle Großfamilie ist tot – es bleibt der
Lebensabend im Altersheim.
2 In Amüsiervierteln finden viele Singles kurzlebige
Zweisamkeit – als Ware.
3 In den Wohnzellen der Hochhäuser leiden die
modernen Eremiten.
4 Styling ist alles: Designermöbel und Outfit definieren
den Menschen.

**And now, find the German equivalents for the
following phrases.**

a the price of selfishness
b short-lived togetherness/partnership
c the modern hermits
d loneliness in old age

Speichern

das Schicksal(-e)	fate
die Sucht(¨-e)	addiction
die Gemeinschaft(-en)	community
der Schein	illusion
die Beton-Wüste(-n)	concrete desert
die Zelle(-n)	unit; cell
leiden	to suffer

7 Walter and Maria Maier-Janson live in a small town and share their house with friends. On the audio, Maria tells Ruth more about it. Listen to the interview and cross out six statements which are not true.

8 How would Maria's friends answer the questions below? Listen to the interview again and write down brief anwers in German. Look at the phrases used in activity 7.

1 Wo wohnen Sie?
2 Ist das ein altes oder ein neues Haus?
3 Wohnen Sie allein im Haus?
4 Und wo wohnen Ihre Freunde?
5 Haben Sie genug Privatsphäre?

Maria wohnt in einem sehr alten Haus ...
1 aus dem 18. Jahrhundert.
2 aus dem 16. Jahrhundert.
Sie haben das Haus ...
3 mit ihren Freunden zusammen renoviert.
4 mit ihren Freunden zusammen gebaut.
Die Freunde haben ...
5 die ersten beiden Stockwerke.
6 die unteren beiden Stockwerke.
Maria und ihr Mann leben ...
7 unter dem Dach.
8 in der unteren Wohnung.
Maria und ihr Mann haben genug Privatsphäre –
9 sie haben zwei abgeschlossene Wohnungen.
10 und sie können sich zurückziehen, wann sie wollen.
11 aber sie können nicht immer Kontakt haben, wann sie wollen.
Das Zusammenleben funktioniert gut,
12 weil alles gut geplant ist.
13 weil es sehr spontan ist.

SPRACHTIP

If something appeals to you, you can say 'das finde ich schön' or 'das empfinde ich als schön'.

9 Imagine you are one of Maria's friends from downstairs. Turn to the audio and speak about your living arrangements. You will need phrases similar to those used in activity 8.

10 Anina likes sharing a house, Beate doesn't. Study the statements and decide who would say what. Then write down what you think about this subject, using expressions like 'ich lebe lieber ... ich möchte ... ich finde ...'

1 Ich möchte absolute Stille in meiner Wohnung.
2 Ich finde es schöner, wenn noch andere Leute im Haus sind.
3 Ich lebe lieber allein, da kann ich machen, was ich will.
4 Ich habe eine abgeschlossene Wohnung. Aber meine Mitbewohner sind mir immer willkommen.

5 Wenn ich Kontakt mit anderen Leuten brauche, gehe ich lieber in die Kneipe.
6 Ich lese viel; deshalb lebe ich nicht gerne mit anderen Leuten zusammen.
7 Ich koche manchmal mitten in der Nacht ein Curry – das kann andere Leute stören.

11 Now it's your turn to practise some of the phrases from activity 10.

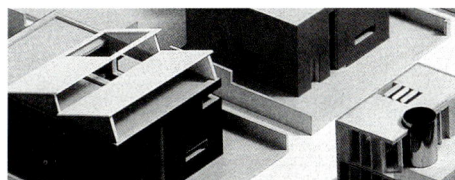

Automobil = mobil?

Automobil -Auto = MOBIL!!

Unterwegs ohne Angst

Die Kampagne „Kinder im Verkehr" startet dieses Jahr in ganz Deutschland. Unsere Kinder wollen wieder sicher aus dem Haus gehen. Sie wollen vor der Haustür spielen. Sie wollen alleine zur Schule gehen. Sie wollen Fahrrad fahren. Sie wollen ihre Freunde wieder an der Ecke treffen. Und sie wollen mit ihnen gemeinsam auf der Straße spielen.

Wir wollen:
– mehr Spielstraßen
– mehr Fahrradwege
– kinderfreundliche Schulwege
– und auch für die Erwachsenen: Stadtbummel ohne Lärm und Gestank

Platz, da! Kinder spielen draußen
Eine Aktion des VCD

Wissenswert!

Fakten über Deutschland
- Jeder zweite hat ein Auto.
- Jeder siebte Arbeitsplatz hängt direkt oder indirekt vom Auto ab.
- Drei von vier Urlaubsreisen werden mit dem Auto gemacht.
- Fast alle Geschäftsreisen werden mit dem Auto gemacht.

Source: Das Zeitbild. Autoverkehr Quo Vadis. Zeitbildverlag GmbH Bonn.

12 Underline the German equivalents for the following phrases in the article above.

1 children in the traffic
2 out of the house
3 to school
4 together with them
5 for adults
6 strolling around town without the noise and the smell (of cars)

SPRACHTIP

There are two common groups of prepositions:

Group 1: always takes the dative: aus, bei, mit, nach, von, zu.

Example:
Ich komme mit dem Fahrrad.
Er geht aus der Wohnung.

Group 2: always takes the accusative: bis, durch, für, ohne.

Example:
Ich komme ohne das Fahrrad.
Er geht durch die Tür.

13 Imagine you are talking about child safety. You explain to someone that your child wants to …

play outside the front door.
go to school alone.
go by bike.
play in the street.

Prepare your sentences, then turn on the audio and wait for your prompts.

100 Deutschland

14 Not everybody has a car, however. Frau Heine lives and works in Lübeck. Listen to the audio and complete the statements using all the words in the box.

Auto, Bahn, Fuß, Fahrrad, Bus, zwanzig Minuten

1 Sie fährt mit dem ... zur Arbeit.
2 Manchmal geht sie auch zu ... .
3 Sie wohnt ... ... zu Fuß von ihrer Arbeitsstelle entfernt.
4 Den ... oder die ... benutzt sie nie.
5 Sie hat kein ..., aber ihr Freund hat eines.

15 How do you get to work? Imagine you have no car. Your workplace is about **25** minutes on foot, and you sometimes go by bicycle. You don't use the bus or train. Now turn to the audio to be interviewed.

16 If your bike breaks down, help may be at hand. Study the article from the magazine *Verkehr und Umwelt*. Then translate the English prompts in the dialogue below and listen to the audio to check your answers.

Extra vocabulary: die Panne (-n) = breakdown.

Bike Doktor: Guten Tag.
You: (Hello, my bike has
             broken down.)

Bike Doktor: Aha, und was ist das Problem?
You: (The light is broken.)

Bike Doktor: Und was ist das für ein Fahrrad?
You: (It's a racing bike.)

Bike Doktor: Und wo ist das Rad?
You: (The bike is in the garden.)

17 Frau Brenner belongs to the action group *Mehr Lebensqualität – weniger Autos* (better quality of life – fewer cars). Read the interview with the magazine *Alternativen*, then mark the sentences she would agree with.

Alternativen: Frau Brenner, Sie sagen, es gibt zu viele Autos in unseren Städten. Was kann man dagegen tun?

Frau B.:   Man kann sehr viel dagegen tun: Denken Sie an das „Park and Ride"-System in Lübeck, die Altstadt ist dort für den Autoverkehr gesperrt.

Alternativen: Und als Einzelner? Was kann man als Einzelner tun?

Frau B.:   Benutzen Sie den Bus, die Trambahn, den Zug! Fahren Sie mit dem Fahrrad! Lassen Sie das Auto in der Garage!

Alternativen: Und was sagen Sie zum Car-Sharing?

Frau B.:   Eine exzellente Idee. Aber am wichtigsten ist eine grüne Verkehrspolitik. Deswegen sage ich zu den Politikern: „Steckt mehr Geld in die öffentlichen Verkehrsmittel und macht das Autofahren teurer!"

Verkehr und Umwelt

Ambulante Hilfe fürs Rad

Der Bike Doktor ist per Rad und Anhänger unterwegs. Er macht Reparaturen und Service an Renn-, Stadt-, Kinder-, Liegerädern und Mountainbikes. Er kommt ...

- **wenn das Rad eine Panne hat**
- **wenn das Rad im Keller endlich wieder fit sein soll**
- **wenn das Licht kaputt ist**
- **wenn Sie einen Einkaufskorb am Rad brauchen**

1 Man kann nicht viel gegen die Autos in unseren Städten tun.
2 In der Lübecker Altstadt dürfen keine Autos fahren.
3 Man sollte die öffentlichen Verkehrsmittel benutzen und nicht das eigene Auto.
4 Car-Sharing ist keine gute Idee.
5 Die Politiker müssen grün denken.
6 Die öffentlichen Verkehrsmittel sollten billiger werden.
7 Das Autofahren sollte mehr Geld kosten.

18 Imagine a friend wants to buy a new car. This is your advice: "There are too many cars in our cities; leave your car in the garage; use the train or the bus or go by bike!" Write it down in German, using 'du' throughout. Check Grammar section 10.5 if you need to refresh your memory.

19 Although Berlin has a good public transport system, many people still use their cars. Frau Borst works in town planning. Study the audio transcript first, then match the German words in the box below with their English equivalent. Then listen to the interview and fill in the gaps in the transcript, using up all the words in the box.

1	Nahverkehrsnetz	Underground lines
2	S-Bahn	bicycle
3	Städteplanerin	city centre
4	Nahverkehrssystem	town planner
5	U-Bahnlinien	bus routes
6	Buslinien	means of transport
7	Verkehrsmittel	parking space
8	Innenstadt	suburban trains
9	Parkplatz	local transport system
10	Fahrrad	local transport network

– Frau Borst, Sie sind ja … . Glauben Sie, dass Berlin ein gutes öffentliches … hat?
– Das öffentliche … ist hervorragend ausgebaut. Es gibt viele …, es gibt viele … , und es gibt die … . Trotzdem fahren die meisten Arbeitnehmer mit dem Auto zum Arbeitsplatz.
– Fahren Sie selbst auch mit den öffentlichen … oder haben Sie ein Auto?
– Ich fahre ausschließlich mit den öffentlichen Verkehrsmitteln, allerdings lege ich kleine Strecken mit dem … zurück.
– Und Sie haben kein Auto?
– Ich habe kein Auto. Mein Mann hat ein Auto.
– Ist es schwierig, einen … zu finden?
– Ich würde sagen, es ist fast unmöglich, in der … einen Parkplatz zu finden. Trotzdem legen die meisten Arbeitnehmer in Berlin den Weg zum Arbeitsplatz mit dem Auto zurück.

20 Richtig oder falsch? What does Renate Borst say in her interview?

	R	F
1 Despite the excellent public transport system, most people still get to work by car.	☐	☐
2 Frau Borst uses her car a lot.	☐	☐
3 For smaller distances she tends to go by bicycle.	☐	☐
4 Her husband does not have a car.	☐	☐
5 It is nearly impossible to find a parking space in the town centre.	☐	☐

● SPRACHTIP

Q: How do you say 'I would …'?
A: You can use 'Ich würde …'.
   Here are all the forms:
   ich würde; du würdest, er/sie/es würde; wir würden; ihr würdet; sie würden.

Q: Where does the second verb go?
A: As with other forms of 'werden', right to the end of the sentence:
   Ich würde gerne das Fahrrad benutzen, aber das ist zu gefährlich.
   (I would love to use the bicycle but it's too dangerous.)

21 More practice with 'would'. Unjumble the sentences, then translate them into English. Leave the underlined words where they are.

MODELL   Wir würden immer zu Fuß gehen, aber die Straße ist zu unsicher.
         We'd always go on foot but the road is too unsafe.

1 Ich/gehen/gerne/würde/zu Fuß, aber/zu weit/es/ist.
2 Wir/viel lieber/würden/fahren/dem/mit/Bus, aber/teuer/zu/ist/er.
3 Sie/Zug/den/würde/gerne/nehmen, aber/zu/dauert/lange/die/Fahrt.
4 Ich/lieber/Fahrrad/würde/das/benutzen, aber/schneller/U-Bahn/die/ist/viel.

22 Parts of Berlin might be choked with traffic, but other parts are very pleasant to live in. On the audio, Stefan talks to Ruth about his favourite street in Berlin-Friedenau. Listen to it, then tick the true statements.

Stefan mag ...
1 ☐ die Architektur der Häuser.
2 ☐ die Freundlichkeit der Leute.
Besonders gut gefallen ihm ...
3 ☐ die großen Neubauten.
4 ☐ die großen Altbauten.
Hauptsächlich wohnen dort ...
5 ☐ junge Familien und ältere Leute.
6 ☐ viele Studenten.
Aber es gibt dort wenig ...
7 ☐ Bäume.
8 ☐ Kneipen.
Was würde er sich wünschen?
9 ☐ mehr Kneipen
10 ☐ mehr Geschäfte
Und was könnte man noch gebrauchen?
11 ☐ mehr Grünflächen
12 ☐ mehr Cafés

SPRACHTIP

Words such as 'would' and 'could' express possibilities rather than actual events.
Q: How are they formed?
A: Study these transformations:

ich wurde ➤ ich würde
ich konnte ➤ ich könnte

You take the simple past form (ich werde ➤ ich wurde; ich kann ➤ ich konnte), add an 'Umlaut'* (ich würde; ich könnte) plus the appropriate endings (see previous Sprachtip).
Here are some more common examples:

ich war (I was) ➤ ich wäre (I would be; I were)

ich hatte (I had) ➤ ich hätte (I would have; I had)

MODELL

Ich würde mir ein Haus auf dem Land kaufen, wenn ich das Geld hätte.
(I would buy a house in the country if I had the money.)

Ich wäre froh, wenn ich ein Auto hätte.
(I would be glad if I had a car.)

*in most but not all cases

23 Dreams and possibilities – a dialogue. Underline the correct verbs.

– Wo (hätten/würden) Sie am liebsten wohnen?
– Also, am liebsten (wäre/würde) ich in einer Großstadt wohnen.
– In einer Großstadt. Und warum?
– Da (könnte/wäre) immer was los. Ich (könnte/dürfte) viel ausgehen – das (muss/mag) ich gerne.
– Und wie (würde/wäre) Ihre ideale Wohnung aussehen?
– Am liebsten (würde/hätte) ich ein Haus mit viel Platz.
– (Wären/Würden) Sie dort alleine wohnen?
– Nein, ich (müsste/würde) gerne mit Freunden zusammen wohnen. Das (hätte/wäre) schön.
– Und (hätten/könnten) Sie auch gern einen Garten?
– Ja, natürlich. Aber das (würde/wäre) vielleicht etwas schwierig, ein Garten mitten in der Stadt.

24 Your turn to dream. Turn to the audio to talk about your ideal house.

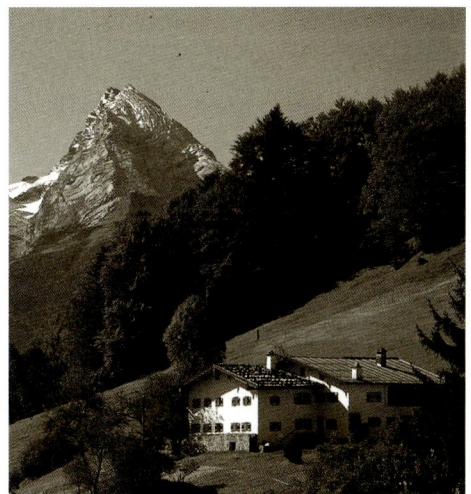

Sanfte Strukturen

25 Marcel Kalberer is a Swiss architect who founded the action group 'Sanfte Strukturen' (lit. 'soft structures'). He built his own dream house near Lake Constance in South Germany. On the audio, he tells Ruth more about it. Listen to the interview and tick the correct boxes below.

Marcel wohnt ...

1 ☐ ganz abseits auf dem Land.

2 ☐ in den Bergen.

Er lebt in einem kleinen Dorf,

3 ☐ wo noch zwei Bauern leben.

4 ☐ direkt an einem See.

Er hat ...

5 ☐ das Haus nicht selber gebaut.

6 ☐ immer wieder einen Raum drangebaut.

Das Haus ...

7 ☐ liegt an einem schönen Nordhang.

8 ☐ hat einen Blick auf die Schweizer Berge.

Marcels Frau ...

9 ☐ macht Kunst und Mosaike.

10 ☐ hat das Bad gebaut.

Speichern

der Bauer(-n)	farmer
der Hang(¨-e)	slope
je nach ...	depending on
das Bedürfnis(-se)	need
sich (etwas) vorstellen	to imagine something
verglasen	to glaze
der Boden(¨-)	floor
einrichten	to furnish

26 Marcel Kalberer likes to see architecture as a communal activity. Study the article below to find out more about a project he organised in Munich. Imagine you took part in the project 'Weltenlaube' (Lit. 'an arbour for the world') and are interviewed by a newspaper. Complete your answers according to the English prompts on the top of page 123.

Die „Weltenlaube" soll Völker verbinden

„Mein Kind will gar nicht mehr nach Hause", sagt Monika Reim von der Aktion „Miteinander leben". Der Grund: Marcel Kalberer und das Team der „Sanften Strukturen" haben im Münchner Südpark zusammen mit Kindern, Schülern und Passanten eine Laube aus Weidenruten gebaut. Diese „Weltenlaube" ist jetzt ein Treffpunkt für Jung und Alt. Hier kann man spielen, schwatzen und gemütlich Zeitung lesen.

Speichern

die Laube(-n)	arbour
der Passant(-en)	passer-by
die Weidenrute(-n)	willow rod
der Treffpunkt(-e)	meeting point
schwatzen	to chatter

1 Wo habt Ihr die Weltenlaube gebaut?
   Wir haben sie ... (We built it in the Munich Südpark.)
2 Wer hat die Laube gebaut?
   Marcel und sein Team ... (Marcel and his team, together with children, students and passers-by.)

3 Und was ist diese Weltenlaube jetzt?
   Sie ... (It is now a meeting point for young and old.)
4 Was kann man dort alles machen?
   Man kann ... (One can play, chat and read the newspaper comfortably.)

27 Marcel talks some more about his projects. Read the summary and guess which words from the box below go into the gaps. Then listen to the audio a few times to see whether you were right.

Kulturhauptstadt, Arbeitslose, Besucher, multikulturelle, baut, macht, Kulturen, Palast, mitmachen, Platz, Aktion

Marcel Kalberer ... mit Naturmaterialien. Er ... Strukturen, die an andere ... erinnern. Er macht gerne ... Projekte, an denen jeder ... kann. In Weimar macht er eine ganz große ... , denn Weimar ist ja eine ... Europas. Marcel baut mit seinem Team einen ... aus Weidenruten. Den Palast bauen Freiwillige, Neugierige, ... und Studenten. Er soll ... haben für zirka 500 ... .

Speichern

im Klartext	in short; to be precise
mitmachen (sep.)	to join in
der Palast(˙-e)	palace
freiwillig	voluntary
neugierig	curious; nosy

SPRACHTIP

Q: How do you turn an adjective into a noun?
A: Start the adjective with a capital, precede it with 'der/die/das', and add the appropriate endings:
   neugierig ➤ der/die Neugierige; die Neugierigen (the curious man/woman; the curious)
There are two more examples in the interview. Write them down.

SPRACHTIP

Q: Why is 'that' translated differently in the two examples below?
   Das sind Häuser, die mich krank machen. (Those are houses that make me sick.)
   Wir wohnen in einem Haus, das wir renoviert haben.
   (We live in a house that we have renovated.)
A: 'That' refers to the preceding noun/s. In German, it has to change in accordance with that noun. See also Grammar section 10.6.

28 Listen to the interview again and fill the gaps in the German phrases.
1 Wir machen Strukturen, ... an andere Kulturen erinnern.
   (We make structures that remind (us) of other cultures.)
2 Ich mache gern multikulturelle Projekte, an ... jeder mitmachen kann.
   (I like doing multicultural projects that can be joined in by everybody)
3 Jeder, ... mitmachen will; jeder ... der Spaß dran hat, gemeinsam zu bauen.
   (Everybody who wants to join in; everybody who enjoys building communally.)

123

Wohnen wie im Traum

29 One of the most controversial contemporary artists in Austria is Friedensreich Hundertwasser – the architect behind Bad Blumau (see p. 92). Here are some details on his ideal living environment – 'Das Hügelwiesenland' (the hilly meadowland). Read the article below. Are the statements richtig oder falsch? Correct the wrong ones where necessary.

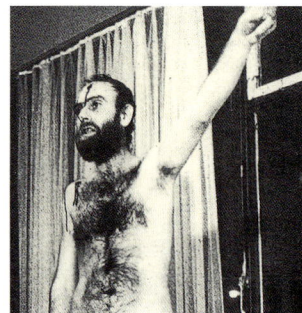

Friedensreich Hundertwasser, geboren: 1928 in Wien, Maler, Architekt und Visionär

„Die gerade Linie hat unsere Städte zu Betonwüsten gemacht. Ich baue keine Häuser, die Menschen und Natur schaden können."

	R	F
1 People can walk onto the roofs.	☐	☐
2 The roofs are sterile.	☐	☐
3 Man has become the guest of nature …	☐	☐
4 … but he is still its master.	☐	☐
5 This landscape is no answer to the ugliness of the city.	☐	☐
6 Man lives in harmony with nature once more.	☐	☐

Speichern

der Hügel(-)	hill
die Wiese(-n)	meadow
die Haut("-e)	skin
die Umweltverschmutzung	environmental pollution

Das Hügelwiesenland

Der Mensch wandert auf einen Hügel. Plötzlich sieht er: Der Hügel ist ein Haus. Unter seinen Füßen wohnen Menschen. Doch diese Häuser sind anders: Die Dächer sind begrünt – mit Gras, mit Bäumen, mit Blumen. Das Dach ist nicht mehr steril; es ist Privatwald, Urlaubshügel, Park und Garten. Der Mensch ist nicht mehr Herr der Natur, er ist Gast. Dieses Hügelwiesenland ist eine Antwort auf die Hässlichkeit der Stadt. Der Mensch lebt wieder harmonisch mit der Natur.

30 Imagine you have been to visit Hundertwasser's 'Hügelwiesenland' and wanted to describe it to a friend. Complete the letter by choosing the correct preposition from the box below.

mit, auf, in, mit, unter, auf, zu, mit, für

Lieber Hans,
gestern habe ich das Hügelwiesenland … Österreich besucht. Das war eine total neue Erfahrung … mich! Stell dir vor, du kannst … den Hausdächern sitzen oder spazierengehen, weil sie … Blumen und Gras begrünt sind. Die Menschen wohnen … Deinen Füßen. Ich sprach … einem Bewohner, und der sagte … mir: Ich lebe harmonisch … der Natur. Mein Haus ist eine Antwort … die Hässlichkeit der modernen Großstadt.

(a)

Der Mensch hat drei Häute: mit der ersten Haut wird er geboren. Die zweite ist sein Kleid. Und die dritte ist die Fassade seines Hauses.

(b)

Auch hässliche Gebäude muss man heilen! Schluss mit der optischen Umweltverschmutzung!

(c)

Menschen, die in sterilen Häusern interniert sind, werden krank.

31 Which message goes best with which caption?

1   Manche Häuser sind krank.
2   Manche Häuser machen die Menschen krank.
3   Ein Haus ist ein Teil des Menschen.

Mein Wunschhaus

Wie soll Ihr Traumhaus aussehen? Der Stern und die Bausparkasse Schwäbisch Hall fragten 70 000 Leser. Das Ergebnis: Das ideale deutsche Heim ist ein Einfamilienhaus. Es muss einen Keller haben, einen Garten rundherum, und es muss ökologisch, bezahlbar und praktisch sein.

Imagine you're a typical German – how would you answer this interview? Use 'würden, wäre, müsste, sollte' where appropriate.

1 In welchem Haus würden Sie am liebsten wohnen?
2 Wie wichtig wäre ein Garten für Sie?
3 Sollte das Haus auch einen Keller haben?
4 Und müsste es nach ökologische Prinzipien gebaut sein?

Renaissance der Dicken

Der Clubsessel ist wieder da! Jahrelang war er das spießigste, langweiligste Möbelstück der Welt, jetzt ist er wieder salonfähig. In New York, London oder Paris hat inzwischen jeder ein paar Clubsessel herumstehen: aus Leder, Plüsch oder Fell – und fast immer besetzt. Das größte Problem ist nämlich: Wer einmal drin ist, kommt so schnell nicht wieder raus.

Imagine you hate these armchairs. How would you say:

1 They are terribly bourgeois.
2 They are boring.
3 ... and they are always occupied!

KOSTENLOS abzugeben: Gebrauchsgut –

SOLIDES Sofa abzugeben. Tel: (07234) 634454

FARBFERNSEHER, Wäschetrockner. Tel: (070504) 3421

KÜCHENHERD für Holz und Kohl, defekt. Tel: (0751) 89413

RASENMÄHER. Wohnzimmertisch. Kartoffelkiste. Tel: (070504) 5391

WASCHMASCHINE, Pumpe defekt. Tel. (07234) 354723

SPÜLMASCHINE Marke Imperial Tel: (07865) 23456

GUT ERHALTENER Wohnzimmerwandschrank, 2 Waschbecken, Gefriertruhe. Tel: (0751) 298011

Second hand items for free – if you pick them up. Which room – if any – would the goods advertised on the left go into?

„DIE ERSTE PAARUNG IST GEGLÜCKT"

Senior gibt Wohnung, Student hilft/Idee aus Darmstadt nun auch in Berlin.

Eine alte Dame in Charlottenburg, die viel verreist, möchte nur, dass jemand im Haus ist. Ein 97-jähriger Senior will jemanden, der „Guten Morgen" und „Gute Nacht" sagt. Er bietet ein Zimmer, Küche und Bad. „Wohnraum gegen Hilfe" ist ein neues Projekt, das in Darmstadt begann und nun auch in Berlin kopiert wird: Viele Rentner, die allein in großen Häusern oder Wohnungen leben, möchten gern einen jungen Menschen in der Nähe haben. Viele Studenten, die wenig Geld haben, können und wollen helfen. Die Bezahlung: Pro Quadratmeter freien Wohnraum eine Stunde Hilfe im Monat. Eine wunderbar soziale Idee, von der Jung und Alt profitieren sollen. Das Problem ist nur, die richtigen Partner zu finden.

PLUSINFO
Großstädte in Deutschland

Großstädte sind Städte mit mindestens 100 000 Einwohnern. In der Bundesrepublik gibt es 84 Groß-, aber nur drei Millionenstädte: Berlin (3,5 Mio.), Hamburg (1,7 Mio.) und München (1,2 Mio.). Die kleinste Großstadt ist Erlangen mit 101 450 Einwohnern. 86 % der Deutschen wohnen in Städten – und nach der „Landflucht" in den 70ern hält der Trend zur Stadt weiter an. Die Landbevölkerung lebt in relativ kleinen Orten: Von den 14 600 Gemeinden haben drei Viertel weniger als 1000 Einwohner. In den neuen Bundesländern hat sogar die Hälfte der Gemeinden weniger als 500 Einwohner.

(From TV Hören + Sehen)

a Wie heißt das Projekt?
b Wo hat das Projekt begonnen?
c Wer bietet den Wohnraum an?
d Und wer kann den Wohnraum haben?
e Was kostet der Wohnraum?

Complete the sentences.

1 Eine ... hat mindestens 100 000 Einwohner.
2 In Deutschland gibt es nur drei ... .
3 Die meisten Deutschen wohnen in ... .
4 In den 70er Jahren begann eine ... .
5 Die meisten Landbewohner leben in kleinen ... .

1 Imagine that you live in Weimar in a small rented flat in the town centre. It has a kitchen, bathroom, bedroom and living room, a balcony and a cellar. Now answer the questions in German.

1 Wohnen Sie in der Stadt oder auf dem Land?

----

2 Haben Sie eine Wohnung oder ein Haus?

----

3 Wie viele Zimmer haben Sie?

----

4 Haben Sie einen Garten?

----

5 Wohnen Sie zur Miete?

☐ / 5 POINTS

2 My ideal home   Mein ideales Heim
   I'd like to have …   Ich hätte gerne …

1 a villa in the country, ----------------------
2 a house by the sea, ----------------------
3 a room in the castle, ----------------------
4 a flat in the city centre,

----

5 a studio under the roof,

----

6 and an old house from the 16th century

☐ / 6 POINTS

3 A list of wishes. Complete the gaps choosing from the words in the box.

vor der, auf der, mit dem, mit den, an der, in die

1 Unsere Kinder wollen ------- Haustür spielen.
2 Sie möchten sicher -------- Schule gehen.
3 Sie möchten sich --------- Freunden-------Ecke treffen.
4 Sie wollen ----------- Straße spielen.
5 Und sie möchten auch mal gerne -------Fahrrad fahren.

☐ / 6 POINTS

4 Form at least five compounds from the words below and don't forget the article.

RAD VERKEHR PLATZ MITTEL PARK BAHN SYSTEM NETZ VERKEHRS LINIE VERKEHR FAHR NAH

--------------------   --------------------
--------------------   --------------------
--------------------   --------------------

☐ / 5 POINTS

5 Translate the following phrases into German.

1 What would you change, if you could?

----

2 If I had more time I'd go by bike.

----

3 If we were older we'd take the car.

----

4 If I had more money I'd buy a house in the country.

☐ / 4 POINTS

6 And finally, complete the text using 'der, die, das'.

1 Der alte Mann will jemanden im Haus, ------- „Guten Morgen" sagt.
2 Wohnraum gegen Hilfe ist ein Projekt, ------ in Darmstadt begann.
3 Manche Rentner, -------- allein leben, möchten junge Menschen in der Nähe haben.
4 Manche Studenten, -------- wenig Geld haben, wollen helfen.
5 Das ist eine soziale Idee, von ------- Jung und Alt profitieren.

☐ / 5 POINTS

TOTAL ☐ /31 POINTS

Aktuelle Themen

Lernpunkte

Talking about politics

Talking about social affairs

Talking about religious issues

Ich finde die Sozialpolitik besonders wichtig

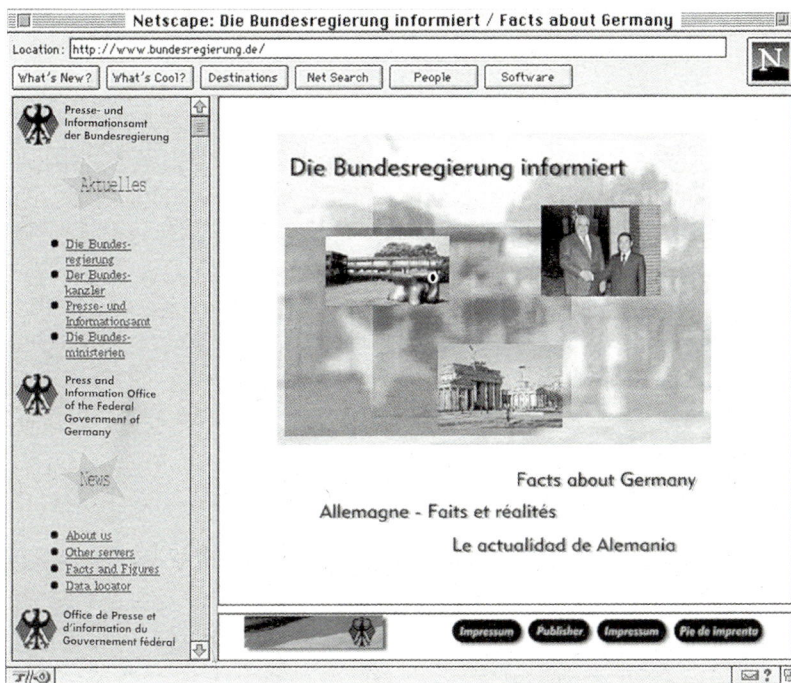

CDU

PDS

F.D.P. Die Liberalen

Netscape: Die Bundesregierung informiert / Facts about Germany

Location: http://www.bundesregierung.de/

| What's New? | What's Cool? | Destinations | Net Search | People | Software |

Presse- und Informationsamt der Bundesregierung

Aktuelles

- Die Bundes-regierung
- Der Bundes-kanzler
- Presse- und Informationsamt
- Die Bundes-ministerien

Press and Information Office of the Federal Government of Germany

News

- About us
- Other servers
- Facts and Figures
- Data locator

Office de Presse et d'information du Gouvernement fédéral

Die Bundesregierung informiert

Facts about Germany

Allemagne - Faits et réalités

Le actualidad de Alemania

Impressum Publisher Impressum Pie de imprenta

DIE GRÜNEN

CSU

Ich wähle die Grünen

Politik interessiert mich nicht

1 On the audio, Herr und Frau Maier-Janson, Stefan and Renate Borst are asked whether they take an interest in politics. Their answers are below – but not in sequence. Listen to the interview clips and put the correct answer number next to the speakers in the box below.

Interessieren Sie sich für Politik?
1 Nein, nicht mehr.
2 Ja, ich interessiere mich sehr für Politik.
3 Ja, ich interessiere mich für Politik.
4 Nicht mehr sehr.

Welche Dinge finden Sie besonders wichtig? Welche Aspekte interessieren Sie besonders? Warum nicht?
5 Besonders interessiert mich die Umweltpolitik, aber auch die Wirtschafts- und Sozialpolitik.
6 Ja, ich finde besonders wichtig die Umweltpolitik, die Außenpolitik, Themen wie Ausländer und Asylrecht.
7 Das hab' ich aufgegeben.
8 Die Politik ist in Deutschland so uninteressant, das ist immer dasselbe.

Herr Maier-Janson	
Frau Maier-Janson	
Stefan	
Renate Borst	

2 A friend has asked you to translate the following extract from a letter into German. Try and pick as many phrases as possible from the statements in activity 1.

```
I'm very interested in politics.
I'm especially interested in
environmental politics but topics
such as foreigners and asylum
law are also important. My
father says: "I have given (it)
up." He finds (the) politics
uninteresting and says it's
always the same.
```

3 Time to speak about your own interest in politics. Take another look at the statements in activity 1 – you'll need to use similar phrases. The prompts are on the audio.

4 🔊 Election issues. Listen to the second part of the interviews and check the statements below: three are false. Correct them in German.

1 Maria Janson wählt regelmäßig.
2 Maria und Walter Janson wählen die Grünen.
3 Stefan wählt immer.
4 Stefan findet, die Grüne Partei ist die einzige Partei, die sich noch für unsere Zukunft interessiert.
5 Frau Borst denkt, die Grünen sind die einzige Partei, die kein glaubwürdiges Umweltprogramm vorweisen kann.

Speichern

glaubwürdig	credible
vorweisen	to show; to produce
die Grünen	the Green Party
Gehen Sie wählen/ zur Wahl?	Do you vote?
Wen/welche Partei wählen Sie?	For whom/for which party do you vote?

Wissenswert!

Elections in Germany

The German electoral system combines the best aspects of proportional representation (Verhältniswahlsystem) and the 'first past the post system' (Mehrheitswahlsystem).

Relatively small parties like the Greens for example are still entitled to seats in the lower chamber of parliament (Bundestag) even if individual constituencies fail to return their candidate as long as they have received more than 5% of the votes nationwide.

5 How much do you already know about the German political system?

The general elections are held …
1 ☐ every four years.
2 ☐ every seven years.
The lower chamber of parliament is called …
3 ☐ die Bundesrepublik.
4 ☐ der Bundestag.
The head of government is …
5 ☐ der Bundeskanzler.
6 ☐ der Bundespräsident.
The German capital is …
7 ☐ Berlin.
8 ☐ Bonn.
GDR is an English abbreviation referring to …
9 ☐ Deutsches Reich.
10 ☐ Deutsche Demokratische Republik.

6 🔊 Listen to the audio and match the parties (a-e) with the correct slogans.

1 Politik für die ganze Familie
2 Für Wachstum und Arbeit
3 Soziale Gerechtigkeit, sozialer Frieden
4 Sichere Arbeitsplätze
5 Mehr Arbeitsplätze durch Deregulierung
6 Weniger Bürokratie – mehr Freiräume
7 Humanes Asylrecht
8 Kein Rassismus – Nazis raus
9 Ökologisch leben
10 Deutschland ohne Militär

7 Find the German equivalents for the following slogans.

1 Justice and social peace
2 More jobs through deregulation
3 Germany without military Forces
4 No racism, Nazis out
5 For growth and jobs
6 Less bureaucracy, more freedom of action
7 Humane asylum law

(a)

(b)

(c) F.D.P. Die Libralen

(d) PDS

(e) BÜNDNIS 90 DIE GRÜNEN

8 Which German slogans do the following statements refer to:

1 Deutschland sollte keine Armee haben.
2 Niemand sollte Angst haben, dass er seinen Job verliert.
3 Asylanten sollten sich in Deutschland sicher fühlen.
4 Wenn jeder für seine Arbeit fair bezahlt wird, gibt es keine Streiks.

9 🔊 Herr Wambach is the secretary of the Christian Democrat Party (CDU) in Berlin. On the audio, he tells Andrea about the most important parties in Germany. Listen to the interview and complete the summary below. Extra vocabulary: die Nachfolgepartei = successor party; DDR (Deutsche Demokratische Republik) = GDR (German Democratic Republic).

1 In Deutschland gibt es derzeit ... ...
2 Allerdings sind im Parlament derzeit nur ... ...
3 Die Sozialdemokratische Partei heißt ...
4 Die Liberale Partei in Deutschland heißt ...
5 Die Nachfolgepartei der *SED* aus der *DDR* ist die ...
6 Die ... ist eine ökologische Partei.

Wissenswert!

Bündnis 90/Die Grünen
was founded in 1994, when the Green Party and the *Bündnis 90* (an organisation of East German civic action groups) merged in order to contest the general elections.

PDS/SED
The *PDS* (Partei des Demokratischen Sozialismus) is the successor of the former East German Socialist Party *SED* (Sozialistische Einheitspartei Deutschlands).

Wissenswert!

Germany's two main parties
The *SPD* (Sozialdemokratische Partei Deutschlands) has the largest membership and has its roots in the trade union movement of the 19th century. Social justice is more important than economic interests.

The *CDU* (Christliche Demokratische Union) is a conservative party of Christian origins but does not require its members to be Christian; its sister party in Bavaria is called *CSU* (Christlich Soziale Union).

10 🔊 In the next two clips, Andrea tries to find out more about the CDU and the SPD. First, she talks again to Herr Wambach (CDU), then to Herr Hartung (SPD). Listen several times and decide which party the statements below refer to.

	CDU	SPD
1 Sie hat die meisten Mitglieder.	☐	☐
2 Sie bildet mit der CSU einen politischen Block.	☐	☐
3 Man muss nicht Christ sein, um Mitglied zu werden.	☐	☐
4 Sie kommt aus den Traditionen der Gewerkschaft.	☐	☐
5 Für sie ist soziale Gerechtigkeit wichtiger als wirtschaftliche Interessen.	☐	☐
6 Sie ist eine konservative Partei.	☐	☐
7 Von ihrer Herkunft her ist sie eine christliche, überwiegend katholische Partei.	☐	☐

Speichern

der Christ(-en)	Christian
um Mitglied zu werden	in order to become a member
der Moslem(-s)	Moslem
der Hindu(-s)	Hindu
der Jude(-n)	Jew
die Glaubensrichtung(-en)	belief
Worin besteht der Unterschied?	What's the difference?
die Herkunft(¨-e)	origin
katholisch	catholic

11 🔊 How much do you know about the political parties in Germany? Turn to the audio and take part in a quiz.

Porträt eines Abgeordneten

```
Netscape: Cem Özdemir, MdB
Back  Forward  Home  Reload  Images  Open  Print  Find  Stop
Location: http://www.fu-berlin.de/POLWISS/mdb-projekt/oezdemir/index.html
```

Cem Özdemir MdB

Cem Özdemir – Zur Person
Cem Özdemir wurde am 21.12.65 als Sohn türkischer Einwanderer in Bad Urach geboren. Er besuchte nach der Grundschule und Hauptschule die Realschule und erwarb dort 1983 die mittlere Reife. Nach einer Ausbildung zum Erzieher erwarb er die Fachhochschulreife und studierte anschließend Sozialpädagogik. 1994 erhielt er sein Diplom als Sozialpädagoge. Während seiner Ausbildung arbeitete Cem als freier Journalist und Erzieher.
Schon als Schülersprecher war Cem für die Dritte-Welt-Bewegung aktiv. 1981 wurde er Mitglied der GRÜNEN. Mit 18 Jahren erhielt er die deutsche Staatsbürgerschaft. In seiner Partei war Cem vor allem in der Asyl- und Einwanderungspolitik aktiv.

1994 wurde Cem Özdemir in den Deutschen Bundestag gewählt.
Er ist einwanderungspolitischer Sprecher von Bündnis 90/Die Grünen.

Sein Schwerpunkt:
„Deutschland ist ein Einwandererland. Ich möchte die Spaltung zwischen Reich und Arm, zwischen Deutschen und Nichtdeutschen überwinden, damit Deutschland tatsächlich eine multikulturelle Gesellschaft wird."

Türkçe bilgiler   English documents

12 MPs on the Internet. Cem Özdemir is the first German MP from a second generation Turkish immigrant family. Here is a portrait from his home page. Study the details, then complete his CV.

Lebenslauf

Name:
Geburtstag:
Geburtsort:
Staatsangehörigkeit:
Ausbildung

Studium:
Qualifikationen:
Politische Karriere:
Schwerpunkt:

Speichern

der Abgeordnete(-n)	member of parliament
der Schwerpunkt(-e)	focus
erwerben	to acquire
die Fachhochschulreife	qualification to study specific university subjects
die Sozialpädagogik	social education
der Erzieher(-)	educator; teacher
die Bewegung(-en)	movement
die Staatsbürgerschaft	citizenship
der Einwanderer(-)	immigrant
die Spaltung(-en)	split
die Gesellschaft(-en)	society

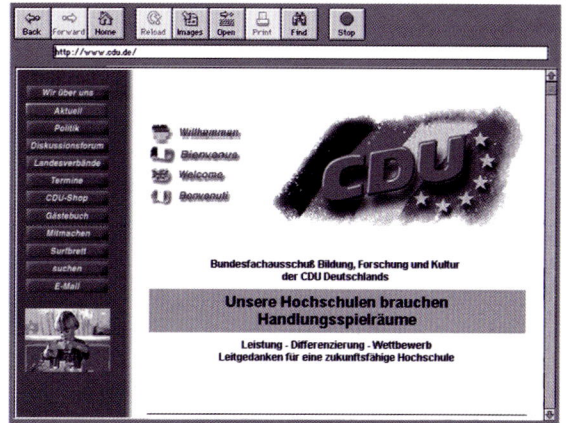

CSU

Grüß Gott
in Bayern!

Presse/Aktuelles

Surf-Info

Politik A-Z

Junge Union Bayern

Stichworte

Mitglied werde

Die CSU

Parteiausschuß

http://www.csu.de/defaultframe.htm

---

http://www.cdu.de/

Wir über uns
Aktuell
Politik
Diskussionsforum
Landesverbände
Termine
CDU-Shop
Gästebuch
Mitmachen
Surfbrett
suchen
E-Mail

Willkommen
Bienvenue
Welcome
Benvenuti

CDU

**Bundesfachausschuß Bildung, Forschung und Kultur
der CDU Deutschlands**

**Unsere Hochschulen brauchen
Handlungsspielräume**

Leistung - Differenzierung - Wettbewerb
Leitgedanken für eine zukunftsfähige Hochschule

Wissenswert!

Federalism

Germany is made up of 16 federal states (Länder) which have their own elected parliaments (Landtage) and governments (Landesregierungen) and are represented in the second chamber of the federal parliament, (Bundesrat). The 'Länder' have a strong say in educational and cultural matters and can also influence legislation through the 'Bundesrat'.

Austria's federal structure is similar to Germany's. There are two chambers of parliament: the regional parliament (Landtag) which plays a strong administrative role and the central parliament (Nationalrat).

In Switzerland, the regional traditions are even stronger. It is made up of 26 cantons with their own constitutions and laws. Political decision-making can also be influenced directly by the Swiss people who have the right to vote on single issues. In some cantons, however, women have only recently been granted the right to vote in local elections.

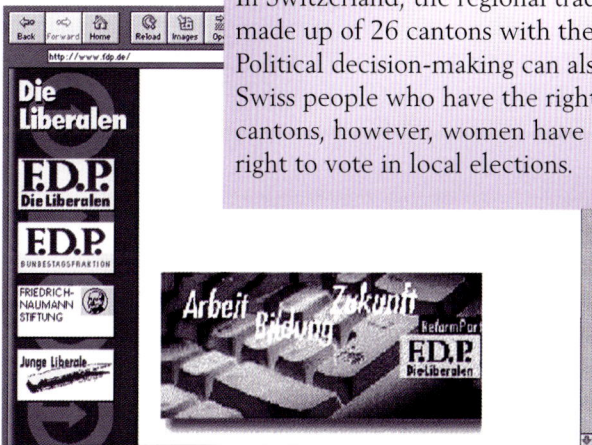

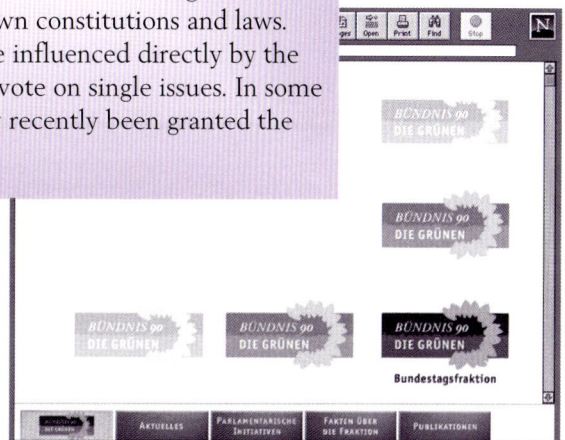

---

http://www.fdp.de/

Die Liberalen

F.D.P.
Die Liberalen

F.D.P.
BUNDESTAGSFRAKTION

FRIEDRICH-NAUMANN STIFTUNG

Junge Liberale

Arbeit Bildung Zukunft

ReformPur

F.D.P.
Die Liberalen

BÜNDNIS 90
DIE GRÜNEN

BÜNDNIS 90
DIE GRÜNEN

BÜNDNIS 90
DIE GRÜNEN

BÜNDNIS 90
DIE GRÜNEN

BÜNDNIS 90
DIE GRÜNEN

Bundestagsfraktion

AKTUELLES | PARLAMENTARISCHE INITIATIVEN | FAKTEN ÜBER DIE FRAKTION | PUBLIKATIONEN

Bürgerinitiativen - Aktionsgruppen

Kids demonstrieren in Münster. Der Minister will ihre Schulen durch eine Gesamtschule ersetzen.

Liebes Radio St. Pauli!
Wir haben 50 000 Unterschriften ...., wir haben Protestbriefe ...., haben .... - und trotzdem will der Bürgermeister unser Krankenhaus .... In St. Pauli leben viele Ausländer und Sozialfälle. Wenn die Hafenklinik .... wird, sterben jährlich 125 Menschen mehr. Wir .... weiter.
Familie W.

Lieber Herr Minister!
Wir wollen keine neue Gesamtschule, wir möchten unsere alte Schule behalten. Bitte hören Sie auf uns! Machen Sie keine Politik von oben!

Hochachtungsvoll
Die Klasse 5. der Fürstenberg-Schule

Einwohner von St. Pauli besetzen das Hafenkrankenhaus in Hamburg – aus Protest gegen die Schließung der Klinik.

13 A considerable number of Germans prefer direct action on local political issues to working within a party. Study the photos above and rewrite the captions in English. Extra vocabulary: ersetzen = to replace.

14 Read the letter above protesting about the closure of the hospital. Fill in the missing verb forms from the box below. Extra vocabulary: besetzen = to occupy.

> protestieren, schließen, gesammelt, geschlossen, demonstriert, geschrieben

Now find the expressions for:
to demonstrate, to protest, to collect signatures, to write protest letters.

SPRACHTIP

Avoid 'nicht + ein'. You usually say 'kein' plus endings instead.

How would you say:
We don't want a comprehensive school!
Don't make policy from the top down!

15 When, if at all, would you become politically active? Turn to the audio to practise possibilities. These structures will come in handy:

Was würden Sie machen, wenn ...
   man Ihr Krankenhaus/Ihre Volkshochschule schließen würde?
   Sie Ihren Job verlieren würden?
Ich würde sicher/niemals/vielleicht/nicht ...

Speichern

sich beteiligen	to participate
die Ebene(-n)	level
das Engagement(-s)	active interest/involvement

16 German politics works on two levels, says Wolfgang Roth, professor of Political Sciences at Magdeburg University. On the audio, he talks to Andrea about the contrast between the representative nature of German democracy and the more direct action of 'Bürgerinitiativen' and other civic campaigns. Listen and fill in the missing words from the box.

ökologische	Parlament	Bürgerinitiativen
Kultur	Demokratie	aktiv
Protest	sozialer	Jugendliche

– *Wie sieht die politische Landschaft derzeit in Deutschland aus?*
– Wir haben eine gespaltene politische ..., so möchte ich es einmal nennen. Auf der einen Ebene haben wir die repräsentative ... , Parteien, ... , Wahlen. Auf der anderen Ebene haben wir sehr viel Bürgerbeteiligung, unterhalb dieser Ebene, in ... und neuen sozialen Bewegungen.
– *In welchen Bereichen sind die Bürger besonders ... ? Können Sie uns da ein Beispiel geben?*
– In der Vergangenheit waren es vor allem ... Fragen. Aber es gibt heute auch sehr viele Initiativen entlang ... Probleme.
– *Gibt es eigentlich sehr viele Jugendliche, die sich an Protesten beteiligen?*
– Noch immer ist ... die – ja, beliebteste Form des Engagements für ... .

17 Different phrases – same meaning. Underline the phrases in the interview with Professor Roth (activity 16) that correspond to the following statements:

1 Es gibt zwei politische Kulturen.
2 Erstens gibt es die traditionellen demokratischen Institutionen ...
3 ... und zweitens werden die Bürger auch direkt aktiv.
4 Früher gab es viele Umweltaktionen, jetzt geht es auch oft um soziale Fragen.
5 Junge Leute demonstrieren ihr politisches Interesse vor allem durch Protestaktionen.

18 Odd one out – two words carry quite similar meanings. Cross out the ones that don't fit.

1 die Beteiligung/die Vergangenheit/das Engagement
2 die Form/die Aktion/die Initiative
3 die Frage/das Problem/die Landschaft
4 der Protest/die Demonstration/die Kultur

19 Martin believes in action groups, Daniel doesn't. Who would say what?

1 Wir müssen auf die Straße gehen und demonstrieren, sonst ändert sich nichts.
2 Ich glaube, dass die traditionellen Parteien genug für die Bürger tun.
3 Ich denke, politische Entscheidungen dürfen nur im Parlament gemacht werden.
4 Ich finde, direkte Aktionen sind viel wirksamer.
5 Ich bin der Ansicht, dass die Bürger viel aktiver werden müssen.

20 Direct action or not? Now write down your own opinion about action groups, using the following expressions:

ich denke/ich finde/ich glaube/ich bin der Ansicht, dass ...

Religion – Tradition oder Alternative?

Klaus Behner studierte Theologie. Aber Amtspriester wollte er nicht werden – ihm war die Katholische Kirche zu dogmatisch. Eines Tages rief sein Freund Uwe an und sagte: „Ellen und ich wollen heiraten, aber nicht in der Kirche. Du bist doch Theologe – kannst du das nicht machen?"

Klaus Behmer machte es: ein eigenes Ritual im Wohnzimmer, und auch Uwes Ex-Freundin war dabei. Zu ihr sagte Uwe: „Du wirst immer einen Platz in meinem Leben haben", dann gab er Ellen das Eheversprechen.

Heute zelebriert Klaus Behner nicht nur Hochzeiten, sondern auch „Begrüßungsfeiern" für neugeborene Babys, Abschiedsfeiern für Kinder, die das elterliche Haus verlassen, Scheidungen und Totenfeiern. Manchmal mit Bibeltexten oder christlichen Symbolen, manchmal mit einem Beatles-Song. Er darf das, solange er nicht die Sakramente spendet. Sein Service kostet 100 Mark die Stunde, Totenfeiern kosten die Hälfte.

Call-a-Priest

Der Hamburger Theologe Klaus Behner bietet seinen Kunden die Zeremonie, die sie wollen: ohne Sakramente, aber mit Bach, Tucholsky oder Techno.

Eine Hochzeitsvorbereitung dauert etwa 20 Stunden. Behner stellt dem Paar viele Fragen: Warum wollt ihr heiraten? Was wollt ihr euch versprechen? Er nimmt sich mehr Zeit als ein Amtspriester, hält eine persönliche Rede, zelebriert ein individuelles Ritual.

Bislang haben die Amtskirchen die private Konkurrenz ignoriert. Aber vielleicht ist das ein Fehler. Denn: Jedes Jahr treten hunderttausende von Deutschen aus den beiden großen Kirchen aus. Der Grund: Die Kirchen geben ihnen nicht das, was sie suchen. Dafür wollen sie keine Kirchensteuer zahlen.

Wissenswert!

In Germany, members of the Catholic Church (Katholische Kirche Deutschlands) or Protestant Church (Evangelische Kirche Deutschlands) have to pay a special tax to support their church organisation. This so-called 'Kirchensteuer' is set at around 9% of their income tax and gets deducted automatically from their wages. Everybody who gets baptised (wird getauft) in either Church is automatically a member for life. People have to leave it officially (aus der Kirche austreten) if they do not want to pay the 'Kirchensteuer'.

21 People are turning their backs not only on established parties but also on the established churches. Study the article above from the weekly magazine *DIE WOCHE* about Klaus Behner, a 'freelance priest', then correct the statements which are wrong.

1 Klaus Behner wollte kein Amtspriester werden, weil es in der Kirche keinen freien Arbeitsplatz für ihn gab.
2 Er zelebriert viele verschiedene Feiern.
3 Manchmal liest er dabei Bibeltexte, manchmal spielt er einen Beatles-Song, manchmal spendet er auch die Sakramente.
4 Vor einer Hochzeit spricht er lange Zeit mit dem Paar.
5 Die Amtskirchen finden seine Arbeit gut.
6 Viele Deutsche verlassen die Kirchen, aber sie wollen weiterhin ihre Kirchensteuer zahlen.

⬤ LERNTIP

Reading for gist
It can be helpful to try and focus on the main points in a text. In this one, ask yourself:
• Why did Klaus Behner go freelance?
• What kind of ceremonies does he offer?
• Why do people go to him rather than to a priest from an established church?

22 Imagine you are perfectly happy with your established church. How would you fill in this questionnaire?

	Ja	Nein
1 Die Kirche gibt mir alles, was ich suche.	☐	☐
2 Mir ist eine individuelle Zeremonie lieber als eine traditionelle kirchliche Feier.	☐	☐
3 Ich finde die heiligen Sakramente sehr wichtig für eine Zeremonie.	☐	☐
4 Eine Hochzeit würde ich nie im Wohnzimmer zelebrieren.	☐	☐
5 Meiner Meinung nach sollte man auch eine Zeremonie dafür haben, wenn ein Kind erwachsen wird und das Elternhaus verlässt.	☐	☐

Der „Raum der Stille" ist ein Ort der Meditation für Menschen aller Konfessionen, Bahais und Juden, Christen, Moslems und Hindus. Hier findet jeder die Möglichkeit, sich innerlich zu sammeln, mitten in der Hektik der Großstadt zur Ruhe zu kommen und gestärkt wieder hinauszugehen. Der „Raum der Stille" wurde 1994 im Brandenburger Tor eingerichtet – ein symbolischer Ort. Ursprünglich, vor 200 Jahren, hieß das Bauwerk „Friedenstor".

23 Pfarrer Hildebrandt is a protestant priest (ein evangelischer Pfarrer) from the Sophiengemeinde in Berlin. On the audio, he tells Britta about his community and his work. Listen and take notes, in English. Don't concentrate on every single word. Try and focus on the points below:

Sophiengemeinde
a *how old?*
b *where situated?*
   then:
   now:
c *Hildebrandt's work:*
   differences GDR times/now
   the same:
   different:
d *members:*
   more?
   less?
   why:
e *contact with young people:*

24 Most established churches are realising the importance of keeping in touch with other denominations and of working on joint projects. One such project is the 'Room of Silence' in Berlin. Study the brochure on the left. Imagine you are sitting in the 'Room of Silence' writing a postcard to a friend in German. This is what you want to write.

I am sitting in the 'Room of Silence' in the Brandenburg Gate. The 'Room of Silence' is a place of meditation for people of all confessions. Here, everybody has the possibility to collect themselves and to become still. The 'Room of Silence' was established in 1994. The Brandenburg Gate is a symbolic place. Originally it was called the 'Gate of Peace'.

Türken in Deutschland

25 Memis Boskir is a foreign worker from Turkey. He has lived in Germany for many years, but still feels like a stranger. Read the passage below, then study the phrases. Are they richtig oder falsch? There are three mistakes which need to be corrected. Extra vocabulary: dringen = here: to get through; die Fettaugen(pl.) = globules of fat; die Sitte(-n) = custom.

> Deutsches Heim – Glück allein: Wie Türken Deutsche sehen (1982)
>
> Ganze 13 Jahre bin ich nun in Deutschland als Arbeiter. Ich wohne in Altinova (Altona) – ein Viertel in Hamburg. Bei uns in Altinova wohnen Türken. Es gibt auch Deutsche, aber ihre Sprache dringt nicht zu uns. Unsere Wohnung, unsere Arbeit, unsere Sprache und unsere Sitten sind voneinander getrennt. Sie sind die Fettaugen und wir die Suppe; sie sind oben und wir unten. Doch mach' dir nichts draus, das Schmackhafte liegt bei uns. Manchmal sagen sie: „Guten Tag". Dann sage ich „Guten Tag". Solange ich in diesem Land bin, ist kein deutsches Essen auf meinen Tisch gekommen. Deutsches Brot können wir auch nicht essen, es schmeckt nicht und ist teuer. In der Stadt kaufe ich Mehl. Das Brot backt die Frau zu Hause.

	R	F
1 Memis Boskir lebt in einem gemischten Viertel.	☐	☐
2 Er ist arbeitslos.		
3 Er findet, die Deutschen haben ganz andere Sitten als die Türken.	☐	☐
4 Bei ihm gibt es immer nur türkisches Essen.	☐	☐
5 Das deutsche Brot schmeckt ihm auch, aber es ist zu teuer.	☐	☐
6 Seine Frau kauft lieber türkisches Brot.	☐	☐

How does Memis say:

7 Don't worry about it.

8 They are on top, we are beneath them.

SPRACHTIP

Negations

Compare these two sentences:

Ich mag kein deutsches Essen.

Deutsches Brot schmeckt nicht.

Q: How do I know whether to use 'nicht' or 'kein'?

A: Use 'nicht' to negate a verb, and 'kein' to negate a noun.

Examples:

Ich möchte demonstrieren.

Ich möchte nicht demonstrieren.

Ich möchte ein Interview

Ich möchte kein Interview.

See Grammar sections 9.1 and 9.2.

Wissenswert!

Turkish women in Germany

The first Turkish guestworkers came in the 60s and 70s; 13% of them were women. Many came alone, most of them from metropolitan areas, they were well-educated, independent and had few problems adapting to the German way of life.

However, the majority of Turkish women came because their husbands were already in Germany. They came from the villages and had little formal education. Once in Germany, they became housewives – partly because of their traditional upbringing, partly because of the introduction of new German laws barring them from employment for five years. They did not integrate well into German society and tried to bring up their daughters in the traditional Turkish way.

By the end of the 80s, these girls had grown up, gone to German schools and absorbed the language and culture. Many tried to free themselves from their traditional roles. This is borne out by recent statistics: one third of the Turkish students at German universities are women, and from 1990-96, the number of women among Turkish self-employed rose from 2% to 13%.

26 The children of immigrants have problems of their own: they often find themselves between two worlds and at odds with their own family as described in this passage. Rewrite the sentences using phrases from the passage. Extra vocabulary:
Ich schäme mich für … = I'm ashamed of …

MODELL

    Ihre Kinder denken nur an sich.
    Ihre Kinder sind egoistisch.
1 Ihr Mann arbeitete auf dem Bau.
2 Er ging frühzeitig in die Rente.
3 Ihre Tochter ist an der Universität.
4 Sie findet ihre Familie nicht gut.
5 Auch ihr Sohn hat die türkischen Traditionen vergessen.

27 In spite of their cultural differences, Saziye and Lorenzo have created a new life in Germany. Read their story below, then answer the following questions in German.
Extra vocabulary: beschneiden = to circumcise; das Verhältnis(-se) = relationship; enttäuschen = to disappoint

1 Wo haben sich die beiden getroffen?
2 In welcher Sprache reden sie miteinander?
3 Warum wollte Saziye Lorenzo zuerst nicht heiraten?
4 Was machen sie an christlichen Festen?
5 Warum ist die Vermischung der Religionen kein Problem für das Paar?

„Meine Kinder sind wie Deutsche geworden, so egoistisch", sagt die türkische Schneiderin Fatma. Ihr Mann war Bauarbeiter und ist jetzt Frührentner. „Mein Mann ist krank, aber die Kinder wollen kein Geld verdienen. Meine Tochter studiert und lässt sich bedienen. Sie hält nichts von ihrer Familie, sie kennt keine türkischen Sitten mehr, genauso wie mein Sohn. Ich schäme mich für meine Kinder. Warum sind sie keine Türken mehr?"

○ **SPRACHTIP**

'lassen' + infinitive is a construction that cannot be translated literally. It means to arrange for or allow something to happen:
Sie lässt sich bedienen.
(She lets herself be served.')
Sie lassen ihre Familien nachkommen.
(They have their families join them later.)
Sie lassen ihren Sohn taufen.
(They have their son baptised.)
See Grammar section 8.19.

Saziye und Lorenzo -
eine Liebesgeschichte

Sie trafen sich im Zug, Saziye, die Türkin, und Lorenzo, der Italiener. Das war der Beginn einer Liebesgeschichte. Seit 25 Jahren kommunizieren sie auf Deutsch, eine Sprache, die sie erst als Erwachsene lernten. „Eigentlich wollte ich meinen Mann Lorenzo am Anfang nicht", erzählt Saziye. „Als Muslimin wollte ich keinen Christen heiraten." Doch die Liebe war stärker. Lorenzo wurde Muslim, ließ sich beschneiden, und die beiden heirateten.
Heute haben Saziye und ihr Mann ein eigenes Verhältnis zur Religion. Im moslemischen Fastenmonat Ramadan fasten sie zusammen, doch sie feiern auch mit der Familie ihres Mannes Weihnachten und Ostern. Beide besuchen die Kirche und die Moschee. Ihren Sohn ließen sie taufen und beschneiden. „Meine Schwiegermutter ist streng katholisch", sagt Saziye. „Wir wollten sie nicht enttäuschen."
Die Vermischung der beiden Religionen ist für Saziye kein Problem. „Mein Mann und ich sagen, es gibt nur einen Gott, da ist es doch egal, ob wir in die Kirche oder in die Moschee gehen."

Lieber ein Polit-Amt als einen Mann

Mit 18 Jahren ist Beeke Wintjen die jüngste Politikerin in Niedersachsen. Die parteilose Schülerin wurde vor kurzem in den Stadtrat Wienenburg gewählt. Dort will sie sich in den nächsten fünf Jahren für „Jugend und Sport" engagieren. Zuerst einmal muss die Jung-Politikerin aber noch die Schulbank drücken: Sie macht ab Februar das Abitur. Bei soviel Stress hat Beeke keine Zeit für Liebe. Doch das ist Beeke egal: Ihr sind Tennis und Hermann Hesse lieber. Und außerdem findet sie: „Es gibt keine vernünftigen Männer."

Beeke Wintjen is one of the youngest politicians in Germany. Study the article and answer the questions – in English.

1 In which German state does Beeke Wintjen live?
2 Which party, if any, does she belong to?
3 For how many years was she elected?
4 Which particular area does she want to be involved in?
5 What else will she have to concentrate on in the next few months?
6 Does she have time for boyfriends?

der Stadtrat	town council
die Schulbank drücken	(coll.) to go to school
vernünftig	sensible
Hermann Hesse	German writer (1877-1962)

This UN-prayer was found in the 'Raum der Stille' in Berlin – a room modelled on the meditation room at the UN building in New York and created as a gesture towards peace and spiritual unity. Compare the two versions and write down the German words for:

space, creature, war, fear, race, ideology, courage, strength, task, children's children, pride

Gebet
der Vereinten Nationen

Herr
unsere Erde ist nur ein kleines Gestirn im großen Weltall.
An uns liegt es,
daraus einen Planeten zu machen,
dessen Geschöpfe nicht mehr von Krieg gepeinigt,
nicht von Hunger und Furcht gequält,
nicht sinnlos nach Rasse, Hautfarbe und Weltanschauung
getrennt werden.

Gib uns Mut und Kraft,
schon heute mit diesem Werk zu beginnen,
damit unsere Kinder und Kindeskinder
einst mit Stolz den Namen
„MENSCH"
tragen.

Prayer of the United Nations

Oh Lord, our planet Earth is only a small star in space. It is our duty to transform it into a planet whose creatures are no longer tormented by war, hunger and fear, no longer senselessly divided by race, colour and ideology. Give us courage and strength to begin this task today so that our children and children's children shall one day carry the name of 'human' with pride.

„Die Erwachsenen machen die Welt, in der wir Kinder leben sollen."
"The adults shape the world we children are supposed to live in."
So how do the children see their own future? Here's a report based on a small book collected by a German teacher. Its title: *Kinderwünsche, Kinderträume.*

die Glotze — (coll.) TV-set
gleichaltrig — same age
aussterben — to become extinct
retten — to save

Some people don't just turn their backs on German life and politics but prefer to leave the country altogether – they emigrate:

„Ich möchte einen Mann haben, der toll ist und nicht immer vor der Glotze sitzt", schreibt die zehnjährige Inge zum Thema: „Mein Leben in zwanzig Jahren".

„Ich will reisen, Bücher schreiben und mir ein Haus in Bayern kaufen", träumt der gleichaltrige Martin. „Und ich will Politikerin werden und alles anders machen", sagt die elfjährige Hanna. Als interessanteste Berufe nennen die Kinder immer wieder: Reisebürobesitzer, Pilot, Schauspieler, Seemann, Bombenexperte, Tischler, Tierärztin und Kellnerin. Sehr oft wünschen sich die Kinder, dass die Umwelt sauberer wird. Viele wollen auch Wale, Delphine und andere Tiere vor dem Aussterben retten. Und Thomas hat nur einen Wunsch: dass überall der Krieg endlich aufhört.

Wir steigen aus
Das wünschen sich viele. Rund 100 000 Deutsche erfüllen sich jedes Jahr diesen Traum.

Kismet Salem Hipolito:
Vom Modell zur Malerin
„Deutschland ist schrecklich spießig, ich musste einfach raus!"
Kismet ist ein Glückskind. Die Tochter einer Deutschen und eines Ägypters ist in Amerika geboren, aber in München groß geworden. Vor fünf Jahren zog sie nach Los Angeles. Heute wohnt sie mit ihrem Mann und zwei Katzen in einem Haus direkt am Meer. Als Modell will sie nicht mehr arbeiten – sie will lieber Bilder malen. „Nach Deutschland will ich nie mehr zurück. Das Leben hier ist viel freier."

Elke Schmidt: Von der Chefreporterin zur Bäuerin
„Ich bin glücklich, wenn ich morgens meine Tiere füttere!"
Kurz nach der Hochzeit wanderten Elke (47) und Udo (53) Schmidt aus: nach Portugal. Für 6 000 Mark kauften sie ein Bauernhaus in Cova da Zorra, einem Dorf mit sieben Häusern. „Die Post wird hier unter einen Stein gelegt", erzählt Elke. „In Deutschland war mir alles zu stressig. Hier ist das Leben einfach, ein Zurück gibt es nicht. Wir bleiben hier."

Die meisten Deutschen wollen immer noch in die USA. Auf Platz zwei: Frankreich. Weit oben auf der Wunschliste: Kanada, Australien, Neuseeland.

Answer the following questions in German:
1 Was sind für die heutigen Kinder Traumberufe?
2 Was wünschen sich sehr viele Kinder?
3 Wohin möchten die meisten Deutschen auswandern?
4 Warum wollte Kismet Deutschland verlassen?
5 Wo wohnt sie heute? Und mit wem?
6 Was macht Elke Schmidt in Portugal?
7 Wie fand sie das Leben in Deutschland?

1 Can you name at least three political parties in Germany?

1 -
2 -
3 -

☐ / 3 POINTS

(extra points if
you can name any more)

2 Complete the interview.

1 Interessieren Sie sich für Politik?

- -

(Yes, I'm interested in politics)

2 Welche Dinge finden Sie besonders wichtig?

- -

- -

(I find foreign and environmental politics especially important)

3 Gehen Sie wählen?

- -

(Yes, I vote regularly)

☐ / 3 POINTS

3 Match them up.

1 der Bundeskanzler   federal republic
2 die Bundeshauptstadt federal railway
3 der Bundestag   federal parliament
                                        (first chamber)
4 die Bundesrepublik   federal chancellor
5 die Bundesbahn   federal capital

☐ / 5 POINTS

4 Odd one out!

1 Moschee/Ostern/Fastenmonat/Muslimin
2 DIE GRÜNEN/Weihnachten/Kirche/Katholik
3 aktiv sein/protestieren/sich engagieren/schlafen
4 eine Messe zelebrieren/in die Kneipe gehen/ein Kind taufen/ein Sakrament spenden

☐ / 4 POINTS

5 'Negatives – kein oder nicht'? Turn the sentences into negative statements.

1 Ich möchte in der Kirche heiraten.

- -

2 Ich bin ein Mitglied der Amtskirche.

- -

3 Wir wollen eine Zeremonie in der Kirche.

- -

4 Die Kirche gibt mir das, was ich suche.

- -

☐ / 4 POINTS

6 One option doesn't fit.

1 Manchen Menschen gefällt es nicht in Deutschland. Sie möchten lieber ganz auswandern/aussteigen/studieren.
2 Anderen Menschen gefällt es auch nicht. Aber sie wollen lieber politisch arbeiten/kaufen/demonstrieren.
3 Wenn man politisch arbeiten will, kann man in eine Partei eintreten/außerhalb einer Partei aktiv sein/nicht wählen.

☐ / 3 POINTS

TOTAL ☐ /22 POINTS

Die Medien

9. 1. – 22. 1. 1997   DM
A 7278

tip

ERLINMAGAZIN

Lernpunkte

Describing your reading habits

Describing your TV viewing habits

Stating your media preferences

NEU: MARCEL ROMANOFF RÄUMT AB!

DM 4.- • Lit 5.500,- • FF. 18,- • S 30,- • sfr 4.- : skr 32,-
Pta 500,- • Fmk 23,- • lfr 98,- • Dr 950,- • hfl 5,-

Y 09117 **Mai 1997**

Nr.5

POPCORN

DAS INTERNATIONALE P

Wer die Wahl hat, hat auch die Qual:

In Deutschland gibt es über 1 000 Zeitschriften!

... über 600 regionale Tageszeitungen!

4 390804 104001

9/97 DM 4,-
Mi 16.4.97

Deutsche Seifenopern: Sie sind sehr beliebt.

4 004004

Brigitte

Fernsehen – 24 Stunden pro Tag!

28 SEITEN
EXTRA-HEFT

KOCHEN

Sonderteil

DER SPIEGEL

1 Listen to three people talking about their reading habits. Then fill in the grid.

	liest was? ja/nein?	warum (nicht)?	wie oft?/ wann?	... ist was für eine Zeitschrift?
Rita Weber				
Uwe König				
Anton Lohmann				

Speichern

enthalten	to contain
nicht fundiert	not sound

2 Read the descriptions of the three types of papers/magazines mentioned in activity 1 and choose the ones that apply.

1 Eine Wochenzeitung ...
   a ☐ erscheint sieben Mal pro Woche.
   b ☐ erscheint einmal pro Woche.
2 Eine regionale Tageszeitung ...
   a ☐ erscheint jeden Tag und bringt Nachrichten aus ihrer Stadt und Region.
   b ☐ erscheint jeden Tag und bringt Nachrichten über Religion.
3 Ein überregionales Nachrichtenmagazin ...
   a ☐ enthält Nachrichten aus einer Stadt.
   b ☐ enthält Nachrichten aus der ganzen Welt.

Globale Trends

Speichern

aufdecken	to uncover
rechtsreaktionär	right-wing
die Boulevardzeitung(-en)	popular daily paper
auf sehr niedrigem Niveau	on a very low level

3 Why do Uwe and Anton read the papers they do, and which ones would they never read? Listen and then read the statements below – are they richtig oder falsch?

	R	F
1 Uwe König liest den *SPIEGEL*, weil das die schönste Zeitschrift ist.	☐	☐
2 Der *SPIEGEL* deckt oft Skandale auf.	☐	☐
3 Er würde nie pornografische Zeitschriften lesen.	☐	☐
4 Er würde immer Zeitungen über Autos lesen.	☐	☐
5 Anton Lohmann liest den *Tagesspiegel*, weil er informativ ist.	☐	☐
6 Er liest *DIE ZEIT*, weil sie die beste Wochenzeitung ist.	☐	☐
7 Er würde gerne die Bildzeitung lesen.	☐	☐
8 *Die Welt* ist für ihn zu wenig konservativ.	☐	☐

○ SPRACHTIP

Q: Do you remember how to say what you would or wouldn't do (Unit 8, p. 121)?

A: You can use 'würde' (would):

Ich lese den *SPIEGEL*. ➤ Ich würde den *SPIEGEL* lesen.
Ich kaufe nie die *taz*. ➤ Ich würde nie die *taz* kaufen.

See Grammar section 8.14.

4 Rewrite the phrases below with 'würde'.

1 Ich kaufe nie Frauenzeitschriften.
2 Mein Freund liest nie Autozeitschriften.
3 Ich arbeite gern bei einer Zeitung.
4 Ich wohne lieber in Berlin.
5 Wir machen gern einen Computerkurs.
6 Lutz wählt nie die CDU.

5 🔊 Now you can talk about your reading habits. You read *Die Bildzeitung* every day which is a popular daily paper. You also read a regional daily paper on Saturday. And every Friday you read *Auto und Sport* which is a car magazine.

Here are the questions you will be asked:

1 Was für Zeitschriften lesen Sie?
2 Was für eine Zeitschrift ist das?
3 Lesen Sie eine Tageszeitung?
4 Lesen Sie noch andere Zeitungen?
5 Was für eine Zeitung ist das?
6 Welche Zeitschriften würden Sie nie lesen?

6 There are over 1000 different magazine titles available in Germany on topics ranging from A (Autos) to Z (Zaubern)! But what are the main types of magazines? Read the list and write down the English equivalent for each word.

1 das Sportmagazin

2 die Frauenzeitschrift

3 die Hobbyzeitschrift

4 das Nachrichtenmagazin

5 die Jugendzeitschrift

6 das politische Magazin

7 die Wochenzeitschrift

8 das Stadtmagazin

9 die Computerzeitschrift

7 Read the information on four different types of magazines. What sort of magazines are they? Choose the correct definitions from activity 6.

(a)

Nr. 2/97   9. 1. – 22. 1. 1997   DM 4,–
A 7278

tip BERLIN*MAGAZIN*

Berlin komplett auf einen Blick – das Szeneblatt mit 14-Tage-Veranstaltungskalender! Tips und Termine: Film und Theater, Ausstellungen, etc. von A–Z. Mit über 4000 Kleinanzeigen!

(b)

stern

DAS deutsche Magazin: Neues aus Deutschland und aus aller Welt! Und vieles mehr: Reportagen, Interviews, Kultur, Sport, Wissenschaft, Humor … jeden Donnerstag neu!

(c)

9/97 DM 4,–
Mi. 16. 4. 97

Brigitte

28 SEITEN EXTRA-HEFT
FÜR FRAUEN

Alle 14 Tage gibt es alles für die moderne Frau von heute: die neusten Modetrends, Kosmetiktips, Rezepte! Alles über Reisen, Wohnen, Beruf, Gesundheit, Partnerschaft!

(d)

POPCORN

Supercool: Stars aktuell – mit Poster und Interviews! Jeden Monat neu – Musik, Film, Fernsehen, Liebe und Psycho, Mode, Unterhaltung … Neu: Foto-Love Story!

147

8 Now read the headlines below. In which type of magazine would you find them? Choose the correct magazine for each headline.

① TREFFEN ZWISCHEN BUNDESKANZLER UND ENGLISCHEM PREMIERMINISTER IN BONN

a ☐ das Jugendmagazin   b ☐ das Nachrichtenmagazin

② „Ich will weiter die Nummer eins im Tennis bleiben" - GROSSES INTERVIEW MIT JANA KANDARR

a ☐ das Sportmagazin   b ☐ das Stadtmagazin

③ DIE NEUEN FRÜHJAHRSTRENDS – WAS SIE JETZT SCHON KAUFEN KÖNNEN

a ☐ das politische Magazin   b ☐ die Frauenzeitschrift

④ So bauen Sie einen Teich in ihrem Garten – in nur einem Wochenende!

a ☐ das Hobbymagazin   b ☐ die Wochenzeitschrift

9 What sort of magazines do you read? *Stern* is carrying out a survey on people's reading habits and wants you to participate. Read the information and then write a similar description for yourself. Choose your vocabulary from the list in activity 6 on page 147.

Große Stern-Umfrage:
Welche Zeitschriften lesen Sie am liebsten?

„Ich lese am liebsten Modezeitschriften. Aber ich lese auch gern Wochenzeitschriften. Aber ich FOCUS. Sportzeitschriften – vor allem Jugendzeitschriften lese ich selten, und Ursula Runge (39) aus Mainz würde ich nie lesen!"

Und Sie – was lesen Sie am liebsten?

Bitte schreiben Sie an:
Stern-Umfrage, Am Baumwall 11,
20459 Hamburg
oder rufen Sie uns an (040 981140)!

o lala!

10 You've decided to phone in your messa as well, so you're calling *Stern*. Here ar the questions you will hear – answer wi your information from activity 9.

Was lesen Sie am liebsten?
Welche anderen Zeitschriften lesen Sie gern?
Welche Zeitschriften lesen Sie selten?
Welche Zeitschriften würden Sie nie lesen?

11 Some German magazines are truly unusual. Read the descriptions, then read the statements of the four people below – which magazine would be ideal for whom?

1 I'm very interested in medieval history.

2 I like watching satellite TV. I'm always on the look-out for the latest products!

3 My hobby is mountaineering – I'm thinking of going climbing in the Alps this year.

4 I love animals, especially birds and I'm thinking of breeding budgerigars as a hobby.

5 Help! I'm an avid collector of phonecards – where can I find like-minded people?

(a)

Der Kanarienfreund

Die Fachzeitschrift des deutschen Kanarienvereins e.V. für Vogelfreunde und -züchter

Mit Tips zur Zucht von Kanarien-vögeln, Wellensittichen und Exoten

Vogelporträts, Berichte von Meisterschaften und vieles mehr

(b)

rotpunkt
Das Klettermagazin für Kletterfreunde

Bergsteigen,
Freestyle-Climbing,
Extrem-Wandern

Mit Fotogalerie, Tourentips und Reiseberichten

Neu! Kletter-Kaufmarkt: Schuhe, Rucksäcke und Komplett-Ausrüstungen

(c)

Karfunkel

Die Zeitschrift für erlebte Geschichte
Hintergrundinformationen zum Mittelalter

Mit Terminkalender für historische Märkte in ganz Deutschland

S. 12: Die Kartoffel im Mittelalter
S. 25: Die Geschichte des Geldes

(d)

infosat
Europas Magazin Nr. 1 für Satelliten- und Digitalfernsehen

In dieser Ausgabe:

Start für digitales Fernsehen in Spanien?
Testbericht: 15 SAT-Empfänger im Test

(e)

TELEFON-KARTEN Journal

Das Monatsmagazin für Telefonkartensammler

Neuigkeiten aus dem deutschen und internationalen Telefonkartenmarkt

Informationen über die aktuellsten Kartenpreise

Mit Tauschbörse und Sammlermarkt!

12 Choose one of the five magazines you would read – and one you would never read. Write down your reasons using the expressions below.

Ich würde ... lesen, weil ich ... mag/weil mein Hobby ... ist.

Ich würde nicht ... lesen, weil ich mich nicht für ... interessiere.

13 The local reporter of the regional daily paper *DER WESERKURIER* was called out on Monday night to an incident on the A1 motorway near Bremen. He made some notes for an article – read them and then choose the correct English version for the words below.

1 fliehen
  a ☐ to fly
  b ☐ to flee
2 einfangen
  a ☐ to catch
  b ☐ to let go
3 entkommen
  a ☐ to get away
  b ☐ to be caught
4 gesperrt
  a ☐ opened
  b ☐ closed
5 beschädigen
  a ☐ to be sorry
  b ☐ to damage

- Nacht zum Montag: Kuh attackiert 2 Polizisten, beschädigt Streifenwagen, blockiert A1
- entkommt gegen Mitternacht mit einem Schwein aus einem Bauernhof
- Polizei fängt das fliehende Schwein ein
- Kuh flieht in Richtung A1 - 30 Minuten gesperrt - aufregende Jagd endet dort
- Kuh rast auf die wartenden Polizisten zu
- das galoppierende Tier beschädigt Streifenwagen - Polizist fängt es ein

14 Read the notes again and find the German for:

1 the galloping cow
2 the waiting policemen
3 the exciting chase
4 the fleeing pig

Der Kanzler und der Euro

SPRACHTIP

You have already met the past participle (ich habe gespielt, wir sind gefahren). There is also a present participle (in English, words like 'laughing, exciting, tiring'). In German it is formed by adding -d to the infinitive:

lesen ➤ lesend   reading
spielen ➤ spielend   playing

The present participle is usually used as an adjective in front of a noun:

der singende Polizist   the singing policeman
die lachende Frau   the laughing woman

Many present participles can be used as adjectives after verbs such as 'sein' or 'werden':

Das war aufregend!   That was exciting!
Der Artikel ist faszinierend.   The article is fascinating.

15 Fill in the present participles of the following verbs.

1 Der ... Artikel ist aus der *Bildzeitung*. (folgen = to follow)
2 Der Film im Fernsehen war ... . (aufregen = to excite)
3 Die Kuh sah die ... Polizisten. (warten = to wait)
4 Das ... Radioprogramm gefällt mir nicht. (laufen = to run)
5 Die Politikerin bringt ... Argumente. (überzeugen = to convince)
6 Diese Zeitschrift ist ...! (empören = to outrage)

16 Here's the article which appeared in *DER WESERKURIER*. Read it and then answer the questions in German.

1 Was hat eine Kuh in der Nacht zum Montag gemacht?
2 Wann entkam das Tier?
3 Was konnten die Polizisten mit dem Schwein machen?
4 Wohin floh die Kuh?
5 Was machte sie dort?
6 Was beschädigte sie?

Kuh lähmt Verkehr und jagt Polizei

VERDEN - Eine Kuh hat in der Nacht zum Montag zwei Polizisten attackiert, einen Streifenwagen beschädigt und die Autobahn A1 blockiert. Das Tier entkam gegen Mitternacht zusammen mit einem Schwein aus einem Bauernhof in Verden. Die Polizisten konnten das fliehende Schwein schnell wieder einfangen, die Kuh machte jedoch mehr Schwierigkeiten: Sie floh in Richtung A1, die deshalb 30 Minuten lang gesperrt wurde. Dort endete die aufregende Jagd: Die Kuh raste auf die wartenden Polizisten zu, die in ihren Streifenwagen flüchteten. Das galoppierende Tier beschädigte noch die Fahrertür und den Kofferraum, bevor einer der Polizisten die Kuh einfangen konnte.

SPRACHTIP

Q: Did you notice anything unusual about the tenses in the newspaper report (activity 16)?

A: The first sentence of such reports is usually written in the perfect tense and the rest is written in the simple past.

Fernsehen

20. APRIL

SO [1 ARD]

6.00 Kinderfernsehen
6.00 Barbapapa **(ab 4)** 27-556
6.05 Hallo Spencer 2-230-681
Nepi kriegt Besuch **(ab 5)**
6.30 Babar (13) **(ab 4)** 5-778
7.00 Der Traumstein **(ab 8)** 6-407
7.30 Pumuckl TV **(ab 5)** 77-339
8.30 Sesamstraße ⊙ **(ab 3)** 6-040
9.00 Tigerenten Club ⊙ **(ab 5)**
(Wh. v. Samstag) 2-111-846
10.25 Kopfball **(ab 6)** 58-866-488

11.00 Tagesschau 25-353

11.03 Die wunderbare Reise des
kleinen Nils Holgersson mit den
Wildgänsen (13) **(ab 6)** 300-001-933
11.30 Die Sendung mit der Maus
Lachen u. Lernen ☑ **(ab 4)** 4-020
12.00 𝒞 Presseclub ⊙ 18-469
12.45 Tagesschau 125-488
13.15 Musikstreifzüge ⊙ 487-681
Cello On Tour – Cello aleikum
Das Nadolny Quartett in der
Wüste (Arab. Sultanat Oman)
13.45 Bilderbuch Deutschland ▭ 1-999-204
Der Schwarzwald
14.30 Weltreisen 5-730
Mein Polen – Korrespondenten-
Magazin von Hardy Kühnrich
15.00 Tagesschau 22-469
15.05 Sportschau extra 6-613-662
SPORT ● Motorrad-WM: GP von Japan
● Rad-Weltcup: Lüttich –
Bastogne – Lüttich
17.00 Ratgeber: Technik 8-049
U. a.:● Brillenkauf ● Gefährliche
Spielplätze ● Verbraucherschutz
Wiederholung Dienstag, 10.03
17.30 Mit der Kraft
der Sehnsucht 1-136
Wenn genug nicht genug ist
Gläubige Christen im Gespräch
18.00 Tagesschau 56-865
18.05 Die Kriminalpolizei rät
Thema: Antiquitäten 1-440-556
18.08 Sportschau 300-309-858
SPORT Nachrichten, Berichte, Interviews
18.40 Lindenstraße ⊙ ☑ 27-933
...rungen und Wirrungen

17 Study the extract from the programme guide on the left and find the progamme which fits the categories below.

MODELL: children's programme = Kinderfernsehen

1 consumer affairs
2 music
3 news
4 religious programme
5 soap opera
6 travel in Germany

18 Take another look at the programme guide. What features would these people be interested in?

1 Ich möchte gerne mehr über ferne Länder erfahren.
2 Ich liebe den Radrennsport.
3 Ich möchte gerne antike Objekte sammeln.
4 Ich interessiere mich für Kommentare der in- und ausländischen Presse.

19 🔊 On the audio, Andrea asks Walter, Renate and Stefan about their TV habits. Listen and match the statements below with the right people.

1 Sie sieht ein- bis zweimal die Woche fern. Sie schaut Kindersendungen und Tiersendungen.
2 Er schaut viel fern: ein bis zwei Stunden pro Tag. Er mag das Frühstücksfernsehen, Krimis, Abenteuerfilme und Fußball, vor allem die Übertragung der Bundesliga am Samstagabend.
3 Er sieht gerne die Nachrichten, besonders Spätnachrichten. Auch Reisesendungen oder Spielfilme interessieren ihn.
4 Sie sieht nicht sehr oft fern – vielleicht zweimal die Woche. Am liebsten sieht sie Dokumentarfilme.

20 🔊 Your turn to talk about your TV habits. You watch TV sometimes, especially the news. You like documentaries, feature films and nature programmes and you detest sports programmes – you never watch them.

Wissenswert!

German TV

Apart from the two public TV channels *ARD, ZDF* and a third channel for each region, there are also numerous private channels. The most popular are *RTL, SAT1, Pro 7, VOX* and *NTV*. Specific interest channels *(Eurosport, SPIEGEL-TV, Stern TV, ARTE)* are also increasingly popular. The 'DW-Auslandsfernsehen' *(Deutsche Welle)* can also be received in the Americas. In Europe, many German channels can be received via satellite on an ordinary Astra dish. There is a complete list of German stations on the Internet.

21 Study the article on soap operas and answer briefly, in German.

1 Wie viele Menschen sehen regelmäßig Seifenopern?
2 Warum sind amerikanische Soaps beim deutschen Publikum weniger beliebt?
3 Warum werden Soaps kritisiert?
4 Warum findet Dr Göttlich, dass Soaps gut für die Jugendlichen sind?

Die Hits beim Publikum

Deutsche Serien sind klare Favoriten. Zuschauer per Folge:

Lindenstraße 6,79 Mio

Gute Zeiten, schlechte Zeiten 5,04 Mio

Marienhof 2,8 Mio

Deutschland im Serienfieber. Ob „Lindenstraße", „Gute Zeiten, schlechte Zeiten" oder „Marienhof" – noch nie waren sie so beliebt wie heute. Fast 10 Millionen Fans schalten sich regelmäßig ein. Wenn ihre Soap läuft, versetzen sie auch die besten Freunde. Die Figuren auf dem Bildschirm sind wichtiger. Kritiker sagen, die Serien machen süchtig.
Doch Soap-Experte Dr. Göttlich ist anderer Meinung. „Daily Soaps sind Fixpunkte im Alltag", sagt er. „Sie behandeln aktuelle Themen und helfen jungen Fans, sich im Leben zu orientieren. Die Serienhelden sind Freunde, mit denen man alt werden kann."
Viele Soap-Fans amüsieren sich über die einfache Machart der Seifenopern und lieben ihren Trash-Charakter. Amerikanische Soaps sind lange nicht so beliebt: Das deutsche Publikum findet ihre Storys zu unglaubwürdig.

22 Do you know *Lindenstraße?* Andrea 🔊 talks to a taxi driver in Berlin. Which of the statements below sums up what he has to say? You may need to listen several times to get used to his Berlin accent.

1 Er kennt keine Linden-straße, da muss er erst mal fragen.
2 Er kennt viele Linden-straßen, aber die Fern-sehserie hat er noch nie gesehen.
3 Er kennt die Lindenstraße und schaut sich die Fern-sehserie auch manchmal an.

23 🔊 What does Walter Maier-Janson think of *Lindenstraße?* Cross out the words or phrases that don't apply. Extra vocabulary: die Wohnstube(-n) = living room(s); der Hauch = breeze; der Wirt(e) = publican; der Bart(¨-e) = beard(s).

1 Walter Maier-Janson sieht die Lindenstraße oft/selten/manchmal.
2 Er findet sie amüsant/traurig/langweilig.
3 Es kommen sehr viele Ausländer/ Deutsche/ Amerikaner vor.
4 Am besten gefällt ihm der italienische Pizzabäcker/der türkische Schuhputzer/der griechische Wirt.
5 Mutter Beimer ist eine sehr schwierige/sympathische/hässliche Frau, die viel unter dem Leben leidet.

Speichern

der Zuschauer(-)	viewer
aktuell	topical
sich einschalten (sep.)	to tune in
süchtig machen	to be addictive
Freunde versetzen	to stand up friends
der Held(-en)	hero
die Machart(-en)	style
unglaubwürdig	implausible

SPRACHTIP

Q What's the difference between wenn und wann?
A 'Wenn' means 'if' or 'whenever', 'wann' means 'at what time'.
Wann hast du Zeit?
(When have you got time?)
Wenn ich fernsehen will, kommen immer nur langweilige Sendungen.
(Whenever I want to watch TV, the programmes are boring.)

SPRACHTIP

Watch out for false friends. These are words that look the same but mean different things in different languages.

sympathisch	pleasant
mitfühlend	sympathetic
aktuell	topical
tatsächlich	actual
brav	well-behaved
mutig	brave, courageous

24 Replay the interview with Herr Maier-Janson. Concentrate on his description of Vasily, the Greek publican. Then study the photo from *Lindenstraße*. Which of the men is the Greek publican? Then match these descriptions with the other male characters.

1 Er ist ziemlich jung, zwischen 25 und 30. Sein Gesicht ist ernst. Er trägt eine Polizistenmütze und eine Uniform.
2 Er ist etwas über 20. Er hat dunkle Haare. Er trägt eine dicke Jacke. Er hat die Hände in den Hosentaschen.

25 How would you describe the young woman in the photograph? Her name is Beate. Before turning to the audio prepare yourself for the following questions:

1 Ist sie jung/alt?
2 Hat sie langes/kurzes/helles/dunkles Haar?
3 Was trägt sie? Mütze/Mantel/Jacke?
4 Wie ist ihr Gesicht? Ernst/hübsch/freundlich/aggressiv/sympathisch?

26 *Lindenstraße*, the fan mail.
Study the faxes, letters and e-mails below. They contain most of the phrases you will need to help you translate the English letter below into German. Before you start, read the Sprachtip on page 155.

Dear Lindenstraße Team,
I regularly watch Lindenstraße. I was away for two weeks but I recorded each episode on video. Best of all I like the political comments, they are ingenious! Please send me Mary's autograph - I find her very pleasant but a bit too well behaved. Mutter Beimer is a terrible bore. Send her to Alaska!
Many thanks and kind regards
Yours
Harry Schmidt

Sehr geehrte Damen und Herren,
als ich aus dem Urlaub zurückkam, hatte ich einen Riesenschock! Ich hatte vergessen, die Lindenstraße auf Video aufzunehmen! Wer ist denn diese neue blonde Schauspielerin, die die Hunde aus dem Pharmalabor befreit hat? Können Sie mir ein Autogramm von ihr schicken?
Mit bestem Dank und freundlichen Grüßen
Ihre

WDR
Fax Nr. 0221/220 4800
Sehr geehrter Herr Geißendörfer,

ich schaue mir die Lindenstraße regelmäßig an. Wenn ich nicht da bin, nehme ich jede Folge auf Video auf. Am besten finde ich die politischen Kommentare in der Serie: kritisch und manchmal direkt genial!
Hochachtungsvoll
Ingeborg Bloch

Die letzte Folge war schrecklich. Rosi Koch war die schlimmste Oma, die ich je gesehen hatte.
nhr14@cc.fh-nippe.de
....
....
......
Olaf ist ein Ekel. Schickt ihn nach Alaska!
marc.maier@intonet.de

Liebe Lindenstraße-Redaktion,
warum wird die Serie so depressiv? Existiert in der Lindenstraße nur noch der Frust? Warum ist Mutter Beimer immer so brav? Ich finde, sie sollte mal 'ne richtig heiße Affäre haben. Aber mit wem? Die Lindenstraße braucht neue Männer!
Viele Grüße
Anja Hoffmeister

Lindenstraße

27 Look at the photo below from *Lindenstraße*. What is Olaf saying to Mary? Choose the most suitable caption.

1 Willst du mich heiraten?
2 Wenn du das Dirndl nicht anziehst, gibt's Ärger!
3 Du siehst fantastisch aus!

● SPRACHTIP

If you want to refer to something that is set further in the past than the perfect or the simple past, you can use the pluperfect tense. Examples:

> Ich hatte den Film schon gesehen.
> (I had already seen the film.)
> Der Zug war schon abgefahren.
> (The train had already left.)

The pluperfect is formed with the simple past tense of 'haben' (hatte) or 'sein' (war) + past participle. See Grammar section 8.15.

28 Now, read the article on the Pinnwand (page 159) about *Heldenfußallee* – the virtual soap on the Internet. Write down the answers to the following questions in German.

1 Was ist die *Heldenfußallee*?
2 Wer kann da mitmachen?
3 Wie landet man in der virtuellen Straße?
4 Wer wohnt jetzt im Park?
5 Was für einen Beruf hat Molly?

29 Finally, meet the creator of *Lindenstraße*, Hans Geißendörfer. On the audio, Ruth talks to him about the success of his series. Listen to the interview and complete the summary. You could also try and test yourself by filling in the verbs before checking them on the audio.

> nehmen, ist, gibt, wohnen, holt, war, abwarten, auseinandersetzt, läuft, haben, tun, hat, glaubt

1 Die Lindenstraße ... in Deutschland und anderen Ländern.
2 Man ... an eine Idee, ... sich die besten Leute, und dann muß man ... .
3 Die Idee ..., ein Mietshaus zu ..., in dem 45 Menschen ... .
4 Das sind Menschen, die alle miteinander was zu tun ... .
5 Es ... einen gewaltigen Unterschied zu anderen Soaps.
6 Die Lindenstraße ... die einzige Soap, die sich mit dem politischen Geschehen ... .
7 Sie ... was mit dem tatsächlichen Leben des deutschen Bürgers zu ... .

Radio

30 Rachel Gehlhoff works for a public radio station in Berlin. On the audio, she tells Andrea about her work. Listen to the interview and correct the statements if necessary.

1 Frau Gehlhoff ist Redakteurin bei einem Berliner Sender.
2 Der Sender heißt Radio Brandenburg.
3 Er sendet nur für die Stadt Berlin.
4 Radio Brandenburg gehört zum Ostdeutschen Rundfunk.
5 Radio Brandenburg ist ein Jugendprogramm.
6 „Fritz" ist ein Kulturprogramm.
7 „Antenne Brandenburg" ist ein Landesprogramm.
8 Rachel moderiert das Kulturprogramm am Abend.
9 Es mischt Kulturthemen, Interviews und Künstlerporträts.
10 Radio Brandenburg sendet nicht rund um die Uhr.

Kulturszene   Kulturprogramm am Nachmittag

Wortredaktion: Danuta Görnandt
Musikredaktion: Rainer Kruggel
Moderatorin: Rachel Gehlhoff
    Thema
1   Batman-Night in der Zitadelle Spandau
2   Felix Huby liest Kurzgeschichten
3   Kulturnotizen
4   „Das hat Folgen": Deutschland und seine
    Fernsehserien. Interview mit Harald Martenstein
5   Kartenverlosung für „Morphee", Tanzfabrik im
    Theater am Halleschen Ufer

31 Richtig oder falsch? **Read the programme of** *Kulturszene* **and cross out the phrases that don't apply. Extra vocabulary:** die Zitadelle = fortress; die Verlosung = lottery.

1   In dem Kulturprogramm kann man eine Freikarte für einen Urlaub/einen Theaterbesuch gewinnen.
2   Außerdem wird man über das politische Geschehen/die Kulturszene informiert.
3   Man kann auch eine „Short Story"/Oper hören.

32 And finally, an extract from *NachtClub*. The presenter is introducing Ulf Peter Hallberg, studio guest for the night. Look at his notes, listen several times and write down a portrait of Ulf Peter Hallberg, based on the phrases used on the audio. Extra vocabulary: der Flaneur = *lit.* a person who strolls along; der Hafenarbeiter = dock worker.

Thema: Der Blick des Flaneurs – die Stadt als Ort literarischer Inspiration.
Studiogast: Ulf Peter Hallberg

Schwede, Malmö, spricht Deutsch, Literatur + Philosophie, Hafenarbeiter, Antiquar, Theater, Berlin, Regisseur, wichtigste Beschäftigung: Flaneur, Suche nach ...., Tag- und Nachtschwärmer, Ost-West-Reise...

Die Meinung des Kritikers

NachtClub: Radio Brandenburg
        23.30 - 01.30

In einer Zeit, in der das Fernsehen dominiert und der Hörfunk immer kürzer treten muss, ist diese Nachtsendung eine wohltuende Ausnahme: eine Zweistundensendung, in der das Wort nicht auf „soundbites" reduziert wird. Der „NachtClub" ist eine offene Sendeform, eine „Radiospielwiese" mit Musik, Tönen, Life-Reportagen und Studiogästen. Ein Programm, das sich Zeit nimmt und uns daran erinnert, dass die Welt nicht nur aus Bildern besteht, sondern vor allem und in erster Linie aus Klängen.

Speichern

die Meinung(-en)	opinion
der Hörfunk	radio
kürzer treten	to come second
wohltuend	beneficial
die Ausnahme(-n)	exception
der Ton ("-e)	sound

33 Complete the sentences with words from the text.

1   In unserer heutigen Zeit dominiert ...
2   In vielen Sendungen wird das Wort ...
3   Der Hörfunk muss ...
4   Der *NachtClub* ist eine offene ...
5   Das *NachtClub* Programm nimmt sich ...
6   Die Welt besteht nicht nur aus ...

Deutsch Plus 1-Nico im Marienhof

Deutsch Plus 1-Schüler kennen ihn als Nico Antonescu aus Rumänien, der beim Fernsehsender *Deutschland Plus* ein Volontariat macht. Doch jetzt ist Ivan Sertic (so heißt der Held des ersten Deutsch Plus-Kurses mit richtigem Namen) Seifenopern-Star! In der beliebten Serie Marienhof (2,8 Millionen Zuschauer pro Folge) spielt er einen Bösewicht.   Dr. Berger

(Ivan/Nico) will unbedingt die Arztpraxis seines Studienfreundes Dr. Eschenbach haben. Dabei muss ihm die hübsche Heilpraktikerin Nadine helfen, die sich in ihn verliebt – und die 1,5 Millionen Mark im Lotto gewonnen hat. „Wie die Geschichte weitergeht, kann ich nicht sagen", lacht Ivan, „aber spannend wird's bestimmt!"

der Bösewicht(-e)   *villain*
die Heilpraktikerin   *non-medical practitioner (female)*

daß oder dass?
Die neue deutsche Rechtschreibung

1. August 1998: Die neue deutsche Rechtschreibreform wird in Deutschland, Österreich und der Schweiz eingeführt. Sie soll das Schreiben der deutschen Sprache einfacher machen. Aber: Der Großteil der Bevölkerung – dazu gehören auch viele Zeitungs- und Zeitschriftenverlage – sind gegen die neue Rechtschreibung! *Deutsch Plus 2* sprach mit Herrmann Zabel, der zusammen mit fünf anderen Germanistikexperten an der Rechtschreibreform gearbeitet hat.

DP2: Herr Zabel, warum sind so viele Deutsche gegen die Rechtschreibreform?
Zabel: Daran sind die Printmedien schuld, meine ich. Sie sagen ihren Lesern: „Die neue Reform ist schlecht und zu kompliziert!" Aber viele Verlage wollen einfach nicht die neue Reform übernehmen, weil das viel Geld kostet. In den nächsten Jahren müssen alle Bücher und Deutschkurse umgestellt werden – das stimmt. Das gilt auch für Zeitungen und Zeitschriften: Auch sie müssen irgendwann die neuen Rechtschreib-programme kaufen.

DP2: Herr Zabel, ist die neue Rechtschreibung denn einfacher?

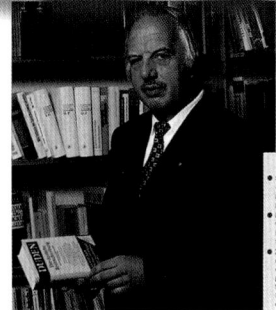

Zabel: Ja, sie ist einfacher und logischer – 100 Rechtschreibregeln und 38 Kommaregeln gibt es zum Beispiel nicht mehr. Außerdem kann man auch mit der Reform einige alte Regeln – z.B. für Fremdwörter – weiter anwenden.
(Adapted from FOCUS, November 96)

Beispiele der Neuschreibungen
Nach **kurzen** Vokalen (a, ä, e, i, o, ö, u, ü) wird **kein** „ß" mehr geschrieben.*

alt	neu
daß, häßlich	dass, hässlich
Streß	Stress
Imbiß	Imbiss
Schloß, Schlößchen	Schloss, Schlösschen
Kuß, Küßchen	Kuss, Küsschen
wieviel(e)	wie viel(e)
alleinerziehend	allein erziehend
für jung und alt	für Jung und Alt
gestern/heute/morgen abend	gestern/heute/morgen Abend
leid tun	Leid tun
radfahren	Rad fahren
saubermachen	sauber machen

*In der Schweiz wird das „ß" nicht benutzt.

What leisure activities have Germans favoured most over the last 40 years?

Die beliebteste Freizeitbeschäftigung der Deutschen

Rang	1957	1975	1995
1	Zeitung, Illustrierte lesen	Zeitung, Illustrierte lesen	Fernsehen
2	Gartenarbeit	Radio hören	Zeitung, Illustrierte lesen
3	Einkaufen	Fernsehen	Radio hören
4	Reparaturen, kleine Arbeiten	Ausruhen, Ausschlafen	Telefonieren
5	Mit Kindern spielen	Mit Nachbarn reden	Ausschlafen

Source: Harenberg Aktuell 97

Richtig oder falsch?

                                  R F

1 In den 50er Jahren lasen die Deutschen am liebsten Zeitung. ☐ ☐

2 Mitte der 90er Jahre wollten sie lieber telefonieren als kleine Arbeiten machen. ☐ ☐

3 In den 70er Jahren spielten sie am liebsten mit Kindern. ☐ ☐

4 Mitte der 90er Jahre arbeiteten sie auch sehr gerne im Garten. ☐ ☐

5 In den 70er Jahren war ihnen das Ausschlafen am wichtigsten. ☐ ☐

6 Mitte der 90er Jahre sahen sie am liebsten fern. ☐ ☐

Star in der virtuellen Seifenoper

Die Internet-Soap „Heldenfußallee" ist der Hit der Online-Szene. Jeder kann mitmachen. „Wir bauen immer wieder Zuschauer ein", sagt Mareike Morgenstern, die Erfinderin der Online-Serie. „Neue Ideen sind immer willkommen." Man muss nur die Adresse anwählen, und schon landet man in der virtuellen Straße. Und wer will, kann sich sogar ein eigenes Haus in der Allee "kaufen".

Sevilla hört alles, sieht alles, weiß alles. Typisch Friseur

Molly, Kneipenwirtin, hat eine zwielichtige Vergangenheit

Gigi hasst alles Spießige und liebt das WG-Leben

Leif betreibt die heißeste Videothek der ganzen Stadt

Heldenfussallee

Der Admiral hat bessere Zeiten gesehen. Jetzt wohnt er im Park

Wer ist wer?
Complete the sentences below.

MODELL:
Gigi ist die Frau, die alles Spießige hasst und das WG-Leben liebt.

1 Leif ist der Mann, der ...
2 Der Admiral ist der Tramp, der ...
3 Molly ist die Kneipenwirtin, die ...
4 Sevilla ist der Friseur, der alles ...

antreiben (sep) *to drift*
sich aufmachen (sep) *to set off*

Für Kinder

17.50 Janoschs Traumstunde
WDR Schönes Panama
Ein kleiner Bär und ein kleiner Tiger leben an einem Fluss. Eines Tages treibt eine wunderbar nach Bananen riechende Kiste aus „Pa-na-ma" an. Die beiden machen sich auf, dieses Traumland zu finden. Nach vielen Abenteuern glauben sie endlich, dass sie es gefunden haben. Doch dann sehen sie, dass sie da angekommen sind, wo sie immer schon gelebt haben.

Which message summarises the story best?

1 Travel always brings us back to ourselves.
2 You can never reach the land of your dreams.
3 The best-tasting bananas come from Panama.

1 Which is which?
Match the descriptions with the titles.

1	Nachrichtenmagazin	a	*BILD*
2	Frauenzeitschrift	b	*Der Tagesspiegel*
3	Seriöse Tageszeitung	c	*Der SPIEGEL*
4	Boulevardblatt	d	*Brigitte*
5	Wochenzeitung	e	*DIE ZEIT*

☐ / 5 POINTS

2 Complete the dialogue using the formal form of address.

1 -- ?

Am liebsten lese ich die *taz*.

2 -- ?

Das ist eine linke Tageszeitung.

3 -- ?

DIE ZEIT würde ich nie lesen.

4 -- ?

... weil die Artikel viel zu lang sind.

☐ / 4 POINTS

3 Find the odd one out.

1 Spielfilm/Artikel/Sendung

2 Fernsehen/Rundfunk/Fußball

3 Magazin/Modezeitschrift/Spielfilm

4 Oper/Dokumentarfilm/Nachrichtensendung

☐ / 4 POINTS

4 Which type of TV programme would you recommend to these people – in German?

MODELL Ich liebe Fußball. (Sportsendung)

1 Am liebsten schaue ich mir „Janoschs Traumstunde" an.

2 Ich interessiere mich für aktuelle Ereignisse.

3 Ich möchte möglichst viel über Tiere und Pflanzen wissen.

4 Ich liebe Opern und Konzerte.

5 Ich finde fremde Länder und Kontinente faszinierend.

☐ / 5 POINTS

5 Describe these two people – in German.

Hans is a pleasant man, a good businessman, he's always friendly. He has dark hair and a grey beard.

1 --

Anna is a young woman. She looks very serious. She has short blonde hair and wears a cap and a long black coat.

2 --

☐ /10 POINTS

6 Anna Krause is writing two letters: one to her good friend Hans, and one to Herr Professor Maier, whom she's never met. How would she start and finish each letter?

1 --

----

2 --

☐ / 2 POINTS

TOTAL ☐ /30 POINTS

Answers

Unit 1

1   1 Ich heiße Miriam. 2 Ich komm' direkt aus Berlin. 3 Ich bin Studentin.
3   1 F; 2 R; 3 R; 4 F; 5 R; 6 R

Sprachtip
   Seit wann studieren Sie hier? Seit drei Jahren.

5   1 e; 2 a; 3 d; 4 c; 5 g; 6 f; 7 h; 8 j; 9 k; 10 b; 11 i
7   negative: Ute Mahler, Claudia Fischer; positive: Olaf, Joshua Tinwa, Leslie Malton, Martina Rellin
8   a women's representative 8; b sales assistant 3; c owner of a disco 7; d film producer/director 4; e photographer 2; f actor 6; g boss 1; h editor 5
9   ungemütlich: uncomfortable; herzlich: friendly (from the heart); ehrlich: honest; langsam: slow; polnisch: polish; verschieden: different; chaotisch: chaotic; undiplomatisch: undiplomatic
10 1 Martina Reilin; 2 Olaf; 3 Claudia Fischer; 4 Joshua Tinwa; 5 Ute Mahler

Sprachtip
   1 London ist interessanter als Berlin. 2 Paris ist so laut wie Rom. 3 New York ist die lauteste Stadt.

12 1 six years; 2 Berlin; 3 many cultural events; becoming increasingly international; 4 poverty; too much bureaucracy
14 Cross out: 1 Norddeutschland; 2 Augsburg; 3 die Großstädte; 4 manchmal zu unkritisch
15 Ihre; seinen; seinen; seiner
16 1 Angela Schumann; 2 Clark; 3 Alexander Herz; 4 Cornelia Klauss
17 Abend; Arbeit; Deutscher; Vater; warum; möchte; Türke; besser; Frage; gut; dann; kein; was; Sohn; Deutschland
18 Maria: Bairisch, Schwäbisch; ihre Mutter: Schwäbisch; ihr Vater: Hochdeutsch; Walter: Schwäbisch
19 1 they represent a regional characteristic; 2 they allow you to talk from the heart/with feeling
21 1 unemployed, childless, fruitless, weak/powerless; 2 unnatural, impossible, unfriendly, dishonest
22 1 Ellbogengesellschaft; 2 Besserwessi; 3 die neuen Bundesländer; 4 Reisefreiheit; 5 Szene; 6 Sparpaket

Pinnwand

Leben auf der Hallig:
   1 in the North Sea; 2 they get flooded; 3 fire because their houses have thatched roofs; 4 no; 5 people, sheep, dogs, horses, rabbits; 6 3; 7 they want to stay on the island and work there.

Berlin:
   1 R; 2 probably false folklore, nobody knows; 3 R; 4 R; 5 R

Handy: 2

Foreign visitors:
   1 f; 2 g; 3 a; 4 b; 5 c; 6 d; 7 e

Man spricht Deutsch:
   1 R; 2 R; 3 F; 4 R; 5 R

Kontrolle

1   1 Woher kommen Sie? 2 Wer sind Sie? 3 Warum bist du in Köln? 4 Wie findest du die Kölner? 5 Wie heißen Sie?
2   1 Seit wann leben/wohnen Sie in Berlin? 2 Warum sind Sie hier? 3 Wo leben/wohnen Sie? 4 Wo genau? 5 Gefällt es Ihnen hier?
3   laut; kalt; dreckig; gross; fremd
4   Belgium, Denmark, France, Italy, USA, Canada, Namibia, South Africa, Cameroon, Kazakhstan
5   1 Verkäuferin; 2 Filmemacher; 3 Fotografin
6   1 F; 2 R; 3 R; 4 F
7   1 Ich heiße Miriam. 2 Ich komme aus Bremen. 3 Ich bin Student/in. 4 Mir gefällt es hier.

Unit 2

1   Hans: married for 7 years, children: 2 (daughters); Franziska: single; Uwe: divorced, children: no; Iris: married for 17 years, children: 3 (1 son, 2 daughters)
2   1 b; 2 d; 3 a; 4 c
3   1 Ich habe einen Sohn. 2 Ich bin seit einem Jahr verheiratet. 3 Ich habe keine Kinder. 4 Ich bin seit zwei Jahren geschieden.
5   1 e; 2 c; 3 d; 4 a; 5 b
6   Ich bin seit sechs Jahren Single./Seit sechs Jahren bin ich Single. 2 Wir passen einfach nicht zusammen. 3 Ich mietete ein kleines Apartment. 4 Ich genieße das Alleinsein. 5 Wir gehen zusammen essen. 6 Ich genieße meine Freiheit. 7 Ich brauche keinen Mann in meinem Leben.
7   1 Friederike; 2 Luise; 3 Anton; 4 Michael
8   1 h; 2 k; 3 g; 4 f; 5 d; 6 c; 7 j; 8 i; 9 e; 10 b; 11 a
9   Anton and Luise (she's looking for an older partner, they're both romantic, they both like music and going out for meals); Michael and Friederike (they are both fun-loving and easy-going, they both like sports and travelling)
10 wohne; groß; Beruf; geschieden; Tochter; Partnerin; ehrlich; mag; Sport; ins Theater; gern
12 1 R; 2 R; 3 F; 4 R
13 1 ich kaufe ganz gerne ein. 2 Ich putze gelegentlich. 3 Ich koche gern. 4 Meine Frau macht den Rest.
14 1 b; 2 f; 3 c; 4 a; 5 d; 6 e
15 aufräumen: manchmal; die Kinder ins Bett bringen: selten; 3 abwaschen: oft; 4 staubsaugen: nie; 5 bügeln: manchmal; 6 die Wäsche machen: immer
17 1 = 7; 2 = 5; 3 = 1; 4 = 6; 5 = 8; 6 = 3; 7 = 2; 8 = 4
18 1 R; 2 F; 3 F; 4 R; 5 F; 6 R
19 für: 1, 4, 7; 8 gegen: 2; 3; 5; 6 Ich mache Babyurlaub, weil ich meine Kinder liebe. Ich mache Babyurlaub, weil meine Frau als Karrierefrau glücklich ist. Ich mache Babyurlaub, weil Kinder Spaß machen. Ich mache Babyurlaub, weil ich gern zu Hause bin. Ich mache keinen Babyurlaub, weil Kinder zu viel Arbeit machen. Ich mache keinen Babyurlaub, weil das Frauenarbeit ist. Ich mache keinen Babyurlaub, weil ich nicht gern Windeln wechsle. Ich mache keinen Babyurlaub, weil ich nicht gern koche.
20 1 F; 2 R; 3 F; 4 R; 5 R; 6 F
21 1 c; 2 a; 3 b
22 1 f; 2 e; 3 b; 4 a; 5 d; 6 c
23 1 Man hat seine Privatsphäre. 2 Gut ist, dass wir eine richtige Gemeinschaft sind. 3 Wir haben viel Spaß miteinander. 4 Den meisten Streit gibt es um die (Un)sauberkeit. 5 Schlecht ist, dass es so laut ist. 6 Gut ist, dass immer jemand da ist. 7 Die Miete ist günstiger. 8 Man ist selten allein.
24 gut: 1; 2; 3; 6; 7;8 schlecht: 4; 5; 8
    1 Gut ist, dass man seine Privatsphäre hat. 2 Gut ist, dass wir eine richtige Gemeinschaft sind. 3 Gut ist, dass wir viel Spaß miteinander haben. 4 Schlecht ist, dass es den meisten Streit um die (Un)sauberkeit gibt. 5 Schlecht ist, dass es so laut ist. 6 Gut ist, dass immer jemand da ist. 7 Gut ist, dass die Miete günstiger ist. 8 Schlecht (Gut) ist, dass man selten allein ist.

Pinnwand
   1 R; 2 R; 3 F; 4 F; 5 R; 6 F; 7 R; 8 F

Kontrolle

1   1 Ich habe einen Sohn. 2 Ich lebe mit meinem Partner/Freundin zusammen. 3 Ich bin ledig. 4 Ich habe keine Kinder. 5 Ich bin seit 5 Jahren verheiratet.
2   1 Nein, ich bin geschieden. 2 Ich bin seit 10 Jahren geschieden. 3 Ja, ich habe 2 Töchter. 4 Die Kinderfrau kümmert sich um die Kinder. 5 Ich lebe in einer Wohngemeinschaft.
3   1 Mein Mann passt auf die Kinder auf. 2 Ich wasche gelegentlich ab. 3 Wir steigen am Supermarkt aus. 4 Die Kinder räumen abends das Kinderzimmer auf. 5 Unser Vater kauft nie ein.
4   1 Ich suche eine/n nette/n Partner/in. 2 Ich gehe gern spazieren. 3 Ich interessiere mich für Sport. 4 Ich mag Katzen und klassische Musik.
5   1 house-husband; 2 house- or flatshare; 3 single mother; 4 leave for parents; 5 full-time father
6   1 Ich bin ein Single, weil ich gern allein bin. 2 Es ist schön, dass wir viel Spaß haben. 3 Ich wohne in einer WG, weil das billiger ist. 4 Ich mache Babyurlaub, weil ich meinen Sohn liebe. 5 Es ist schlecht, dass man nie allein ist. 6 Sie lebt im Altersheim, weil sie keine Familie hat.

Unit 3

1   1 R; 2 F; 3 R; 4 F; 5 F; 6 R; 7 F; 8 F
2   das; 2 der; 3 das; 4 der
3   1 Ich habe in Berlin studiert. 2 Mein Sohn hat eine Lehre gemacht. 3 Die Ausbildung hat drei Jahre gedauert. 4 Wir haben in München gewohnt. 5 Sandra hat in einer Buchhandlung gearbeitet. 6 Die Ausbildung hat Spaß gemacht.
4   1 Ich habe in einem Betrieb gearbeitet. 2 Ja, ich habe eine Lehre gemacht. 3 Ja, ich habe eine Universität besucht. 4 Ich habe dort vier Jahre studiert. 5 Ich habe in Berlin Deutsch gelernt.
6   1 Grundschule; 2 Orientierungsstufe; 3 Hauptschule; 4 Realschule/Hauptschule; 5 Gymnasium; 6 Gesamtschule

161

7 1 a; 2 b; 3 b; 4 a; 5 a; 6 a; 7 b; 8 a
8 1 he's just written his last exam paper; 2 history; 3 he studied a lot in the last few weeks; 4 Abitur; 5 30%
9 1 Ich muss die mündlichen Prüfungen machen. 2 Man muss 13 Jahre lang zur Schule gehen. 3 Ich will einen guten Job haben. 4 Ich möchte gerne studieren. 5 Nur die besten Abiturienten dürfen studieren. 6 Das kann ich noch nicht sagen. 7 Ich muss erst mal mein Abitur haben.
10 Katja: Gymnasium; will; möchte; Biologie; darf; muss
    Jonas: Gesamtschule; muss; will; kann; möchte
11 1 Ich kann ein bisschen Deutsch sprechen. 2 Ich muss für eine Prüfung lernen. 3 Ich möchte in Deutschland studieren. 4 Ich will eine Lehre machen. 5 In England muss man auch nachmittags zur Schule gehen. 6 Auf dem Gymnasium kann man Abitur machen. 7 Ich will die mittlere Reife machen. 8 Ich möchte eine amerikanische Universität besuchen.
13 1 Jana; 2 Tobias; 3 Tuka; 4 Annika
14 1 for three years; 2 she had to learn all the time/there was constant pressure to do well/the students were only thinking of themselves and of the next school report; 3 to play and to be children; 4 she enjoys going there; 5 she's learning artistic and manual skills as well as traditional subjects; 6 foreign languages (English and French)
15 1 eine private Schule; 2 165 Waldorfschulen; 3 600 Waldorfschulen; 4 mit sechs Jahren; 5 bis zur 13. Klasse; 6 pro Monat
16 1 Ich werde für ein Jahr ins Ausland gehen. 2 Ich werde erstmal nichts machen. 3 ich werde studieren. 4 Ich werde in einem Hotel arbeiten. 5 Ich werde mir einen Job suchen.
17 1 Ich werde Kaffee mit den Kollegen trinken. 2 Ich werde an meinem Computer arbeiten. 3 Ich werde Briefe an die Eltern schreiben. 4 Ich werde mit der 10. Klasse Fußball spielen. 5 Ich werde die Klausuren der Abiturienten lesen. 5 Wo hast du/haben Sie eine Lehre gemacht?
19 1 training as a physiotherapist; 2 in Kroburg; 3 it's practical/vocationally oriented; 4 half in the hospital and half in school; 5 usually at six, (but sometimes school lasts longer)
20 macht seit zwei Jahren eine Lehre bei BMW; die Arbeit hat ihr am Anfang nicht gefallen; arbeitet drei Tage pro Woche bei BMW; geht zwei Tage pro Woche zur Berufsschule; möchte später den Meister machen und danach ihre eigene Kfz-Werkstatt haben
21 so was habe ich den ganzen Tag gehört; am Anfang hat ihr die Arbeit aber gar nicht gefallen; sie haben eben gemerkt; die anderen Lehrlinge und Mechaniker haben immer blöde Sprüche gemacht; nach einigen Wochen haben die Männer sie aber dann doch akzeptiert
22 Ich habe mit Tom Tennis gespielt. Ich habe ein Buch für die Berufsschule gekauft. Ich habe Hausaufgaben gemacht. Ich habe in Vatis Werkstatt gearbeitet. Ich habe für die Prüfung gelernt. Ich habe bei Jule Musik gehört.
24 1 g; 2 e; 3 j; 4 h; 5 i; 6 b; 7 a; 8 d; 9 c; 10 f
25 Diana: studiert: Pädagogik; im 3. Semester; (muss noch 5 Semester studieren); Michael: studiert: Germanistik, Anglistik und Volkswirtschaftslehre; ist im 10. Semester. Anja: studiert: Geschichte und katholische Theologie; ist im 3. Semester; muss noch 7 Semester studieren.
26 1 Wo studierst du? 2 Was studierst du? 3 Studierst du auf Lehramt? 4 In welchem Semester bist/studierst du? 5 Wie lange musst du noch studieren?
27 Ich studiere an der Universität in Manchester. Ich studiere Deutsch und Englisch auf Lehramt. Ich bin im 4. Semester. Ich muss noch 5 Semester studieren. Danach möchte ich als Lehrer/in in Deutschland arbeiten.
29 Herr Elsner: Spanischkurs; jeden Montagabend; Mittelstufe; Frau May: Bauchtanzkurs; zweimal in der Woche; Herr Lemke: Kochkurs; zweimal in der Woche/dienstags und donnerstags
30 1 three times a month; 2 at the weekend; 3 once a day; 4 every evening; 5 four times a year; 6 every Saturday morning
31 1 a; 2 b; 3 b
32 Montag: Er macht einen Fotokurs. Dienstag: Er macht einen Jazz-Gitarre-Kurs. Mittwoch: Er macht einen Anfängerkurs in Englisch. Donnerstag: Er macht einen Tanzkurs. Freitag: Er macht einen Kochkurs.
34 1 … weil er ihre Musik mag. 2 … weil er jeden Tage unterwegs ist. 3 … weil es dort die interessantesten Kurse gibt. 4 … weil das sein größtes Hobby ist. 5 … weil das so schon chaotisch ist. 6 … weil er eine Nichte in Australien hat. 7 … weil er fit und aktiv bleiben will. 8 …weil er chinesisch kochen lernen will.
35 1 f; 2 d; 3 a; 4 g; 5 b; 6 h; 7 e; 8 c

Pinnwand
    1 70 000 Mark im Jahr. 2 Das ist ein freiwilliges ökologisches Jahr. 3 Albert Einstein. 4 In München. 5 In Gstaad in der Schweiz. 6 Familien mit Söhnen im Alter von 8-12 Jahren.

Kontrolle
1 1 Kfz-Mechaniker; 2 Bauer; 3 Hobby
2 1 Was für eine Schulbildung haben Sie? 2 Ich habe Abitur. 3 Ich mache einen Computerkurs. 4 Ich werde Französisch und Sport studieren.
3 1 eine Privatschule; 2 ein Realschulabschluss; 3 ein typischer Beruf für Männer; 4 ein Schüler einer Abiturklasse; 5 eine Schule für Erwachsene
4 1 Hast du/haben Sie studiert? 2 Wie lange hast du/haben Sie studiert? 3 Was für eine Schulbildung hast du/haben Sie? 4 Hast du/haben Sie eine Lehre gemacht? 5 Wo hast du/haben Sie eine Lehre gemacht?
5 1 muss; 2 darf; 3 will; 4 möchte; 5 kann
6 1 gelernt; 2 besucht; 3 geschrieben; 4 gespielt; 5 gearbeitet; 6 getrunken

Unit 4

1 Annette: g, h, i, e; Klaus: e, c, j; Herr Taubert: d, a, b; Carola: e, g
2 1 F; 2 F; 3 F; 4 R; 5 R; 6 F; 7 R; 8 F
3 1 anstrengendsten; 2 schönste; 3 liebsten; 4 wenigsten; 5 beliebteste; 6 besten
4 Hobbys; Kultur; zweimal; lese; liebsten; interessiere; gern
7 1 b; 2 d; 3 e; 4 f; 5 a; 6 c
8 1 Ich hatte immer mehr Spaß am Zaubern. 2 Ich interessierte mich schon als Kind für Zauberei. 3 Er las Zauberbücher. 4 Mein Publikum war begeistert. 5 Er bekam einen Zauberkasten. 6 Er machte Magiekurse. 7 Er war jeden Monat auf Zauberkongressen. 8 Er zauberte.
9 1 spielte; 2 bin; 3 lese; 4 hatte; 5 sehe; 6 kaufte
10 war; fand; traf; trank; arbeitete; besuchte; ging; kochte; spielte; war; hatte
11 1 Er war 22 Jahre alt. 2 Er wohnte in Germering bei München. 3 Er studierte Psychologie. 4 Sein Hobby war Bergsteigen. (Er hatte Bergsteigen als Hobby). 5 Er fuhr in die Alpen. 6 Er traf sich dort mit anderen Bergsteigern. 7 Er machte „Freestyle-Climbing". 8 Er ging mit seiner Freundin in die Berge.
12 1 a; 2 b; 3 b; 4 b
13 1 spiele; 2 fahre; 3 schwimme; 4 spiele; 5 reite; 6 fahre
14 Andrea macht Leichtathletik; ist in Mainz im Verein; trainiert 5-6mal pro Woche; Markus macht im Verein Volleyball; trainert selber 3mal die Woche; als Trainer 2mal die Woche
15 1 einmal in der/die/pro Woche; 2 jeden Tag; 3 am Wochenende; 4 zweimal im Jahr; 5 zwei Stunden in der/die/pro Woche; 6 jeden Abend
17 1 b; 2 d; 3 a; 4 c
18 sind geflogen; ist getrampt; ist gefahren; bin gereist
19 1 auf Mallorca verbracht; 2 sehr gut gefallen; 3 Urlaub auf Mykonos gemacht; 4 gebadet und gefaulenzt; 5 Urlaub im Winter gemacht; 6 München besichtigt; 7 Urlaub in Dänemark gemacht; gezeltet
20 das Wetter – the weather; der Schnee – snow; warm – warm; windig – windy; kalt – cold
21 Wetter; gut; war; hatten; wie; windig; Dänemark; Wetter; kalt
24 toll; interessant; vielfältig; spannend; stark; lebendig; Kneipen; Diskotheken; Kultur; Kinos; Theater
25 1 Sie findet Berlin super, weil man unheimlich viel machen kann. 2 Sie war im Theater, im Kino und in den Kneipen. 3 Die Stadt ist total lebendig. 4 Hier ist immer etwas los. Berlin ist total spannend, interessant, vielfältig. 5 Es gibt hier die besten Diskotheken Deutschlands. 6 Es gibt so viel zu tun, und es gibt ein großes kulturelles Angebot – man hat nie Langeweile.
26 1 a; 2 b; 3 a; 4 a; 5 b
27 tolle; kann; machen; gibt; Diskotheken; Angebot; junge; finde; Morgengrauen
29 1 to see and do as much as possible in 3 days in Berlin; 2 free admission and 50% reduction on sightseeing tours; 3 48 hours of free travel with all busses, underground, suburban and other trains; 4 one adult and up to 3 children under 15; 5 DM 29.–; 6 at the tourist information at the Brandenburg Gate and in the Europa-Center, at all stations, underground and suburban train stations and in many hotels
30 1 a; 2 b; 3 b; 4 a; 5 a; 6 b
31 Kino
32 1 Entschuldigen Sie bitte; 2 Wann fährt der nächste Bus zum Alexanderplatz? 3 Wie lange dauert es/die Fahrt? 4 Wann fährt der nächste Zug? 5 In 30 Minuten. 6 Um Viertel vor vier. 7 Um 16 Uhr 30.

Pinnwand
    1 b; 2 a; 3 b; 4 a; 5 b; 6 b; 7 a

Kontrolle
1 1 Ich interessiere mich für Sport. 2 Ich freue mich auf das Wochenende. 3 Sie dankt ihrer Freundin. 4 Sie begeistert sich für

Tangotanz.

2   1 Wo ist die nächste U-Bahnstation? 2 Wann fährt der nächste Zug nach Berlin? 3 Wie lange dauert die Fahrt? 4 Was kostet eine Fahrkarte? 5 Wo bekomme ich die WelcomeCard? (Wo gibt es die WelomeCard?)
3   1 interessierte; 2 schwamm; 3 las; 4 war; 5 traf; 6 hatten
4   1 Das Wetter ist sehr gut. 2 Es regnet. 3 Die Sonne scheint. 4 Es ist kalt und neblig. 5 Es friert.
5   1 b; 2 a; 3 b; 4 a; 5 a
6   1 sind; 2 bin; 3 hat; 4 ist; 5 haben

Unit 5

1   1 a; 2 b; 3 f; 4 e; 5 d; 6 c
2   1 Lateinamerikanische Musik gibt es im El Barrio. 2 Das Musical beginnt um 20 Uhr. 3 Im Nemo. 4 Am Mittwoch kann man Filme sehen. 5 Das indische Restaurant hat an Feiertagen bis 24.00 Uhr geöffnet. 6 Karten für die Komische Oper bekommt man, wenn man die Nummer 20 260 360 oder 47 02 1000 telefoniert.
3   1 Haben Sie heute Abend schon etwas vor? 2 Ich bin schon verabredet. 3 Am ... habe ich Zeit. 4 Hätten Sie Lust, ins/in die ... zu gehen? 5 Wie wäre es mit ...? 6 Gehen wir ...!
4   1 R; 2 F; 3 R; 4 R; 5 F; 6 F
5   1 Ich weiß nicht, ob der Film um 20 Uhr beginnt. 2 Ich weiß nicht, ob unser Busfahrer aus Berlin kommt. 3 Ich weiß nicht, ob Berlin 800 Jahre alt ist. 4 Ich weiß nicht, ob Frau Herrmann ins Theater geht. 5 Ich weiß nicht, ob ich morgen Zeit habe. 6 Ich weiß nicht, ob es morgen regnet.
6   Sie treffen sich an der U-Bahnstation Schlesisches Tor. Sie treffen sich um 20 Uhr.
8   1 d; 2 a; 3 f; 4 h; 5 g; 6 c; 7 b; 8 e
9   1 60 000 square metres; 380 000 articles; the most expensive article costs 158 000 DM; customers spend 600 million DM per year; 2 500 employees; 2 the food and delicatessen department; 3 stop for a bite to eat or drink
10 Entschuldigen; suche; finden; Strumpfhosen; ersten; Geschenkartikel; Geschenkartikel; wo; bezahlen; Kasse
11 1 dir; 2 mir; 3 uns; 4 ihnen; Ihnen; mir
13 1 R; 2 F; 3 F; 4 F; 5 R; 6 F; 7 R; 8 R
14 1 in meinem gemütlichen Fernsehsessel; 2 die goldene Armbanduhr; 3 den schicken schwarzen Lederanzug; 4 das bunte Kaffeeservice; 5 der erste deutsche Einkaufssender; 6 der gewünschte Artikel; 7 eine bequeme Ergänzung; 8 (zum) normalen Einkaufen
15 1 roten; 2 neue; 3 teuren; 4 kleine; 5 blauen; 6 deutschen
16 1 c; 2 d; 3 b; 4 e; 5 a
18 a 1 teuer; 2 Miete; Urlaub; 3 etwas; b 4 sehr teuer; 5 Lebensmittel; Kleidung; 6 ja; c 7 manches teuer; 8 Miete; 9 ganz gut
19 1 b; 2 a; 3 a; 4 b; 5 a; 6 b
20 1 Sie gibt am meisten für Miete aus. 2 Weil es bis zu ihrem Arbeitsplatz 20 Kilometer sind. 3 Weil es dort am billigsten ist. 4 Knapp 400 Mark bleiben übrig. 5 So kann sie die schönsten Filme, Konzerte und Theaterstücke fast umsonst sehen.
21 wohne; Mutter; Leben; teuer; Geld; Lebensmittel; Nebenkosten; Heizung; zahlen; kann; sparen
22 Letter: Ich bin 41 Jahre alt und ich wohne in Aberdeen in Schottland. Ich bin geschieden und habe zwei Töchter. Das leben in Aberdeen/Schottland ist sehr teuer. Das meiste Geld gebe ich für Kleidung und Miete aus. Die Nebenkosten sind auch sehr teuer: Für Strom und Telefon muss ich 80 Pfund im Monat zahlen. Ich kann von meinem Gehalt nicht viel sparen.
23 7, 3, 8, 10, 6, 2
24 1 Eine Dose Ananasstückchen kostet 89 Pfennig. 2 Nutella kostet 2.59 DM. 3 Eine 450-Gramm-Packung Brokkoli kostet 2.89 DM. 4 1 Kilogramm Zucker kostet 1.69DM. 5 Ein Kilogramm Mehl kostet 49 Pfennig. 6 Eine 250-Gramm-Packung Leberwurst kostet 79 Pfennige.
25 1 = 4, 5, 7; 2 = 4, 6; 3 = 1; 4 = 8; 5 = 3; 6 = 4, 5; 7 = 4
26 1 R; 2 F; 3 F; 4 R; 5 R; 6 F
27 1 als; 2 wenn; 3 als; 4 wenn; 5 wenn; 6 als
28 1 c; 2 f; 3 g; 4 a; 5 h; 6 b; 7 e; 8 d
29 1 He had debts of 5000 Marks. 2 He wanted to buy a car. 3 150 Marks. 4 He wanted to buy more parts for it. 5 'Be careful with them – they're not for people like us!' 6 It was easy and convenient. 7 They increased more and more. 8 He divised a financial plan for him.
30 paying by cash, by ec card, by credit card, with traveller's cheques
31 1 c; 2 d; 3 b; 4 a
32 1 a; 2 c; 3 d; 4 b
33 1 a; 2 a; 3 a; 4 b

Pinnwand

Quiz: 2

Kontrolle

1   1 Können Sie mir bitte helfen? 2 Ich zahle mit Kreditkarte. 3 Wo finde ich die Geschenkabteilung? 4 Ich suche einen schwarzen Anzug. 5 Wo sind die Rolltreppen? 6 Ich nehme den roten Pullover.
2   1 Wir gehen in die Oper! 2 Wie wäre es mit Kino? 3 Wollen wir ins Theater gehen? 4 Ich habe Lust, essen zu gehen. 5 Ich interessiere mich sehr für Musicals.
3   3
4   1 Mitarbeiter; 2 Sparkasse; 3 Versicherung
5   1 a; 2 b; 3 a; 4 b; 5 b; 6 b
6   als; 2 ob; 3 wenn; 4 als

Unit 6

Page 81

1 b; 2 e; 3 c; 4 d; 5 f; 6 a

1   A bit of sport and eat a lot of rye bread!
2   number of meals per day: 3-4; which ones: breakfast, lunch, supper and a coffee break in between; most important meal: breakfast; favourite meal: lasagne
3   Wie viele Mahlzeiten essen Sie am Tag? Und das wäre? Welche Mahlzeit ist Ihnen am wichtigsten? Und was essen Sie zum Frühstück? Was ist Ihr Lieblingsgericht? Welches Gericht schmeckt Ihnen am besten?
4   1 einen Apfel, Joghurt, Müsli, eine Scheibe Knäckebrot; 2 Toastbrot, Schwarzbrot, Brötchen; 3 eine richtige schöne Lasagne
6   I R; 2 R; 3 F; 4 R; 5 F; 6 R
7   1 Ändern Sie Ihren Speiseplan! 2 Trinken Sie mehr Milch! 3 Essen Sie mehr Obst! 4 Kaufen Sie mehr Salat! 5 Naschen Sie ein Stückchen Schokolade!
8   1, 2, 5, 6, 7
10 1 Die Karte, bitte schön; 2 einen Birnensaft, bitte; 3 ein Omelett, bitte; 4 Guten Appetit;
11 1 Hat es Ihnen geschmeckt? 2 Haben Sie noch einen Wunsch? 3 Ich möchte bitte bezahlen. 4 Die Rechnung kommt sofort 5 Danke. Stimmt so.
13 Man muss die Haferflocken einweichen. Man sollte die Äpfel reiben. Ja, sie können auch anderes Obst nehmen. Ja, und die Nüsse sollten gemahlen sein.
14 1 R; 2 F; 3 R; 4 F; 5 R
15 macht; dauert; hat; tun; kocht; dreht; nimmt; macht; vermischt; kommt; geformt; gekocht
16 1 geheizt, 2 halbiert; 3 geschnitten, 4 bestrichen, 5 belegt, 6 verteilt, 7 bestreut.
17 Herr Maier-Janson: 1 c; 2 e; 3 d; 4 a; 5 b; Frau Maier-Janson: 1c; 2 a; 3 b
18 All activities get one tick; telefonieren and Einkaufsbummel get two ticks each.
19 1 headache pills = am häufigsten; 2 travel medicines for diarrhoea = im Sommer; 3 medicine for the common cold = am häufigsten, im Winter; 4 diets = im Frühling; 5 sunscreen lecotion/cream = im Sommer; 6 vitamins = im Frühling zur Stärkung für den Sommer, im Herbst vorbeugend für den Winter.
20 cross out: 2, 5, 8, 11
22 1 Er wurde in Stefansried geboren. 2 Er war das Kind eines Landwebers. 3 Während seines Studiums erkrankte er. 4 Der Student wurde von den Ärzten aufgegeben. 5 Nach einer Wasserkur in der Donau wurde er wieder gesund. 6 Er arbeitete als Priester und behandelte viele Menschen. 7 Dreißig Jahre später schrieb er das Buch: „Meine Wasserkur". 8 Er starb am 17. Juni 1887.
23 1 b; 2 a; 3 e; 4 c; 5 d
24 stomach, belly, nose, knee, leg, blood, foot, eye, heart, arm, finger, neck, ear.
25 1 Bad Ischl liegt in Österreich (im Herzen des Salzkammerguts); 2 Die heilende Kraft der Luft und der Sole. 3 die Salinearbeiter; 4 viele Staatsmänner und Künstler f 14 000 Einwohner.
26 1 b; 2 e; 3 f; 4 g; 5 d; 6 a; 7 c
27 correct: 2, 3, 5, 7
28 1 Nichtraucher; 2 Behindertenzimmer; 3 Naturprodukte; 4 von den Bauernhöfen; 5 Konfrenzräume; 6 Thermalquellen; 7 Außenbecken; 8 Wellenbad; 9 Kinderbetreuung; 10 Dampfbad; 11 Meditationsinsel; 12 Tiefgaragen.
29 1 Kunstwerk; 2 Kurort; 3 Urlaub; 4 Kur; 5 Sport, Golf; 6 rund; 7 Farben; 8 Platz; 9 Autos; 10 Tiefgaragen; 11 Fußgänger, Radfahrer
30 1 Ich möchte gern einen Kurort besuchen. 2 Wo liegt Bad Ischl? 3 Was ist das Besondere an Bad Blumau? 4 Was kann man dort tun/machen? 5 Was ist die beste Jahreszeit?

Pinnwand

German male:
    most dissatisfied with his tummy: too rotund

Fragen zur Pinnwand:
    1 im 12. Jahrhundert; 2 Bananen; 3 ältere Damen; 4 mit 8; 5 die
    Liebe; 6 Hildegard; 7 Bauch

Quiz:
    Weiß-und Rotkohl 6,4; Tomaten 14,1; Äpfel 28,3; Bananen 12,5;
    Zwiebeln 5,7; Gurken 5,2; Birnen 6,7

Kontrolle

1   1 Nehmen Sie eine kalte Dusche! 2 Gehen Sie an die frische Luft!
    3 Ruhen Sie – mindestens eine halbe Stunde! 4 Essen Sie mehr Salat!
    5 Trinken Sie mehr Saft!

2   Haferflocken (f, pl); Milchprodukt (n, sg); Fruchtzucker (m, sg);
    Kunstwerk (n; sg); Kurort (m, sg); Naturreis (m, sg); Fußgänger (m;
    sg+pl); Frühstück (n, sg)

3   1 Die Karte bitte. 2 Guten Appetit! 3 Ich möchte bitte
    bezahlen./Bezahlen!/Die Rechnung, bitte. 4 Stimmt so.

4   1 mit dem Rauchen aufzuhören 2 mich gesund zu ernähren 3 viel
    Sport zu treiben 4 weniger Alkohol zu trinken 5 Yoga zu machen

5   1 soll; 2 solltest; 3 sollten

Unit 7

6   1 geschnitten; 2 gekocht; 3 produziert; 4 aufgegeben; 5 geheilt

7   1 Ich habe Kopfschmerzen. 2 Ich möchte ein Mittel gegen Durchfall.
    3 Brauche ich ein Rezept?

Page 97: 3

1   Verkäuferin; Supermarkt; Informatiker; arbeitet; entwickelt; Firma;
    Chef; leitet; Arbeit

2   1 F; 2 R; 3 F; 4 F; 5 R; 6 R

3   1 Heute arbeite ich nicht. 2 Manchmal arbeite ich bis um acht.
    3 Morgen gehe ich nicht ins Büro. 4 Normalerweise esse ich in der
    Firma.

5   1 Mein Job ist sehr vielseitig. 2 Ich kann selbständig arbeiten. 3 Meine
    Firma ist sehr flexibel. 4 Das Verhältnis zu meinen Kollegen ist sehr
    entspannt. 5 Ich treffe meine eigenen Entscheidungen. 6 Ich kann sehr
    kreativ sein.

6   1 a; 2 a; 3 b; 4 a;

7   1 d; 2 e; 3 f; 4 g; 5 h; 6 a; 7 c; 8 b

8   1 1000; 2 80; 3 5000 to 6000 Marks; 4 two thirds; 5 it arranges jobs
    for them and does the advertising; 6 extra services; 7 a jogging courier

9   1 Frau Winzer braucht für ihren Beruf Fremdsprachen; 2 R; 3 R; 4 Sie
    können Spanisch sprechen; 5 R; 6 Englisch ist dabei die beliebeste
    Sprache.

10   1 Die Firma, die neu ist, ist sehr klein. 2 Der Informatiker, der Klaus
    Jonas heißt, arbeitet in Jena. 3 Seine Arbeit, die anstrengend ist,
    beginnt um acht. 4 Die Firma, die in Jena ist, gehört mir. 5 Das Büro,
    das ein Faxgerät hat, ist im ersten Stock. 6 Meine Firma, die sehr flexi-
    bel ist, hat 10 Mitarbeiter.

11   1 b; 2 a; 3 a; 4 b; 5 b; 6 b

12   1 offices or factories in other European countries; 2 educational
    exchanges and work experience; 3 further educational programmes
    and work experience; 4 grants for group language courses; 5 from 3
    weeks to 9 months; 6 signing a work contract in another EU country;
    7 environmental jobs and jobs in the health sector; 8 from the Carl
    Duisberg Gesellschaft

13   verbs in the simple past: studierte; kannte; wurde/wurden; fiel; lernte
    kennen; zogen/zog; besuchte; bekam; fand; war
    Herbst 1989: Die Berliner Mauer fällt. Sie lernt den Engländer Robert
    kennen. Die beiden werden ein Paar und im Mai 1990 ziehen die bei-
    den nach England. Kati besucht einen Englischkurs und studiert in
    Southhampton Politik. 1992: Robert bekommt einen Job in Brüssel.
    Kati zieht mit ihm nach Brüssel und findet einen Job. Heute: Kati
    arbeitet als Assistentin für einen deutschen Europaabgeordneten.

14   1 She only knew about it from the TV; 2 She works in Brussels. 3 It's
    very international. 4 She speaks German with her boss, French on the
    phone and English with the other assistants. 5 Her working day begins
    at nine and lasts till half past five. 6 The international kindergarden in
    the parliament; 7 10 years ago she didn't know anyrhing about
    Europe, but now she is a true European.

16   1 mittelgroße Stadt; Industriestadt; Universitätsstadt; 2 über 100 000
    Einwohner; 3 optische Industrie; Glasindustrie; Chemieindustrie;
    Pharmaindustrie

17   bin; beschäftigt; Geschäftsführer; Firma; Unternehmen; Sortiment;
    Mitarbeiter; verkaufen; Waren; Ausland; exportieren; Umsatz;
    Millionen

18   1 Firma; 2 Geschäftsführer; 3 Mitarbeiter; 4 Sortiment; 5 exportieren;
    6 Umsatz; keyword: ARBEIT

20   Name: Winzer; Vorname: Steffi; Alter: 37; Wohnort: Jena; Name der
    Firma: Jenaer Glaswerk; Abteilung: Verkaufsabteilung; Produkte:
    Spezialgläser; Mitarbeiter: 850

21   Herstellung (herstellen); Gründung (gründen); Entwicklung (entwick-
    eln); Privatisierung (privatisieren); Modernisierung (modernisieren);
    Vermarktung (vermarkten)

22   1 Sie will das Geschäft privatisieren. 2 Ich kann das Labor mo-
    dernisieren. 3 Ich will die Produkte vermarkten. 4 Er will die Mikropille
    einführen. 5 Wir können ein Joint-Venture gründen.

23   1 Er hat eine Marktlücke entdeckt. 2 Die Deutschen lieben ihr Brot. 3
    Ja, er beliefert (or: liefert an) zwei große Supermarktketten. 4 Am
    besten verkauft sich sein handgemachtes, deutsches Holzofenbrot. 5 In
    Ham im Shop, BBC, Deutsche Botschaft, Österreichische Botschaft,
    Schweizer Botschaft. 6 Etwa 20; 7 War er allein.

25   1 for 3 years; 2 she checks computer programmes for IBM; 3 as the
    hours are flexible they can combine job and family; 4 starts at 6 a.m.;
    breakfast at 8. Then she takes her daughter to the nursery and keeps
    working until 12. Picks up her daughter, lunch, and more work while
    her child sleeps. Mostly she works in the evening too. 5 8 hours.

26   die Rundfunkjournalistin: radio journalist, die redaktion: editorial
    office, der Nachteil: disadvantage, das Manuskript: manuscript, der
    Termin: appointment, der Therapeut: therapist, der Vorteil: advantage,
    mangelnd: missing; ich bin ... angeschlossen: I'm connected to .
    Missing prepositions: 1 per, an, in; 2 von; 3 bei; 4 für; 5 zu

27   1 Ein Nachteil ist, dass die Arbeitnehmer einsam sind. 2 Ein Vorteil ist,
    dass die Firma Bürokosten spart. 3 Ein Vorteil ist, dass die Telearbeiter
    Zeit und Geld sparen. 4 Ein Vorteil ist, dass die Arbeitszeiten flexibler
    sind.

28   3

29   1 sales people, helpers for old people, on-line editors, teachers of
    young children, allergy experts 2 flexibility; readyness to learn new
    things; 3 jobs for life; a Altenpfleger/in, b Allergologe/in;
    c Kindererzieher/in; d Online-Redakteur/in

30   Guido: Kindererzieher, Allergologe; Isa: Altenpflegerin; Allergologin;
    Milan: Online-Redakteur

31   1 Weil das zu viel Stress ist. 2 Weil ich (da) nicht der richtige Typ bin.
    3 Weil mir die normale Informatik zu trocken ist.

32   1 Könnte ich bitte mit ... sprechen? 2 Give your name; 3 Ein(en)
    Moment bitte. 4 verbinden

34   1 im ersten Stock; 2 auf der rechten Seite; 3 Gibt es hier einen Lift? 4 auf
    der linken Seite; 5 am Ende des Ganges.

35   Spelling errors: Name (Nahme), 1992 (1929), August (august)
    Omissions: photo inappropriate, no address, no Geburtsort, no nationality,
    Betriebspraktikum where, how long?, CV not signed, 1996/97 missing.

Pinnwand

Wer war's?
    Karl Marx

Quiz
    2

Who would have said what?
    1 der Partylöwe (Peter Gonschorek); 2 Stephan Schambach; 3 Mehmet
    Ogur; 4 Karl Marx; 5 Herr Professor Heilemann; 6 Mehmet Ogur.

Kontrolle

1   1 Ich bin Sekretärin. 2 Ich bin Apothekerin. 3 Ich arbeite seit 2 Jahren
    hier. 4 Mein Arbeitstag beginnt normalerweise um 8 Uhr. 5 Ich bin
    Geschäftsführerin, und ich habe 10 Mitarbeiter.

2   1 a; 2 b; 3 b; 4 a; 5 b

3   Feierabend, Arbeitstag, Unternehmen, Firma, Beruf, Betrieb

4   Telearbeiterin, zu Hause, Arbeitstag, Vorteile, Flexibler, Kontakt

5   1 Wir wollen neue Produkte entwickeln. 2 Wir müssen am Telefon
    Englisch sprechen. 3 Ich kann zu Hause arbeiten. 4 Ich will meinen
    Betreib modernisieren. 5 Wir können um fünf Uhr Feierabend machen.

Unit 8

6 Ich muss jeden Tag arbeiten.

6   1 c; 2 d; 3 f; 4 g; 5 b; 6 h; 7 e; 8 a

Page 113: 2

1   2, 3, 5, 6, 8

3   im; 2 in der; 3 am; 4 in einer

4   1 Sie hat ein Haus auf dem Land. 2 Während der Woche./Ihr Mann
    hält sich dort während der Woche auf. 3 Weil er in Frankfurt-Oder
    arbeitet. 4 Am Wochenende./Sie fährt am Wochenende mit ihrer
    Tochter aufs Land. 5 Das ist ein ganz kleines Dorf. 6 Nein, Brandenburg
    ist sehr wenig besiedelt. 7 Meistens nicht mehr als einhundert
    Einwohner.

5   1 b; 2 g; 3 c; 4 f; 5 a; 6 h; 7 e; 8 d She mentions 1, 3, 5, 6, 7

6   1 Einsamkeit im Alter; 2 Scheinwelt; 3 Anonyme Beton-Wüste;
    4 Allein im Luxus; a Der Preis der Ich-Sucht; b kurzlebige Zweisamkeit;
    c die modernen Eremiten; d Einsamkeit im Alter

7 1, 4, 5, 8, 11, 12

8 1 Wir haben ein Haus in Ravensburg. or: wir wohnen in Ravensburg. 2 Es (or das) ist ein sehr altes Haus. 3 Nein, wir wohnen dort mit unseren Freunden. 4 Unsere Freunde leben (or wohnen) in den ersten beiden Stockwerken. 5 Ja, wir haben zwei abgeschlossene Wohnungen.

10 Anina: 2, 4

12 1 Kinder im Verkehr; 2 aus dem Haus; 3 zur Schule; 4 mit ihnen gemeinsam; 5 für die Erwachsenen; 6 Stadtbummel ohne Lärm und Gestank

14 1 mit dem Fahrrad; 2 zu Fuß; 3 zwanzig Minuten; 4 Bus, Bahn; 5 Auto

16 1 Mein Fahrrad hat eine Panne. 2 Das Licht ist kaputt. 3 Ein Rennrad. 4 Das Rad ist im Garten.

17 2, 3, 5, 6, 7

18 Es gibt zu viele Autos in unseren Städten. Lass dein Auto in der Garage! Benutze den Zug oder den Bus! Oder fahre mit dem Fahrrad!

19 1 local transport network; 2 suburban trains; 3 town planner; 4 local transport system; 5 Underground lines; 6 bus lines; 7 means of transport; 8 city centre; 9 parking space; 10 bicycle; Städteplanerin; Nahverkehrssystem; Nahverkehrsnetz; Buslinien; U-Bahnlinien; S-Bahn; Verkehrsmitteln; Fahrrad; Parkplatz; Innenstadt

20 1 R; 2 F; 3 R; 4 F; 5 R

21 1ch würde gerne zu Fuß gehen, aber es ist zu weit. 2 Wir würden viel lieber mit dem Bus fahren, aber er ist zu teuer. 3 Sie würde gerne den Zug nehmen, aber die Fahrt dauert zu lange. 4 Ich würde lieber das Fahrrad benutzen, aber die U-Bahn ist viel schneller.

22 1, 4, 5, 8, 9, 11

23 würden, würde, wäre, könnte, mag, würde, hätte, würden, würde, wäre, hätten, wäre

25 1, 3, 6, 8, 9

26 1Wir haben sie im Münchner Südpark gebaut. 2 Marcel und sein Team, zusammen mit Kindern, Schülern und Passanten. 3 Sie ist jetzt ein Treffpunkt für Jung und Alt. 4 Man kann spielen, schwatzen und gemütlich Zeitung lesen.

27 baut, macht, Kulturen, multikulturelle, mitmachen, Aktion, Kulturhauptstadt, Palast, Arbeitslose, Platz, Besucher

Sprachtip

freiwillig (voluntary) Freiwillige; arbeitslos (jobless) Arbeitslose.

28 1 die; 2 denen; 3 der; der;

29 1 R; 2 The roofs are no longer sterile – they are covered with grass, trees and flowers; 3 R; 4 Man is no longer the master of nature; 5 This landscape is an answer to the ugliness of the city; 6 R

30 in; für; auf; mit; unter; mit; zu; mit; auf

31 1 b; 2 c; 3 a

Pinnwand

Mein Wunschhaus:
1 Ich würde am liebsten in einem Einfamilienhaus wohnen. 2 Ein Garten wäre sehr wichtig. 3 Das Haus sollte auch einen Keller haben. 4 Ja, es müsste ökologisch sein.

Renaissance der Dicken:
1 Sie sind schrecklich spießig! 2 Sie sind langweilig! 3 Sie sind immer besetzt.

Kostenlos abzugeben:
Sofa; Farbfernseher, Wohnzimmerschrank, Wohnzimmertisch = Wohnzimmer; Wäschetrockner, Waschmaschine, Waschbecken =, Badezimmer; Küchenherd, Kartoffelkiste, Spülmaschine, Gefriertruhe = Küche; Rasenmäher = Keller

Die erste Paarung ist geglückt:
a Das Projekt heißt „Wohnraum gegen Hilfe" b Es hat in Darmstadt begonnen. c Ältere Menschen (Senioren/ Rentner) bieten den Wohnraum an. d Studenten, die wenig Geld haben, können den Wohnraum haben. e Er kostet pro Quadratmeter eine Stunde Hilfe im Monat.

Plusinfo:
1 Großstadt 2 Millionenstädte 3 Städten 4 Landflucht 5 Orten.

Kontrolle

1 2 1 Ich wohne in der Stadt. 2 Ich habe eine kleine Wohnung. 3 Ich habe zwei Zimmer plus Küche und Bad. 4 Nein, ich habe keinen Garten, aber ich habe einen Balkon und einen Keller. 5 Ja, ich wohne zur Miete.

2 1 eine Villa im Grünen 2 ein Haus am Meer 3 ein Zimmer in einem Schloss 4 eine Wohnung in der Innenstadt 5 ein Studio unter dem Dach 6 und ein altes Haus aus dem 16. Jahrhundert

3 vor der; 2 in die, 3 mit den; an der, 4 auf der; 5 mit dem

4 das Fahrrad, der Parkplatz, das Verkehrsmittel, das Nahverkehrssystem, die Bahnlinie, der Radverkehr, der Nahverkehr, die Fahrbahn

5 1 Was würden Sie ändern, wenn Sie könnten? 2 Wenn ich mehr Zeit hätte, würde ich mit dem Fahrrad fahren. 3 Wenn wir älter wären, würden wir das Auto nehmen. 4 Wenn ich mehr Geld hätte, würde ich

ein Haus auf dem Land (or: im Grünen) kaufen.

Unit 9

6 1 der; 2 das; 3 die; 4 die; 5 der

1 Herr Maier-Janson: 4, 8; Frau Maier-Janson:3, 6; Stefan Kusche: 1, 7; Renate Borst: 2, 5.

2 Ich interessiere mich sehr für Politik. Besonders interessiert mich die Umweltpolitik. Aber Themen wie Ausländer und Asylrecht sind auch wichtig. Mein Vater sagt: 'Ich habe/hab's aufgegeben'. Er findet die Politik in Deutschland uninteressant and sagt: Das ist immer dasselbe.

4 1 R; 2 R; 3 Stefan wählt nicht. 4. Stefan findet, es verändert sich nichts. 5 Frau Borst denkt, die Grünen sind die einzige Partei, die ein glaubwürdiges Umweltprogramm vorweisen kann.

5 1, 4, 5, 7, 10

6 CDU: 1, 2; SPD: 3, 4; F.D.P.: 5, 6, PDS: 7, 8, BÜNDNIS 90/DIE GRÜNEN: 9, 10

7 1 = 3; 2 = 5; 3 = 10; 4 = 8; 5 = 2; 6 = 6; 7 = 7

8 1 Deutschland ohne Militär; 2 Sichere Arbeitsplätze; 3 Humanes Asylrecht; 4 Soziale Gerechtigkeit, sozialer Frieden

9 1 sehr viele politische Parteien; 2 5 Parteien; 3 SPD; 4 FDP ; 5 PDS; 6 GRÜNEN

10 1 SPD; 2 CDU; 3 CDU; 4 SPD; 5 SPD; 6 CDU; 7 CDU.

12 Name: Cem Özdemir; Geburtstag: 21.12.65; Geburtsort: Bad Urach; Staatsangehörigkeit: deutsch; Studium: Sozialpädagogik; Qualifikationen: mittlere Reife; Fachhochschulreife;Diplom (Sozialpädagoge); Politische Karriere: seit 1981 Mitglied der Grünen, seit 1994 Bundestagsabgeordneter; einwanderungspolitischer Sprecher von BÜNDNIS90/DIE GRÜNEN; Schwerpunkt: Asyl- und Einwanderungspolitik

13 left: Children are protesting in Münster. The minister wants to replace their schools with comprehensive schools. Right: Inhabitants of St. Pauli are occupying the harbour hospital in Hamburg – as a protest against the closure of the clinic.

14 Missing words: gesammelt; geschrieben; demonstriert; schließen; geschlossen; protestieren; German expressions: demonstrieren, protestieren, Unterschriften sammeln, Protestbriefe schreiben

16 Kultur; Demokratie; Parlamente; Bürgerinitiativen; aktiv; ökologische; sozialer; Protest; Jugendliche

17 1 Wir haben eine gespaltene politische Kultur; 2 Auf der einen Ebene haben wir die repräsentative Demokratie ...; 3 auf der anderen Ebene haben wir sehr viel Bürgerbeteiligung; 4 In der Vergangenheit waren es vor allem ökologische Fragen. Aber es gibt heute auch sehr viel Initiativen entlang sozialer Probleme. 5 Noch immer ist Protest die beliebteste Form des Engagements für Jugendliche.

18 1 die Vergangenheit; 2 die Form; 3 die Landschaft; 4 die Kultur

19 Martin: 1, 4, 5; Daniel: 2, 3

21 a weil ihm die katholische Kirche zu dogmatisch war.; b R; c aber er spendet nicht die Sakramente; d R; e ignorieren sein Arbeit; f und sie wollen keine Kirchensteuer mehr bezahlen.

22 Ja: 1, 3, 4; Nein: 2, 5

23 a ca 300 years; b then: in the outskirts; now: in the city centre; c the same: work; different: politics; d the same number; why: still a (sense of) community; e: contact to young people good;

24 Ich sitze im „Raum der Stille im Brandenburger Tor. Der Raum der Stille ist ein Ort der Meditation für Menschen aller Konfessionen. Hier hat jeder die Möglichkeit, sich zu sammeln und zur Ruhe zu kommen. Der Raum der Stille wurde 1994 eingerichtet. Das Brandenburger Tor ist ein symbolischer Ort. Ursprünglich hieß es „Friedenstor".

25 I R; 2 R; 3 Er ist Arbeiter. ; 4 R; 5 Deutsches Brot schmeckt ihm nicht. 6 Seine Frau backt immer türkisches Brot. 7 „Mach dir nichts draus". 8 „Sie sind die Fettaugen, wir die Suppe."

26 1 Ihr Mann ist Bauarbeiter. 2 Er ist Frührentner. 3 Ihre Tochter studiert. 4 Sie hält nichts von ihrer Familie. 5 Auch ihr Sohn kennt keine türkischen Sitten an.

27 1 Sie haben sich im Zug getroffen. 2 Sie kommunizieren auf Deutsch. 3 Als Muslimin wollte sie keinen Christen heiraten. 4 Sie besuchen beide die Kirche. 5 Weil es für sie nur einen Gott gibt.

Pinnwand

Becke Wintjen:
1 Lower Saxony (Niedersachsen); 2 none (parteilos); 3 5 years; 4 Youth and sport; 5 the Abitur; 6 no

UN-Gebet:
Raum; Geschöpf; Krieg; Furcht; Rasse; Weltanschauung; Mut; Kraft; Werk; Kindeskinder; Stolz

Questions in German:
1 Reisebürobesitzer, Pilot, Schauspieler, Seemann, Bombenexperte, Tischler, Tierärztin, Kellnerin; 2 dass die Umwelt sauberer wird; 3 in die USA; 4 es war ihr zu spießig; 5 in Kalifornien; mit ihrem Mann und zwei Katzen; 6 Sie ist Bäuerin; 7 zu stressig

Kontrolle

1 CDU; SPD; FDP; BÜNDNIS 90/ DIE GRÜNEN; PDS;
2 1 Ja, ich interessiere mich für Politik. 2 Ich finde Außen- und Umweltpolitik besonders wichtig. 3 Ja, ich wähle regelmäßig/gehe regelmäßig zur Wahl.
3 1 Federal Chancellor; 2 Federal Capital; 3 Federal Parliament; 4 Federal Republic; 5 Federal Railway
4 1 Ostern; 2 DIE GRÜNEN; 3 schlafen; 4 in die Kneipe gehen
5 1 Ich möchte nicht in der Kirche heiraten. 2 Ich bin kein Mitglied der Amtskirche.(or: Ich bin nicht Mitglied der Amtskirche) 3 Wir wollen keine Zeremonie in der Kirche 4. Die Kirche gibt mir nicht das, was ich brauche.
6 1 studieren; 2 kaufen; 3 nicht wählen

Unit 10

1 Rita Weber: nein; Informationen sind nicht fundiert genug; Uwe König: Der Spiegel; montags; Wochenzeitschrift/überregionales Nachrichtenmagazin; Anton Lohmann: Tagesspiegel; Die Zeit; Tageszeitung – jeden Tag; Die Zeit – am Donnerstag; Tagesspiegel = Tageszeitung; Die Zeit = Wochenzeitung
2 1 b; 2 a; 3 b
3 1 F; 2 R; 3 R; 4 F; 5 R; 6 R; 7 F; 8 F
4 I Ich würde nie Frauenzeitschriften lesen. 2 Mein Freund würde nie Autozeitschriften lesen. 3 Ich würde gern bei einer Zeitung arbeiten. 4 Ich würde lieber in Berlin wohnen. 5 Wir würden gern einen Computerkurs machen. 6 Lutz würde nie CDU wählen.
6 1 sports magazine; 2 women's magazine; 3 special interest magazine; 4 news magazine; 5 youth magazine; 6 political magazine; 7 weekly magazine; 8 listings magazine/entertainments guide; 9 computer magazine
7 a 8; b 7; c 2; d 5
8 1 b; 2 a; 3 b; 4 a
11 1 c; 2 d; 3 b; 4 a; 5 e
13 1 b; 2 a; 3 a; 4 b; 5 b
14 1 die galoppierende Kuh; 2 die wartenden Polizisten; 3 die aufregende Jagd; 4 das fliehende Schwein
15 1 folgende; 2 aufregend; 3 wartenden; 4 laufende; 5 überzeugende; 6 empörend
16 1 Sie hat zwei Polizisten attackiert, einen Streifenwagen beschädigt und die Autobahn A1 blockiert. 2 Es entkam in der Nacht zum Montag. 3 Sie konnten es schnell wieder einfangen. 4 Sie floh in Richtung A1. 5 Sie raste auf die wartenden Polizisten zu. 6 Sie beschädigte die Fahrertür und den Kofferraum.
17 1 Ratgeber:Technik; 2 Musikstreifzüge; 3 Tagesschau; 4 Mit der Kraft der Sehnsucht 5 Lindenstraße; 6 Bilderbuch Deutschland
18 1 Weltreisen; 2 Sportschau extra; 3 Die Kriminalpolizei rät. Thema Antiquitäten; 4 Presseclub
19 1 Renate Borst's daughter; 2 Stefan; 3 Walter Maier-Janson; 4 Renate Borst
21 1 fast 10 Millionen; 2 Weil das deutsche Publikum ihre Storys zu unglaubwürdig findet; 3 Weil sie süchtig machen. 4 Weil sie aktuelle Themen behandeln und jungen Fans helfen, sich im Leben zu orientieren.
22 2
23 1 selten, 2 amüsant; 3 Ausländer; 4 der griechische Wirt; 5 schwierige
24 Vasily is the man on the right hand side; 1 the police man in the middle; 2 the young man on the left
25 1 Sie ist jung; 2 Sie hat kurzes, dunkles Haar; 3 Sie trägt eine Mütze. 4 Ihr Gesicht ist ernst/aggressiv.
26 Liebes Lindenstraße-Team, ich schaue mir die Lindenstraße regelmäßig an. Ich war zwei Wochen weg aber ich habe jede Folge auf Video aufgenommen. Am besten finde ich die politischen Kommentare – sie sind genial! Bitte schicken sie mir ein Autogramm von Mary – ich finde sie sehr sympathisch aber ein bisschen zu brav. Mutter Beimer ist ein Ekel. Schickt sie nach Alaska! Vielen Dank und freundliche Grüße, ihre...
27 2
28 1 Die Heldenfußallee ist eine Internet-Soap/der Hit der Online-Szene. 2 Jeder kann mitmachen. 3 Man muss nur die Adresse anwählen. 4 Der Admiral; 5 Molly ist Kneipenwirtin.
29 1 läuft; 2 glaubt, holt, abwarten; 3 war, nehmen, wohnen; 4 haben; 5 gibt; 6 ist; auseinandersetzt; 7 hat; tun.
30. 1 R; 2 R; 3 die Stadt Berlin und für das Land Brandenburg; 4 R; 5 nein, Radio Brandenburg ist der Name des Senders; 6 „Fritz" ist ein Jugendprogramm; 7 R; 8 Rachel moderiert das Kulturprogramm am Nachmittag; 9 R; 10 Radio Brandenburg sendet rund um die Uhr.
31 1 eine Freikarte für die Tanzfabrik im Theater am Halleschen Ufer; 2 R; 3 man hört Nachrichten über das kulturelle Geschehen (Kulturnotizen).

32 Modell: Er ist Schwede, in Malmö geboren, spricht sehr gut Deutsch, studierte Literatur und Philosophie, war Hafenarbeiter und Antiquar, schrieb fürs Theater, zog nach Berlin, und arbeitete dort als Regisseur. Seine wichtigste Beschäftigung ist das Flanieren, die Suche nach der Musik und Farbe einer Stadt, die Suche nach ihrem Flair. Er ist ein Tag- und Nachtschwärmer, immer auf der Reise zwischen Ost und West.
33 1 das Fernsehen; 2 auf bloße „Sound bites" reduziert; 3 immer kürzer treten; 4 Sendeform; 5 viel Zeit; 6 Bildern

Pinnwand

Richtig oder Falsch:
1 R; 2 R; 3 F; 4 F; 5 F; 6 R

Heldenfußallee:
1 ... die heißeste Videothek der Stadt hat. 2 ... bessere Zeiten gesehen hat und jetzt im Park wohnt. 3 ... eine dubiose Vergangenheit hat. 4 ... alles hört, sieht und weiß.

Für Kinder:
1

Kontrolle

1 1 c; 2 d; 3 b; 4 a; 5 e
2 1 Welche Zeitung lesen Sie am liebsten? 2 Was ist das für eine Zeitung? 3 Welche Zeitung würden Sie nicht lesen? 4 Warum nicht?
3 1 Artikel, 2 Fußball, 3 Spielfilm, 4 Oper
4 1 Kindersendung; 2 Nachrichten/Tagesschau; 3 Natursendung; 4 Musikprogramm; 5 Reisesendung
5 1 Hans ist ein sympathischer Mann, ein guter Geschäftsmann, er ist immer freundlich. Er hat dunkles Haar und einen grauen Bart. 2 Anna ist eine junge Frau. Ihr Gesicht ist sehr ernst (or: sie sieht sehr ernst aus.) Sie hat kurzes blondes Haar und trägt eine Mütze und einen langen schwarzen Mantel.
6 Lieber Hans ... Viele Grüße Deine Anna; Sehr geehrter Herr Professor Maier ... Hochachtungsvoll Anna Krause

Grammar

1 Nouns general

Nouns are words used for people, animals, objects, places or concepts. All nouns in German start with a capital letter. Every German noun is either masculine (m), feminine (f) or neuter (n).

1.1 articles

Corresponding to these are the definite and indefinite articles (the words for 'the' and 'a(n)'):

(Masculine)	*der/ein Mann*	he/a man
(Feminine)	*die/eine Frau*	the/woman
(Neuter)	*das/ein Kind*	the/a child

The word for 'the' is always *'die'* for plural nouns:

die Männer, die Frauen, die Kinder

In German plurals vary a lot, and it's best to learn each noun with its gender and its plural.

1.2 Compound nouns

Some German nouns consist of two or more words which are joined together. They are called compound nouns and always take the article of the last noun they consist of:

der Schuh + das Geschäft   das Schuhgeschäft

die Männer + der Gesang + der Verein
*   der Männergesangsverein*

2 Cases

Nouns are used in four cases in German: nominative, accusative, dative, genitive. The cases indicate the part the noun plays in the sentence.

2.1 The nominative case

The nominative case is used for the subject of the sentence (primarily the person or the thing doing the action described by the verb):

Der Mann lacht.   The man laughs/is laughing.

2.2 The accusative case

The accusative case is used for the direct object of the sentence (primarily the person or thing affected by the action of the verb):

Ich sehe den Bahnhof.   I see the station.
Er isst die Würste.   He's eating the sausages.

The accusative case is also used after certain prepositions (see 6.1).

2.3 The dative case

The dative case is used for the indirect object (this is primarily the person to whom something is given, shown, told etc.):

Die Kundin gibt dem Verkäufer das Geld.
The customer gives the cashier the money.

Der Vater erzählt den Kindern eine Geschichte.
The father tells the children a story.

Some German verbs require a dative object where English would have a direct object. These include:

helfen	to help	*Ich helfe dem alten Mann.*
antworten	to answer	*Sie antwortet der Lehrerin.*
gratulieren	to congratulate	*Er gratuliert dem Geburtstagskind.*
danken	to thank	*Ich danke dem Arzt.*
begegnen	to meet by chance	*Er ist dem Nachbarn im Park begegnet.*
schenken	to give	*Wir schenken der Freundin ein Buch.*
folgen	to follow	*Der Hund folgt der Katze ins Haus.*

The dative case is also used after certain prepositions and verbs (see 6.2).

2.4 The genitive case

The genitive case is used to show possession:

Das ist das Bild des Künstlers.
This is the artist's painting.

Masculine and neuter nouns sometimes add an extra *-(e)s* before the final *-s* in the genitive:

Das ist das Auto des Mannes.
This is the man's car.

The genitive case is also used after certain prepositions (see 6.4).

2.5 The definite and indefinite articles

Here is a complete list of definite and indefinite articles in all four cases:

	nominative	accusative	dative	genitive
m	der/ein	den/einen	dem/einem	des/eines
f	die/eine	die/eine	der/einer	der/einer
n	das/ein	das/ein	dem/einem	des/eines
pl	die	die	den	der

2.6 Weak nouns

A small group of masculine nouns are known as weak nouns. The always have an *-(e)n* ending in the accusative, dative, genitive and plural:

	nominative	accusative	dative	genitive
m	der Junge	den Jungen	dem Jungen	des Jungen
plural	die Jungen	die Jungen	den Jungen	der Jungen

Other common weak nouns are:

der Abiturient	somewhone who has his Abitur
der Herr	(gentle)man
der Journalist	journalist
der Kollege	colleague
der Kunde	customer
der Nachbar	neighbour
der Student	student
der Tourist	tourist

3 Pronouns

Pronouns are words used instead of a noun (like 'he' and 'we' in English). As with definite and indefinite articles, pronouns vary according to their function, number and gender in a sentence.

3.1 Personal pronouns

nominative		accusative	dative
ich	I	mich	mir
du	you	dich	dir
er/sie/es	he/she/it	ihn/sie/es	ihn/sie/es
man	one	einen	einem
wir	we	uns	uns
ihr	you	euch	euch
sie/Sie	they/you	sie/Sie	ihnen/Ihnen

sie/Sie can mean 'she, they' or 'you'.

Sie with a capital S is the polite form of 'you' for singular and plural. It's used when talking to strangers, adults and in formal or business situations.

Du and its plural *ihr* are the informal form of 'you' when talking to friends, family members, children and animals.

Man is like 'one' in English, but it is used more often. It is used where people might say 'you', 'we' or 'they' in English.

4 Adjective

Adjectives are used to provide more information about a noun. When the adjective stands on its own it has no ending:

Der Anzug ist neu.   The suit is new.

But when the adjective stands in front of a noun it adds an ending according to number, gender and case of the noun it goes with:

Das ist ein neuer Anzug.   That's a new suit.

4.1 Adjectival endings after der/die/das

	nominative	accusative	dative	genitive
m	der schnelle Zug	den schnellen Zug	dem schnellen Zug	des schnellen Zuges
f	die alte Stadt	die alte Stadt	der alten Stadt	der alten Stadt
n	das neue Auto	das neue Auto	dem neuen Auto	des neuen Autos
pl	die braunen Schuhe	die braunen Schuhen	den braunen Schuhe	der braunen Schuhe

4.2 Adjectival endings after ein/eine/ein

	nominative	accusative	dative	genitive
m	ein schneller Zug	einen schnellen Zug	einem schnellen Zug	eines schnellen Zuges
f	eine alte Stadt	eine alte Stadt	einer alten Stadt	einer alten Stadt
n	ein neues Auto	ein neues Auto	einem neuen Auto	eines neuen Autos
pl	braune Schuhe	braune Schuhe	braunen Schuhen	brauner Schuhe

4.3 Adjectival endings without an article

	nominative	accusative	dative	genitive
m	roter Wein	roten Wein	rotem Wein	roten Weines
f	gute Wurst	gute Wurst	guter Wurst	guter Wurst
n	weißes Brot	weißes Brot	weißem Brot	weißen Brotes
pl	teure Kleider	teure Kleider	teuren Kleidern	teurer Kleider

4.4 Possessive adjectives

Possessive adjectives show possession:

mein	my
dein	your
sein	his
ihr	her
sein	it's
unser	our
euer	your
ihr/Ihr	their/your

Adjectives that come after *mein, dein* etc. follow the same pattern as those under 4.2 above, e.g.

meine kleine Tochter, dein altes Auto

4.5 Comparative and superlative of adjectives

Adjectives are also used to make comparisons:

Berlin ist älter als Bremen.
Berlin is older than Bremen.

Aber Köln ist die älteste Stadt.
But Cologne is the oldest city.

Adjectives form their comparative with the ending *-er* and their superlative with *-(e)st*. Some vowels take an extra *Umlaut* in the comparative and superlative forms:

Adjective	Comparative	Superlative
neu	*neuer*	*der/die/das neuste*
klein	*kleiner*	*der/die/das kleinste*
schön	*schöner*	*der/die/das schönste*
alt	*älter*	*der/die/das älteste*
groß	*größer*	*der/die/das größte*

There are also some completely irregular forms:

Adjective	comparative	superlative
gut (well, good)	*besser*	*der/die/das beste*
hoch (high)	*höher*	*der/die/das höchste*
nah (near)	*näher*	*der/die/das nächste*
viel (much)	*mehr*	*der/die/das meiste*

When comparative and superlative adjectives are used before a noun, they take the same endings as any other adjectives:

das billigere T-Shirt   *das billigste T-Shirt*

5 Adverbs

Adverbs describe or modify either a verb:

Er singt schön.   He sings beautifully.

or an adjective:

Er hat eine unbeschreiblich schöne Stimme.
He has an indescribably beautiful voice.

or another adverb:

Er singt unwahrscheinlich schön.
He sings incredibly beautifully.

In German, most adjectives can be used unchanged as adverbs. Quite a few adverbs exist only as adverbs though, e.g. *völlig* (completely), *außerdem* (besides).

5.1 Comparatives and superlatives of adverbs

Adverbs form their comparatives with the ending *-er* like adjectives and their superlatives with *am -(e)sten*:

Ich singe schön.
Du singst schöner.
Aber Karla singt am schönsten.

5.2 gern(e)

The adverb *gern* (gladly) is used with verbs to mean 'to like':

Ich habe sie gern.	I like her.
Ich trinke gern Tee.	I like drinking tea.
Ich bin gern in Berlin.	I like being in Berlin.

Gern has an irregular comparative and superlative:

gern   lieber   am liebsten

6 Prepositions

A preposition is a word like 'at' or 'on'; they stand in front of a noun or pronoun and link it to the rest of the sentence. Prepositions often play a role in expressing position or location:

Ich gehe in das Haus.	I'm going into the house.
Das Buch liegt auf dem Tisch.	The book is on the table.

In German, prepositions are always followed by the accusative, dative or genitive case.

6.1 Prepositions followed by the accusative case

The following prepositions are always followed by the accusative case:

bis	until
durch	through
für	for
gegen	against
ohne	without
um	around

Das ist ein Geschenk für meinen Mann.
That's a present for my husband.

Der Weg führt durch den Wald.
The path leads through the wood.

6.2 Prepositions followed by the dative case

The following prepositions are always followed by the dative case:

aus	from, out of
bei	at
gegenüber	opposite
mit	with
nach	after, to
seit	since
von	from, of
zu	to

Er kommt aus der Schweiz.
He comes from Switzerland.

Ich gehe mit meinem Freund in die Stadt.
I'm going into town with my friend.

Note these shortened forms:

zu dem	→	*zum*
zu der	→	*zur*
bei dem	→	*beim*
von dem	→	*vom*

6.3 Prepositions followed by the accusative and the dative case

Some prepositions can take either the accusative or the dative case, depending on their meaning. The accusative is used when there is movement involved, e.g. to say where someone is going to or coming from. The dative is used to indicate where someone or something is:

Ich fahre in die Stadt.   I'm going into town.   (acc.)
Ich bin in der Stadt.   I'm in town.   (dat.)

These prepositions are:

Preposition	with dative	with accusative
an	at, on	up to, over to
auf	on	onto
in	in	into
hinter	behind	behind
neben	near, next to	beside, next to
über	above, over	over, across
unter	under	under
vor	in front of	before
zwischen	between	between

Note these shortened forms:

an dem	→	*am*
an das	→	*ans*
in dem	→	*im*
in das	→	*ins*

6.4 Prepositions followed by the genitive case

The following prepositions are always followed by the genitive case:

wegen   on account of
Wegen des vielen Verkehrs fahre ich mit dem Fahrrad.

während   during
Während des Unterrichts mache ich Notizen.

trotz   in spite of
Trotz des Regens gehen wir spazieren.

7 Verbs

A verb expresses an action, state or sensation:

Ich spiele Klavier.   I am playing the piano.
Ich bin im Garten.   I am in the garden.

In dictionaries and word lists, verbs are given in the infinitive form (the 'to ...' form in English). German infinitive forms always end in *-(e)n: spielen* (to play).

7.1 Modal verbs

There are six modal verbs in German: *dürfen* (to be allowed to), *können* (to be able to), *mögen* (to like), *müssen* (to have to), *sollen* (ought to) and *wollen* (to want). Their main function is to express the speaker's attitude, such as the liking for something, an obligation or an ability to do something. Modal verbs are used together with another verb in the infinitive which goes to the end of the sentence:

Ich <u>muss</u> die Wäsche <u>machen</u>. I have to do the washing.
   <u>modal verb</u>   <u>2nd verb in the infinitive</u>

Modal verbs are all irregular. Their present tense forms are as follows:

	dürfen	können	mögen	müssen	sollen	wollen
ich	darf	kann	mag	muss	soll	will
du	darfst	kannst	magst	musst	sollst	willst
er/sie/ es/man	darf	kann	mag	muß	soll	will
wir	dürfen	können	mögen	müssen	sollen	wollen
ihr	dürft	könnt	mögt	müsst	sollt	wollt
sie/Sie	dürfen	können	mögen	müssen	sollen	wollen

7.2 Separable verbs

Separable verbs consist of a verb and another particle or prefix: *an/kommen, um/steigen*. In the present tense the prefix is separated from the verb and goes to the end of the sentence:

Der Bus kommt um acht Uhr an.
The bus arrives at eight o'clock.
Sie steigen am Marktplatz um.
You change at the marketplace.

If a modal verb is used in the same sentence, the separable verb joins back together at the end of the sentence:
Ich muss heute abend einkaufen.
I have to go shopping this evening.

7.3 Reflexive verbs

Reflexive verbs include the pronoun *sich* in the infinitive form. In the present tense, the reflexive pronouns are as follows:

ich wasche	*mich*	I wash myself
du wäschst	*dich*	you wash yourself
er/sie/es/ man wäscht	*sich*	he/she/it/one washes him/her/it/oneself
wir waschen	*uns*	we wash ourselves
ihr wascht	*euch*	you wash yourselves
sie/Sie waschen	*sich*	they/you wash themselves/yourselves

Some German verbs are reflexive where the English is not:

Ich interessiere mich für Sport.
I am interested in sports.

Ich setze mich auf das Sofa.
I sit down on the settee.

🔒 Tenses

The tense of the verb expresses when the action takes place:

Er schreibt einen Brief. (present tense)
He writes/is writing a letter.

Er hat einen Brief geschrieben. (past tense)
He wrote/has written a letter.

Er wird einen Brief schreiben. (future tense)
He will write a letter.

8.1 Present tense

The present tense describes what someone is doing at the moment or regularly. In German, there is only one form of the present tense which conveys the three English versions:

Ich spiele {
I play. (every day, often)
I am playing. (now, this morning etc)
I do play/do you play?
}

8.2 Weak verbs

Weak verbs all follow this pattern:

Infinitive:	*spielen* (to play)
ich	*spiele*
du	*spielst*
er/sie/es/man	*spielt*
wir	*spielen*
ihr	*spielt*
sie/Sie	*spielen*

8.3 Strong verbs

Strong verbs exist in both German and English. They are verbs which change their main vowels from one tense to another, for example 'I sing, I sang, I have sung' – *ich singe, ich sang, ich habe gesungen.*

Some strong verbs also change their vowels in the second and third persons singular - the *du* and the *er/sie/es/man* forms:

fahren (to go, drive)	*laufen* (to run)
ich fahre	*ich laufe*
du fährst	*du läufst*
er fährt	*er läuft*
a →ä	*au → äu*

sehen (to see)	*geben* (to give)
ich sehe	*ich gebe*
du siehst	*du gibst*
er sieht	*er gibt*
e → ie	*e → i*

You can find a list of the most common strong and mixed verbs on page 176.

8.4 Irregular verbs

Irregular verbs do not follow any patterns. The most important irregular verbs are *haben, sein* and *werden* and the modal verbs *dürfen, können, mögen, müssen, sollen* and *wollen.*

haben and *sein*

	haben	*sein*
ich	*habe*	*bin*
du	*hast*	*bist*
er/sie/es/man	*hat*	*ist*
wir	*haben*	*sind*
ihr	*habt*	*seid*
sie/Sie	*haben*	*sind*

8.5 The perfect tense

The perfect tense is used to describe events that have happened in the past. It consists of two parts: the auxiliary verb *haben* or *sein* and the past participle of a verb which normally goes to the end of the sentence.

Haben is used for most verbs. As in the present tense, there are more versions in English for the perfect tense than in German:

Ich habe ein Geschenk gekauft.
I bought/have bought/did buy a present.

Verbs with *sein* are generally used to indicate movement:

Ich bin in die Stadt gegangen.
I've gone/went into town.

Some verbs can take either *haben* or *sein* depending on the context:

Ich habe sein Auto gefahren. I drove his car.
Ich bin nach Berlin gefahren. I went to Berlin.

8.6 Weak verbs

To form the past participle of a regular or weak verb the prefix *ge-* is added to the *er/sie/es/man* form of the verb:

er spielt   *gespielt*

8.7 Strong verbs

Strong verbs do not form the past participle like weak verbs; you need to learn the past participle of each strong verb individually.

All verbs which form the past participle with sein are irregular or strong verbs:

gehen   *ich bin gegangen*
fliegen   *ich bin geflogen*

A list of the most common strong and mixed verbs can be found on page 176.

Some verbs drop the *ge-* altogether from the past participle. These include verbs ending in *-ieren* and verbs with inseparable prefixes such as *be-, ent-, emp-zer-, ver-*.

Ich habe telefoniert.	I telephoned.
Sie hat Berlin besucht.	She visited Berlin.
Wir haben den Zug verpasst.	We missed the train.

8.8 Separable verbs

For the past participle of separable verbs the prefix rejoins the verb with *-ge-* in the middle:

Der Bus ist um 10 Uhr abgefahren.
The bus left at 10 o'clock.

8.9 Simple past tense

The simple past tense (imperfect) is normally used in written German – e.g. in articles, stories and reports. In some parts of Germany, the simple past tense is also used in speech. Some very common verbs are also almost always used in the simple past tense. They are *haben, sein, werden* and the modal verbs:

Ich hatte Glück.	I was lucky.
Ich war in Bonn.	I was in Bonn.
Ich musste abwaschen.	I had to do the washing up.
Es wurde dunkel.	It got dark.

8.10 Weak verbs

Weak verbs form the simple past tense by adding the following endings to the *er/sie/es/man* present tense form of the verb:

ich spielte	I played
du spieltest	you played
er/sie/es/man spielte	he/she/it/one played
wir spielten	we played
ihr spieltet	you played
sie/Sie spielten	they/you played

8.11 Strong verbs

In the simple past tense there is no rule for forming the stem of of strong verbs; they have to be learned individually. You can find a list of all the strong and mixed verbs on page 176.

8.12 Mixed verbs

Some verbs are called mixed verbs because they have features of both strong and weak verbs:

Er bringt mir ein Geschenk aus Paris.
He's going to bring me a present from Paris.

Er brachte ihr Blumen.
He brought her flowers.

Er hat mir eine Flasche Wein gebracht.
He brought me a bottle of wine.

8.13 The future tense

The future tense describes what is going to happen. In German, there are two ways of talking about the future:

The present tense + expression of time
The present tense used with an expression of time tells us when something is going to happen:

Ich fahre morgen nach Berlin.
I'm going to Berlin tomorrow.

The future tense with werden
The true future tense is formed by using the present tense of *werden* plus the other verb in the infinitive at the end of the sentence:

Ich werde nach Berlin fahren.
I will go to Berlin.

Here are all the forms of werden:

ich werde	*fahren*	*wir werden*	*fahren*
du wirst	*fahren*	*ihr werdet*	*fahren*
er/sie/es/man wird	*fahren*	*sie/Sie werden*	*fahren*

8.14. The conditional

The conditional is used to say what you would do if …

Wenn ich reich wäre, würde ich eine Weltreise machen.

If I were rich I would go on a world trip.

Wenn ich eine Million Mark hätte, würde ich nicht mehr arbeiten.
If I had one million Marks, I would not work anymore.

The conditional is formed as follows:

Wenn ich ... wäre, würde ich + infinitive at the end
If I were ... I would . . .

Wenn ich . . . hätte, würde ich + infinitive at the end
If I had . . . I would . . .

Here are all the forms of *würde:*

verreisen	to go on holiday
ich würde verreisen	*wir würden verreisen*
du würdest verreisen	*ihr würdet verreisen*
er/sie/es/man würde verreisen	*sie/Sie würden verreisen*

The conditional is often used in expressions such as:

Ich möchte ...	I would like ...
Ich hätte gern ...	I'd like ...
Könntest du ...?	Could you ...?
Würdest du ...?	Would you ...?
Wir sollten ...	We should ...

8.15 The pluperfect tense

The pluperfect tense expresses what had already happened in the past:

Ich hatte die Kinder schon ins Bett gebracht.
I had already put the children to bed.

Ich war als Kind oft allein zu meiner Oma gefahren.
I'd travelled on my own to visit my granny as a child.

The pluperfect uses the simple past of *haben* or *sein* plus the past participle already used in the perfect tense:

	haben	sein
ich	*hatte*	*war*
du	*hattest*	*warst*
er/sie/es/man	*hatte*	*war*
wir	*hatten*	*waren*
ihr	*hattet*	*wart*
sie/Sie	*hatten*	*waren*

8.16 The passive

The passive describes what is done to someone or something instead of something or someone performing an action:

Ein Haus wird gebaut.   *Ich baue ein Haus.*
A house is being built.   I'm building a house.

In German the passive is formed by using the verb *werden* (to become) with a past participle:

Das Geld wird getauscht.
Money is being changed.

Die Kinder werden gebadet.
The children are being bathed.

8.17 zu + infinitive

Apart from the modal verbs which are followed by the infinitive without *zu*, almost all other verbs or structures which are followed by an infinitive need to add *zu:*

Ich versuche zu sparen.   I'm trying to save.

Ich habe keine Lust, ins Theater zu gehen.
I don't feel like going to the theatre.

8.18 um zu + infinitive

'In order to ...' is expressed in German by *um ... zu* + infinitive. The *um ... zu* clause is separated from the main clause by a comma:

Ich lese Zeitung, um mich zu informieren.
I'm reading the paper in order to keep myself informed.

Ich gehe ins Kaufhaus, um eine Hose zu kaufen.
I'm going to the department store in order to buy a pair of trousers.

8.19 lassen + infinitive

Lassen + infinitive means to arrange for or allow something to happen or to be done:

Ich lasse meinen Rock reinigen.
I'm getting my skirt cleaned.
Ich ließ meine Brille reparieren.
I got my glasses repaired.

In the perfect tense, *lassen* is used instead of the normal past participle *gelassen:*

Ich habe meinen Rock reinigen lassen.
Ich habe meine Brille reparieren lassen.

9 Negatives

9.1 Nicht

Nicht is usually used to express 'not':
Er ist nicht alt. He's not old.
Ich gehe nicht ins Schwimmbad.
I'm not going to the pool.

9.2 kein/keine

Kein(e) is used with nouns to express 'no, not a, not any'. *Kein(e)* follows the patterns of *ein(e)* (section 4.2):

Ich habe kein Auto, aber ich habe ein Fahrrad.
I haven't got a car, but I've got a bicycle.

Ich habe keine Ahnung. I haven't got a clue.

9.3 Nichts

Nichts means 'nothing/not anything':

Ich habe nichts gegessen. I haven't eaten anything.

10 Word order

10.1 Main clauses

In main clauses the verb is always the second idea. Sometimes it's the actual second word, but not always:

Ich heiße Ute Koch.
(1) (2)
I'm called Ute Koch.

Mein Mann hat morgen keine Zeit.
(1) (2)
My husband hasn't got time tomorrow.

If any other idea in the sentences come before the verb, the subject of the sentence is pushed on so that the verb is still the second idea:

Morgen fahre ich nach Berlin.
(1) (2)

10.2 Coordinating conjunctions

Conjunctions are words which join sentences together. The following conjunctions don't change the word order of the sentence they introduce: *und* (and), *denn* (for, because), *oder* (or), *aber* (but), *sondern* (but):

Es regnet, und es ist kalt. It's raining and it's cold.

Ich studiere, denn ich möchte Karriere machen.
I'm studying because I want to have a career.

10.3 Subordinate clauses

Some conjunctions change the word order of the sentence they introduce – they send the verb to the end:

Ich finde es schlecht, dass ich keine Arbeit habe.
It's bad that I haven't got work.

Ich bleibe zu Hause, weil meine Frau lieber arbeitet.
I'm staying at home because my wife prefers to work.

The most common of these conjunctions are:

als	when (used to describe actions in the past)
bis	until
dass	that
ob	whether
obwohl	although
während	while
weil	because
wenn	when/if
wo	where

10.4 Time – manner – place

When sentences include several elements, they usually follow the order time (i.e. when?), manner (i.e. how?), place (i.e. where [to/from]?):

Ich fahre	*um vier Uhr*	*mit dem Bus*	*in die Stadt.*
	time	manner	place

10.5 The imperative

The imperative is used to give orders or instructions or to express requests. In the imperative the verb comes first in the sentence:

Essen Sie kein Fleisch! Don't eat any meat!
Gehen Sie an der Ampel rechts. Turn right at the lights.

To create the *du*-form of the imperative, drop the *(e)st* of the present tense of the verb:

Du gehst an der Ampel rechts. Geh an der Ampel rechts!
Du gibst ihm das Geld. Gib ihm das Geld!

You may find that an 'e' is sometimes added:

Du kaufst ein Kilo Tomaten. Kaufe ein Kilo Tomaten!

The *ihr*-form of the imperative is the same as the present tense form, but *ihr* is dropped:

Ihr geht an der Ampel rechts. Geht an der Ampel rechts!

In the *Sie*-form the imperative is the same as the present tense form with the verb in front, and the Sie remains:

Sie gehen an der Ampel rechts. Gehen Sie an der Ampel rechts!

10.6 Relative clauses

Relative clauses are subordinate clauses and are used to combine two sentences about the same person or object into one, or to add more information to a sentence. They are introduced by a relative pronoun ('who, which' or 'that' in English) which sends the verb to the end of the sentence:

Das ist der Lehrer, der sehr nett ist.
That's the teacher who is very nice.

Der Programmierer, der neu ist, kommt aus Potsdam.
The programmer who is new is from Potsdam.

Relative pronouns can often be dropped in English, but not in German:

The man I saw on the bus had no money.
(Full form: The man whom I saw on the bus had no money.)
Der Mann, den ich im Bus sah, hatte kein Geld.

The relative pronouns depend on the gender and number of the noun they refer to. The case of the relative pronouns depends on its role in the relative clause:

	nominative	accusative	dative	genitive
m	*der*	*den*	*dem*	*dessen*
f	*die*	*die*	*der*	*deren*
n	*das*	*das*	*dem*	*dessen*
pl.	*die*	*die*	*denen*	*deren*

10.7 Word order in general

Word order in German is far more flexible than in English – it is possible for just about any sentence element to be the first as long as the verb is always the second idea.

10.8 Ja/nein questions

To form a question which requires only a *ja/nein* answer, you simply put the verb at the beginning of the sentence:

Sprechen Sie Deutsch?   Do you speak German?

10.9 Question words

To form a question which requires more information in the answer, you use a question word at the beginning of the sentence followed by the verb:

Wann fährt der Zug nach Bremen?
When does the train to Bremen leave?

Here are all the question words:

Wann?	When?
Warum?	Why?
Was?	What?
Was für?	What kind of?
Welche/r/s?	Which?
Wer?	Who?
Wie?	How?
Wie lange?	How long?
Wie viel?	How much/many?
Wo?	Where?

Table of strong and mixed verbs

• *sein* plus past participle

infinitive	present	simple past	perfect	English
beginnen	beginnt	begann	begonnen	to begin
beißen	beißt	biß	gebissen	to bite
biegen	biegt	bog	gebogen	to bend
bieten	bietet	bot	geboten	to offer
binden	bindet	band	gebunden	to tie
bitten	bittet	bat	gebeten	to ask
blasen	bläst	blies	geblasen	to blow
bleiben	bleibt	blieb	geblieben•	to stay
brechen	bricht	brach	gebrochen	to break
brennen	brennt	brannte	gebrannt	to burn
bringen	bringt	brachte	gebracht	to bring
denken	denkt	dachte	gedacht	to think
dürfen	darf	durfte	gedurft	to be allowed to
empfehlen	empfiehlt	empfahl	empfohlen	to recommend
essen	isst	aß	gegessen	to eat
fahren	fährt	fuhr	gefahren•	to go, travel
fallen	fällt	fiel	gefallen•	to fall
fangen	fängt	fing	gefangen	to catch
finden	findet	fand	gefunden	to find
fliegen	fliegt	flog	geflogen•	to fly
fliehen	flieht	floh	geflohen•	to flee
fließen	fließt	floss	geflossen•	to flow
frieren	friert	fror	gefroren	to freeze
geben	gibt	gab	gegeben	to give
gehen	geht	ging	gegangen	to go
gelingen	gelingt	gelang	gelungen	to succeed
genießen	genießt	genoss	genossen	to enjoy
geschehen	geschieht	geschah	geschehen•	to happen
gewinnen	gewinnt	gewann	gewonnen	to win
graben	gräbt	grub	gegraben	to dig
greifen	greift	griff	gegriffen	to grasp
haben	hat	hatte	gehabt	to have
halten	hält	hielt	gehalten	to stop
hängen	hängt	hing	gehangen	to hang
heben	hebt	hob	gehoben	to lift
heißen	heißt	hieß	geheißen	to be called
helfen	hilft	half	geholfen	to help
kennen	kennt	kannte	gekannt	*to know*
kommen	kommt	kam	gekommen•	to come
können	kann	konnte	gekonnt	to be able to
laden	lädt	lud	geladen	to load
lassen	lässt	ließ	gelassen	to allow, let
laufen	läuft	lief	gelaufen•	to run
leiden	leidet	litt	gelitten	to suffer
leihen	leiht	lieh	geliehen	to lend
lesen	liest	las	gelesen	to read
liegen	liegt	lag	gelegen	to lie
lügen	lügt	log	gelogen	to tell a lie
meiden	meidet	mied	gemieden	to avoid
misslingen	misslingt	misslang	misslungen•	to fail
mögen	mag	mochte	gemocht	to like
müssen	muss	musste	gemusst	to have to
nehmen	nimmt	nahm	genommen	to take
nennen	nennt	nannte	genannt	to name
raten	rät	riet	geraten	to guess
reiten	reitet	ritt	geritten	to ride
reißen	reißt	riss	gerissen	to rip, tear
rennen	rennt	rannte	gerannt•	to run
rufen	ruft	rief	gerufen	to call
saugen	säugt	sog	gesogen, gesaugt	to suck
scheiden	scheidet	schied	geschieden•	to separate
scheinen	scheint	schien	geschienen	to shine, seem
schlafen	schläft	schlief	geschlafen	to sleep
schlagen	schlägt	schlug	geschlagen	to hit
schließen	schließt	schloß	geschlossen	to shut
schneiden	schneidet	schnitt	geschnitten	*to cut*
schreiben	schreibt	schrieb	geschrieben	to write
schreien	schreit	schrie	geschrien	to cry, shout
sehen	sieht	sah	gesehen	to see
sein	ist	war	gewesen•	to be
senden	sendet	sandte	gesandt gesendet	to send
sitzen	sitzt	saß	gesessen•	to sit
sollen	soll	sollte	gesollt, sollen	ought to
sprechen	sprechen	sprach	gesprochen	to speak
stehen	steht	stand	gestanden•	to stand
stehlen	stiehlt	stahl	gestohlen	to steal
steigen	steigt	stieg	gestiegen•	to climb, rise
sterben	stirbt	starb	gestorben•	to die
stoßen	stößt	stieß	gestoßen	to push
streichen	streichen	strich	gestrichen	to paint
tragen	trägt	trug	getragen	to carry
treffen	trifft	traf	getroffen	to meet
treiben	treibt	trieb	getrieben	to do (eg sport)
treten	tritt	trat	getreten•	to step
trinken	trinkt	trank	getrunken	to drink
tun	tut	tat	getan	to do
überwinden	überwindet	überwand	überwunden	to overcome
vergessen	vergisst	vergaß	vergessen	to forget
verlieren	verliert	verlor	verloren	to lose
verschwinden	verschwindet	verschwand	verschwunden•	to disappear
verzeihen	verzeiht	verzieh	verziehen	to pardon
wachsen	wächst	wuchs	gewachsen•	to grow
waschen	wäscht	wusch	gewaschen	to wash
weisen	weist	wies	gewiesen	to show
wenden	wendet	wandte	gewendet, gewandt	to turn
werben	wirbt	warb	geworben	to advertise
werden	wird	wurde	geworden•	to become
werfen	wirft	warf	geworfen	to throw
wiegen	wiegt	wog	gewogen	to weigh
wissen	weiß	wusste	gewusst	to know
ziehen	zieht	zog	gezogen	to pull, draw

Audio transcripts

Unit 1
1
- Ich bin Andrea, und wie heißt du?
- Ich heiße Miriam.
- Und kommst du aus Berlin?
- Ja, ich komm' direkt aus Berlin.
- Und was machst du hier?
- Ich bin Studentin, hier an der Humboldt Universität.
- Und gefällt es dir in Berlin?
- Ja, mir gefällt es sehr gut. Mir gefallen die vielen Theater, die vielen Kinos und Kneipen – da ist viel Leben in der Stadt.

3
- Hallo. Ich bin Andrea.
- Ich bin Simone.
- Und kommst du aus Berlin?
- Nein, ich komme aus Bad Hersfeld, das liegt in Hessen.
- Wie lange wohnst du schon hier in Berlin?
- Eh, seit drei Monaten.
- Gefällt es dir hier in Berlin?
- Nein.
- Gar nicht?
- Nein.
- Und warum?
- Eh – die Stadt ist mir zu groß, zu laut, zu dreckig – ehm – zu fremd. Ja.
- Und die Berliner, findest du die Berliner freundlich oder unfreundlich?
- Nee. Nein – unfreundlich.

5
- Ich heiße Carola, bin 31 Jahre alt, komme aus München und lebe seit sechs Monaten in Berlin.
- Und gefällt es dir in Berlin?
- Es ist sehr vielfältig, es ist sehr spannend, es ist interessant, es gibt sehr sehr viel zu sehen und zu erleben. Und die Menschen sind sehr unterschiedlich, von traurig bis lustig und so wie das Leben eigentlich ist, find' ich.
- Gefällt es dir in Berlin besser als in München?
- Berlin und München, find' ich, sind zwei völlig unterschiedliche Sachen, das sind auch zwei völlig unterschiedliche Lebensformen. In Berlin kann man sehr sehr viel erleben, und München – find' ich – ist eine wunderschöne Stadt, aber es nicht so viel los wie in Berlin.
- Und was gefällt dir nicht in Berlin?
- Der graue Himmel und der kalte Ostwind.

12
- Haben Sie schon immer in Berlin gewohnt?
- Nein, ich wohne seit 6 Jahren in Berlin.
- Gefällt es Ihnen sehr gut hier in der Stadt?
- Es ist meine Lieblingsstadt in Deutschland.
- Und warum?
- Es ist eine Stadt für jede Stimmung. Man hat Ost und West in einer Stadt, ein großes Kulturangebot, und die Stadt wird zunehmend internationaler.
- Was gefällt Ihnen nicht so gut in Berlin?
- Der Ost-West-Gegensatz, die Armut und die zunehmende Bürokratie.

14
- Wo ist Ihre Heimat?
- Meine Heimat ist in Deutschland, vor allem in Süddeutschland.
- Wo genau?
- Ich lebe in Ravensburg, in der Nähe des Bodensees.
- Was gefällt Ihnen an Deutschland?
- An Deutschland gefällt mir vor allem der Süden mit seinen Bergen, mit seinen großen Seen, mit seiner Nähe zu den Ländern

Schweiz, Österreich und Frankreich.
- Und was gefällt Ihnen nicht an Deutschland?
- Die Deutschen sind mir manchmal zu kritisch, zu zweifelnd, zu wenig optmistisch. Ich denke, sie könnten den Augenblick noch etwas mehr genießen.

18
- Sprechen Sie auch Dialekt?
- Ich spreche noch ein bisschen Dialekt, eine Mischung zwischen Bairisch und Schwäbisch.
- Und Ihre Eltern?
- Meine Mutter spricht schwäbisch und mein Vater mehr hochdeutsch.
- Finden Sie Dialekte wichtig?
- Ich finde Dialekte sehr wichtig. Sie bedeuten eine regionale Eigenheit, und ich finde es sehr wichtig, Eigenheiten auszudrücken.

- Sprechen Sie Dialekt?
- Ja.
- Und welchen?
- Schwäbisch – besonders dann, wenn das Gefühl mich übermannt.
- Finden Sie Dialekte wichtig?
- Dialekte sind sehr wichtig.
- Und warum?
- Dialekte erlauben, direkt aus dem Herzen zu sprechen, und aus dem Gefühl.

Unit 2
1
- Sind Sie verheiratet?
- Ja, ich bin verheiratet.
- Seit wann sind Sie verheiratet?
- Seit fast sieben Jahren.
- Haben Sie Kinder?
- Ja, zwei Kinder, zwei Töchter.

- Sind Sie verheiratet?
- Nein, ich bin ledig.
- Leben Sie allein?
- Ja, ich lebe allein.

- Sind Sie verheiratet?
- Nein, ich bin geschieden.
- Haben Sie Kinder?
- Nein, ich habe keine Kinder.

- Sind Sie verheiratet?
- Ja, ich bin verheiratet.
- Seit wann sind Sie verheiratet?
- Ich bin seit siebzehn Jahren verheiratet.
- Haben Sie Kinder?
- Ja, ich habe drei Kinder, einen Jungen und zwei Mädchen.

10
- Hallo, ich bin der Ullrich. Ich wohne in Berlin, und ich bin 36 Jahre alt. Ich bin 1m 89 groß und ich wiege 82 Kilo. Ich bin Redakteur von Beruf. Ich bin geschieden und habe eine achtjährige Tochter. Ich suche eine nette Partnerin. Ich bin ehrlich und häuslich. Ich mag Musik. Ich interessiere mich für Sport. Ich gehe gern ins Theater, und ich lese gern.

12
- Wer kümmert sich um die Kinder?
- Wir kümmern uns selbst um unsere Kinder, und eine Kinderfrau.
- Wer macht was bei Ihnen im Haushalt?
- Ich mache fast alles und mein Mann macht etwas.
- Wie ist die Rollenverteilung genau?
- Ich arbeite halbtags und den Rest der Zeit verbringe ich mit Putzen und auf Kinderaufpassen. Mein Mann hat eine volle Stelle, das

heißt er hat relativ wenig Zeit zu Hause und bringt nur die Kinder abends ins Bett.

13
- Wie sieht in Ihrer Familie die Rollenverteilung aus? Wer macht was?
- Beispielsweise, ich kaufe ganz gerne ein, und putze auch gelegentlich, und koche gern, und meine Frau macht dann den Rest. Ja, ansonsten bin ich natürlich für die Technik zuständig, wenn etwas kaputt geht. Ja, das ist dann auch meine Aufgabe.

15
1 Ich räume manchmal auf.
2 Ich bringe selten die Kinder ins Bett.
3 Ich wasche oft ab.
4 Ich staubsauge nie.
5 Ich bügele manchmal.
6 Ich mache immer die Wäsche.

20
- Wie lange seid ihr schon ein Paar?
- Wir haben uns vor gut fünf Jahren kennen gelernt, hier in Berlin und sind jetzt fünf Jahre und drei Monate zusammen.
- Und jetzt lebt ihr zusammen – schon, schon immer oder wie war das?
- Ja, seit über einem Jahr leben wir zusammen. Und wir hatten zunächst beide Angst davor, aber wir haben festgestellt, dass das sehr viele Vorteile hat und eigentlich sehr schön ist.
- Und wie sieht euer Zusammenleben aus, wer macht was im Haushalt?
- Also, Michael bezahlt die Putzfrau, und ich gehe einkaufen.
- Und was ist für euch das Wichtigste in der Beziehung?
- Also, für mich ist das Wichtigste, Vertrauen zu haben.
- Für mich auch. Ich würde sagen: Zuverlässigkeit, Treue und Ehrlichkeit.

Unit 3
1
- Was für eine Schulbildung haben Sie?
- Ich hab' das Abitur gemacht.
- Haben Sie studiert?
- Ja.
- Was haben Sie studiert?
- Ich habe Deutsch und Englisch studiert.
- Wo haben Sie studiert?
- Ich habe in Jena, an der Friedrich-Schiller-Universität in Jena studiert.
- Wie lange haben Sie studiert?
- Ich habe 5 Jahre studiert.

- Was für eine Schulbildung haben Sie?
- Ich habe die mittlere Reife gemacht.
- Haben Sie dann eine Lehre gemacht?
- Ja, ich habe eine Ausbildung gemacht, eine Lehre als Einzelhandelskaufmann oder -kauffrau.
- Haben Sie da auch in einem Betrieb gearbeitet?
- Ja, ich habe in einer Buchhandlung gearbeitet.
- Wie lange hat diese Ausbildung gedauert?
- Zwei Jahre. Die Ausbildung dauert meistens zwei Jahre.

10
- Ich heiße Katja, und ich bin 17 Jahre alt. Ich besuche ein Gymnasium. Ich will später Abitur machen, und ich möchte auch studieren – am liebsten Biologie. Aber für ein Studium darf ich keine schlechten Noten haben. Darum muss ich viel lernen!

- Mein Name ist Jonas, und ich bin 16 Jahre. Ich gehe auf eine Gesamtschule. Ich muss noch ein Jahr zur Schule gehen – ich will die mittlere Reife machen. Danach kann ich dann eine Lehre machen. Am liebsten möchte ich eine Lehre in einem Kindergarten machen.

15
- Herr Anschau, was ist das Prinzip der Waldorfschule?
- Die Waldorfschule ist eine private Schule.
- Und wie viele Waldorfschulen gibt es in Deutschland?
- In Deutschland gibt es zur Zeit 165 Schulen, auf der ganzen Welt sind es über 600.
- Herr Anschau, wie alt sind die Kinder in dieser Schule?
- Die Kinder kommen in der Regel in der 1. Klasse zu uns, das heißt im Alter von 6–7 Jahren, und sie bleiben normalerweise bis zur 13. Klasse, also bis sie 19 Jahre alt sind.
- Und wie viel kostet es, die Kinder auf diese Schule zu schicken?
- Zur Zeit ungefähr 210 DM pro Schüler und Monat.

19
- Wo machst du eine Lehre, und was für eine Lehre ist das?
- Ich mache eine Ausbildung zur Krankengymnastik und Gymnastiklehrerin in Kroburg.
- Und was lernst du da genau? Worin besteht diese Ausbildung?
- Es ist eben 'ne Krankengymnastik-Ausbildung, also praktischer Beruf, es ist sehr praxisorientiert, bedeutet halbtags im Krankenhaus und halbtags Unterricht. Der Unterricht geht dann bis 6 Uhr abends, manchmal auch länger.

25
- Was studierst du?
- Ich studiere Pädagogik auf Diplom.
- In welchem Semester bist du?
- Ich bin im 3. Semester.
- Und wie lange musst du ungefähr noch studieren?
- Wahrscheinlich noch 5 Semester.

- Was studierst du hier an der Universität?
- Ich studiere Germanistik, Anglistik und Volkswirtschaftslehre.
- Und in welchem Semester bist du?
- Ich bin im 10. Semester hier an der Uni.

- Und was studierst du?
- Ich studiere Geschichte und katholische Theologie.
- Auf Lehramt?
- Ja.
- In welchem Semester studierst du?
- Ich bin im 3. Semester.
- Und wie lange musst du da ungefähr noch studieren?
- Noch sehr lange, 7 Semester.

29
- Herr Elsner, was für einen Kurs machen Sie hier an der Volkshochschule?
- Ich mache hier jeden Montagabend einen Spanischkurs.
- Ist das ein Anfängerkurs?
- Nein, das ist ein Kurs für die Mittelstufe.

- Was für einen Kurs machen Sie, Frau May?
- Ich mache einen Bauchtanzkurs.
- Sie lernen Bauchtanz.
- Ja, ich lerne zweimal in der Woche Bauchtanz.
- Herr Lemke, was für einen Kurs machen Sie?
- Ich mache einen Kochkurs – ich lerne kochen!
- Und wann machen Sie den Kochkurs?
- Zweimal in der Woche – dienstags und donnerstags.

31
- Warum machen Sie einen Spanischkurs?
- Ja, ich mache einen Spanischkurs, weil ich oft in Spanien Urlaub mache.

- Und Sie, Frau May – warum lernen Sie Bauchtanz?
- Ich mache Bauchtanz, weil das ein ungewöhnlicher und ein schöner Sport ist.
- Aha – Herr Lemke, warum machen Sie einen Kochkurs?
- Ganz einfach – ich mache einen Kochkurs, weil ich nicht gut kochen kann. Hier lerne ich viele tolle Gerichte!

Unit 4
1
- Was für Interessen haben Sie?
- Ich lese sehr gerne, ich tanze, ich interessiere mich sehr für Theater und Musik.
- Und wie oft gehen Sie ins Theater?
- Na ja, alle zwei Wochen.

- Was für Hobbys haben Sie?
- Meine Hobbys sind Musik, Rad fahren, wandern.
- Wie oft gehen Sie wandern?
- In den Ferien jeden Tag oder zumindestens am Wochenende.
- Was machen Sie in Ihrer Freizeit?
- Ich gehe gern Skilaufen und ich schwimme gern.
- Haben Sie noch andere Hobbys?
- Ja, Reisen macht mir Spaß.
- Was machen Sie in Ihrer Freizeit?
- Ich singe gerne, das ist eigentlich das größte Hobby.
- Und sonst? Gehen Sie gerne ins Kino oder Theater?
- Ansonsten les' ich noch sehr gerne.

14
- Treiben Sie Sport?
- Ja, und – ich mach' Leichtathletik und bin in Mainz im Verein.
- Und wie oft in der Woche trainieren Sie?
- Fünf- bis sechsmal.
- Fünf- bis sechsmal die Woche?
- Ja.
- So oft?
- Ja.

- Welche Sportarten trainierst du?
- Volleyball im Verein, ich bin außerdem noch Volleyballtrainer.
- Und wie oft in der Woche trainierst du?
- Selber trainiere ich dreimal die Woche, und zweimal die Woche als Trainer.

19
- Wo haben Sie Ihre letzten Ferien verbracht?
- Die letzten Ferien haben wir auf Mallorca verbracht.
- Und hat es Ihnen da gefallen?
- Das hat uns auch sehr gut gefallen.
- Und wie war das Wetter dort?
- Dort war das Wetter sehr gut.

- Und Ihre Ferien, wo haben Sie die verbracht?
- Auf Mykonos.
- Und was haben Sie da gemacht?
- Ja, was haben wir da gemacht? Gebadet und gefaulenzt.
- Wie war es in Mykonos?
- Sehr schön, warm, aber auch sehr windig.

- Wo haben Sie Ihre letzten Ferien verbracht?
- Ich habe im Winter Urlaub in München gemacht.
- Und was haben Sie dort gemacht?
- Ich habe die Stadt besichtigt.
- Und wie war das Wetter in München?
- Das Wetter war super – wir hatten jeden Tag Schnee.

- Wo haben Sie Ihre letzten Ferien verbracht?
- In Dänemark.
- Und wo in Dänemark haben Sie Urlaub gemacht?
- In Roskilde. Ich habe dort mit einem Freund

gezeltet.
- Wie war das Wetter in Dänemark?
- Wir hatten kein Glück mit dem Wetter – es war sehr kalt.

24
- Bine, machen Sie hier in Berlin Urlaub?
- Ja, ich mache hier Urlaub.
- Und wie finden Sie Berlin?
- Also, Berlin finde ich super – man kann hier unheimlich viel machen.
- Was haben Sie denn schon alles gemacht?
- Oh, ich war am Samstag im Theater, und ich war auch schon im Kino – und natürlich in den vielen Kneipen.
- Was gefällt Ihnen noch an Berlin?
- Die Stadt ist total lebendig – das ist echt stark!

- Wie finden Sie Berlin?
- Ich finde, Berlin ist eine tolle Stadt für Touristen!
- Warum finden Sie Berlin toll?
- Also, hier ist immer etwas los – rund um die Uhr. Berlin ist eben Berlin: Es ist total spannend, interessant, vielfältig. Und es gibt hier die besten Diskos Deutschlands!
- Und was gefällt Ihnen sonst noch?
- Es gibt hier so viel zu tun, und es gibt ein so großes kulturelles Angebot – man hat hier nie Langeweile!

26
- Stefan, gehst du sehr gerne aus?
- Ja, ich gehe sehr gerne aus. Meist am Wochenende.
- Und wohin?
- Ja, ich gehe sehr gern ins Theater, ich gehe sehr gern in die Oper, ich gehe auch oft in eine Diskothek oder in eine schöne Bar.
- Gibt es hier für junge Leute sehr viel zu tun?
- Ja, Andrea, Berlin ist die deutsche Stadt der Nachtschwärmer. Es ist sehr, sehr interessant.
- Also kann man hier bis zum Morgengrauen unterwegs sein.
- Ja, und länger.

32
- Entschuldigen Sie bitte, wann fährt der nächste Bus zum Alexanderplatz?
- Der nächste Bus fährt in 30 Minuten, also um Viertel vor eins.
- Und wie lange dauert die Fahrt?
- 35 Minuten.
- Und wann fährt der nächste Zug zum Alexanderplatz?
- Der nächste Zug fährt 16 Uhr 30.

Unit 5
3
- Kühn!
- Guten Tag, Frau Kühn, Tom Begerow hier!
- Guten Tag, Herr Begerow!
- Frau Kühn, haben Sie heute Abend schon etwas vor?
- Tut mir leid, heute abend bin ich schon mit einer Kollegin verabredet. Aber am Samstagabend habe ich Zeit.
- Schön! Hätten Sie Lust, in die Oper zu gehen?
- Nein, für Oper interessiere ich mich leider nicht so sehr. Aber wie wäre es mit essen gehen?
- Ja, gern. Ich kenne ein gutes thailändisches Restaurant am Karlsplatz.
- Gibt es dort vegetarische Gerichte?
- Hm, ich weiß nicht, ob es dort vegetarische Gerichte gibt. Aber es gibt dort Fisch.
- Ja, Fisch esse ich. Gut, dann gehen wir dorthin!
- Ich bestelle dann einen Tisch für 20 Uhr 30.

- Wo treffen wir uns denn, Herr Bergerow?
- Wissen Sie, wo die U-Bahnstation Turmplatz ist?
- Die Station kenne ich nicht – aber wie wäre es mit der U-Bahnstation Schlesisches Tor?
- Warum dort?
- Das Schlesische Tor ist ganz bei mir in der

Nähe.
- Gut, dann treffen wir uns an der U-Bahn-station Schlesisches Tor.
- Und um wie viel Uhr?
- Wie wäre es mit 20 Uhr?
- Okay, bis heute abend dann! Ich freue mich   schon sehr.
- Ja, ich mich auch! Auf Wiederhören, Frau Kühn!

10
- Entschuldigen Sie, können Sie mir bitte helfen? Ich suche ein T-Shirt für meine Schwester.
- Damenbekleidung finden Sie im ersten Stock.
- Und wo finde ich Strumpfhosen?
- Strumpfhosen – auch im ersten Stock.
- Und wo finde ich Geschenkartikel?
- Geschenkartikel befinden sich im zweiten Stock.
- Im zweiten Stock. Und wo kann ich dann bezahlen?
- Bezahlen Sie vorne an der Kasse.

18
- Entschuldigung, finden Sie das Leben in Deutschland teuer?
- Ja.
- Und, wofür geben Sie eigentlich das meiste Geld aus, für Miete, für Urlaub, für Einkaufen?
- Miete und Urlaub.
- Und können Sie eigentlich sehr viel sparen von Ihrem Gehalt?
- Viel nicht mehr.
- Entschuldigung, finden Sie das Leben in Deutschland teuer?
- Das Leben in Deutschland ist sehr teuer.
- Und wofür geben Sie eigentlich das meiste Geld aus, das meiste Geld?
- Das meiste gebe ich immer noch für Lebensmittel und für Kleidung aus.
- Und haben Sie noch ein bisschen Geld zum Sparen übrig?
- Ja.

- Entschuldigung, finden Sie das Leben in Deutschland teuer?
- Es kommt darauf an. Ich finde manches teuer und manches nicht so teuer.
- Wofür geben Sie eigentlich das meiste Geld aus? Für die Miete?
- Für die Miete.
- Und wie sieht das sonst so mit den Neben-kosten aus?
- Ja, die Versicherungen sind teuer und die Steuer. Aber sonst – geht's uns eigentlich gut.

23
- Wir stehen jetzt hier bei „Penny". Ja, Franziska, was wirst du heute einkaufen?
- Ja, also heute habe ich eine ganz lange Einkaufsliste. Ich nehme die Ananas Stückchen, die kosten heute 89 Pfennig pro Dose. Heute kostet Nutella hier 2.59 DM, das ist ein biss-chen billiger als sonst. Hier kaufe ich eine große Packung mit 450 Gramm Brokkoli, das kostet in diesem Laden 2.89 DM. Zucker kostet hier 1 Kilogramm 1.69 DM und Mehl kostet 1 Kilogramm 49 Pfennig. Regelmäßig kaufe ich auch Leberwurst, da kostet eine 125-Gramm-Packung zum Beispiel 79 Pfennige.

Unit 6
1
- Wie bleibt man gesund, was ist Ihr persön-licher Tip?
- Sauna, Sauna, Sauna. Dreimal die Woche.
- Und sonst?
- Bisschen Sport vielleicht noch und viel deutsches Roggenbrot essen.

2
- Wie viele Mahlzeiten essen Sie am Tag?

- Naja, so drei bis vier.
- Drei bis vier Mahlzeiten?
- Ja.
- Und das wäre?
- Ja, Frühstück, Mittag, Abendbrot und so zwischendurch Kaffee.
- Kaffee und Kuchen?
- Ja.
- Welche Mahlzeit ist Ihnen am wichtigsten?
- Frühstück, damit der Tag gut beginnt.
- Und was essen Sie zum Frühstück?
- Ja, 'n Apfel, Jogurt, Müsli, mal 'ne Scheibe Knäckebrot. Ja, das ist alles.
- Sie essen keine Brötchen, kein Schwarz-brot, kein Toastbrot?
- Ah, selten, zum Sonntag mal, ja, ansonsten nicht.
- Was ist Ihr Lieblingsgericht?
- Oh, ich esse sehr viel chinesisch, russisch, türkisch, deutsch – ja, so quer durch die europäische Küche.
- Welches Gericht schmeckt Ihnen am besten?
- Ah, 'ne richtige schöne Lasagne.

8
- Stefan, ernährst du dich gesund?
- Ja, ich versuche schon, mich gesund zu ernähren.
- Und was isst du?
- Ich versuche, sehr viel Obst zu essen, Wein-trauben, Orangen, Mandarinen, Bananen.
- Und isst du sehr viel Fleisch?
- Ja, ich mag Fleisch.
- Und rauchst du eigentlich?
- Ja, ich rauche sehr gern.
- Das passt ja eigentlich nicht zusammen, gesunde Lebensweise und rauchen.
- Ja, was soll man tun? Jeder Mensch muss selbst glücklich werden. Ich habe einfach keine Lust auf Diäten oder auf andere Dinge. Ich treibe auch sehr wenig Sport, aber was soll's – es ist mein Leben.

10
- Schönen guten Tag.
- Guten Tag.
- Die Karte, bitte schön.
- Danke.
- Darf ich ihnen schon was zu trinken bringen?
- Einen Birnensaft bitte!
- Ja, kommt sofort.
- Bitte schön, ein Saft.
- Danke.
- Haben Sie sich auch schon was zum Essen gewählt?
- Ja, ein Omelett bitte.
- Mit Champignons oder mit Käse?
- Mit Champignons, bitte.
- Ja, gut. Kommt sofort.
- Danke.
- So, das Omelett.
- Bitte schön. Guten Appetit!
- Danke schön.

11
- Hat es Ihnen geschmeckt?
- Ja danke, sehr gut.
- Haben Sie noch einen Wunsch?
- Nein danke. Ich möchte bitte bezahlen.
- Ja, die Rechnung kommt sofort. So, das wären dann 10 Mark bitte.
- Danke, stimmt so.
- Danke schön. Schönen Tag wünsch' ich Ihnen noch.
- Danke.
- Auf Wiedersehen.

14
- Was ist typisch für die Thüringer Küche?
- Ja typisch für die Thüringer Küche sind Gerichte aus Kartoffeln, zum Beispiel der berühmte Thüringer Kloß, den es jeden Sonntag geben muss zum Fleisch und mit sehr viel Sauce.
- Gibt es bei Ihnen jeden Sonntag Thüringer

Klöße?
Nein, nicht jeden Sonntag, die machen sehr viel Arbeit.

15
- Wie macht man Thüringer Klöße?
- Das dauert sehr lange, und die Hausfrau hat sehr viel zu tun. Zuerst kocht sie Kartoffeln, dann dreht sie diese Kartoffeln durch den Wolf, dann nimmt sie rohe Kartoffeln, macht mit denen das gleiche, dann vermischt sie diese Kartoffeln zu einem Brei, dann kommt Salz hinzu, verschiedene Gewürze, und dann wird das Ganze geformt zu Kugeln und diese Kugeln werden in heißem Wasser gekocht.

17
- Was ist denn Ihr Tip, um gesund und glück-lich zu bleiben?
- Tun Sie die Dinge, die Ihnen Spaß machen, ver-suchen Sie, genügend Zeit für sich selber einzu-planen, genießen Sie das Leben und üben Sie täglich etwas Entspannung.

- Wie bleibt man gesund? Was ist Ihr persön-licher Tip?
- Ich denke, es ist wichtig, seine persönlichen Lebensrhythmen zu kennen, vielleicht auch manchmal seine Grenzen zu kennen und diese zu akzeptieren und ansonsten das Leben zu genießen und nicht zu dogmatisch zu sein.

18
- Für mich ist es wichtig, mit Freunden zu telefonieren.
- Mein Tip – mit jemandem zu flirten.
- Telefonieren Sie mit Freunden, gehen Sie zum Friseur!
- Man sollte jeden Abend ein langes Schaum-bad nehmen.
- Ich gehe gern in die Stadt zum Einkaufs-bummel.
- Ja, das mach ich auch gern. Oder ich bleibe zu Hause und löse ein Kreuzworträtsel.

19
- Welche Arzneimittel kaufen die Leute am häufigsten?
- Am häufigsten werden Kopfschmerztabletten gekauft, Erkältungsmittel wie Hustensäfte, Einreibemittel.
- Gibt es da einen Unterschied von Saison zu Saison?
- Ja, das ist stark klimabedingt in Deutschland. Im Winter vor allem Erkältungsmittel, Bäder, unter anderem Halsbonbons, Hustenbonbons. Im Frühling kommen die Diäten an die Reihe, Diätmittel und auch Vitamine zur Stärkung für den Sommer. Im Sommer vor allem Sonnenschutzmittel und Reisearzneimittel gegen Durchfall und im Herbst dann wieder vorbeugend für den Winter überwiegend Vitamine.

20
- Frau Josef, glauben Sie, dass die Deutschen sehr gesundheitsbewusst sind?
- Ja, inzwischen sind sie sehr bewusst geworden. Sie versuchen, alternative Arzneimittel zu finden, homöopathische Mittel und eben viele pflanzliche Arzneimittel.
- Sind die Deutschen heute gesundheitsbe-wusster als früher?
- Vor zehn Jahren war es sicherlich anders, weil auch die Kassen großzügiger waren und die Ärzte auch. Man ging zum Arzt, bekam ein Rezept und hat geschluckt was der Arzt ver-langt hat.

27
- Was ist die beste Jahreszeit für eine Kur?
- Da gibt es eigentlich keine feste Jahreszeit. Es hängt davon ab, was Sie bevorzugen, ob Sie den Sommer, den warmen Sommer lieben oder den kalten Winter. Die Wassertemperatur

ist immer dieselbe das ganze Jahr durch. Vielleicht schöner ist es doch im Sommer, wenn Sie nach der Kur im Garten sitzen können und ein Glas Wein genießen.

29
- Frau Telsnig, was ist das Besondere an Bad Blumau?
- Bad Blumau ist besonders, weil es eine Art Kunstwerk ist. Es ist nicht nur ein Kurort, sondern ein Kunstwerk, wo Leute ihren Urlaub verbringen können. Sie können auf Kur gehen, sie können sich erholen, sie können Sport betreiben oder Golf spielen und andere Arten von Freizeitbeschäftigungen machen.
- Wie sieht der Ort denn aus?
- Ungewöhnlich, dem gesamten Gebiet angepasst, alles ist fließend, rund. Es ist organisch, es ist – die Farben sind bunt, rot, blau, gelb, grün, es ist anders, wirklich anders.
- Und für wie viele Menschen ist Bad Blumau konzipiert?
- Zur Kur, circa für 600 Personen. 600 Personen haben Platz in diesem Komplex.
- Gibt es auch Straßen und Autos dort?
- Es gibt Straßen, aber nicht für die Autos sondern nur für Fußgänger. Es gibt Tiefgaragen, wo die Autos verstaut werden. Straßen sind nur für Fußgänger und für Radfahrer zu benützen.

Unit 7
1
- Was sind Sie von Beruf, Frau Klar?
- Ich bin Verkäuferin von Beruf.
- Und wo arbeiten Sie?
- Ich arbeite in einem Supermarkt hier in Jena.

- Herr Jonas, was sind Sie von Beruf?
- Ich bin Informatiker von Beruf.
- Wo arbeiten Sie, und was machen Sie genau?
- Ich arbeite bei Jenapharm. Ich entwickle neue Computerprogramme.

- Wo arbeiten Sie, Herr Bräuning?
- Meine Firma lautet BZ Holzbau GmbH Jena.
- Gehört Ihnen die Firma?
- Ja, die Firma gehört mir.
- Sie sind also der Boss?
- Ich bin der Chef.

- Und was sind Sie von Beruf?
- Ich leite das Fremdenverkehrsamt in Jena.
- Das ist sicher eine sehr interessante Arbeit?
- Ja.
- Also gefällt sie Ihnen?
- Es macht mir sehr viel Spaß.

2
- Herr Jonas, seit wann arbeiten Sie bei Jenapharm?
- Ich arbeite seit sechs Jahren bei Jenapharm.
- Und die Arbeit gefällt Ihnen, nicht wahr?
- Ja, das stimmt: Die Arbeit gefällt mir sehr.
- Und was gefällt Ihnen am besten?
- Am besten gefällt mir, dass wir Gleitzeit haben.
- Aha – um wie viel Uhr beginnt denn Ihr Arbeitstag?
- Das ist ganz verschieden. Normalerweise beginnt mein Arbeitstag um halb acht. Aber manchmal komme ich erst um halb neun oder Viertel vor neun.
- Und wann haben Sie Feierabend?
- Das richtet sich danach, wie viel ich zu tun habe. Mein Arbeitstag ist manchmal um halb fünf zu Ende, aber manchmal wird es auch sieben.
- Und was gefällt Ihnen sonst noch an Ihrer Arbeit?
- Das Betriebsklima bei Jenapharm ist sehr gut – ich verstehe mich mit meinen Kollegen und auch mit meinen Chefs sehr gut. Das ist sehr

angenehm.

9
- Brauchen Sie also auch Fremdsprachen für Ihren Beruf?
- Ja, Englisch ein bisschen.
- Und andere Mitarbeiter in Ihrem Unternehmen? Sprechen die auch Fremdsprachen?
- Ja, natürlich. Die Leute, die speziell im Export arbeiten, können Italienisch sprechen, Französisch, Spanisch und so weiter.
- Können die Mitarbeiter hier in der Firma Sprachen lernen?
- Ja, durch unsere Personalabteilung werden immer wieder Kurse angeboten.
- Und welche Sprache wird am meisten gelernt?
- Am meisten wird Englisch gelernt.

16
- Und was für eine Stadt ist Jena?
- Jena ist eine mittelgroße Stadt. Die Stadt hat über 100 000 Einwohner, Jena ist eine Industriestadt und eine Universitätsstadt.
- Und was für Industrie?
- Es gibt hier seit über 100 Jahren eine optische Industrie und eine Glasindustrie und seit einigen Jahrzehnten auch Chemieindustrie, Pharmaindustrie.

17
- Ich heiße Dieter Taubert, ich bin seit 1979 bei der Jenapharm beschäftigt, und arbeite jetzt als Geschäftsführer bei der Jenapharm GmbH.
- Herr Doktor Taubert, was für eine Firma ist Jenapharm?
- Die Jenapharm ist ein pharmazeutisches Unternehmen und hat Herz-Kreislaufpräparate, Hormonpräparate und Vitamine in ihrem Sortiment.
- Wie viele Mitarbeiter haben Sie?
- 980 Mitarbeiter.
- Und wo verkaufen Sie Ihre Waren? Hier in Deutschland oder auch im Ausland?
- Wir verkaufen unsere Präparate vor allen Dingen in Deutschland. Wir exportieren aber auch nach Osteuropa und in andere Länder der Welt.
- Und wie groß ist Ihr Umsatz?
- Im vergangenen Jahr hatten wir 190 Millionen Umsatz.

20
- Guten Tag, mein Name ist Steffie Winzer, ich bin 37 Jahre alt und wohne seit 1986 in Jena, vorher habe ich in Leipzig gewohnt. Ich arbeite hier in Jena im Jenaer Glaswerk und bin in der Verkaufsabteilung beschäftigt.
- Frau Winzer, was für eine Firma ist das Jenaer Glaswerk?
- Das Jenaer Glaswerk ist eine Firma in Thüringen und gehört zur Schottgruppe. Wir stellen Spezialgläser aller Art her, unter anderem Gläser für die Küche, das heißt Schüsseln zum Kochen und zum Braten und Teegläser.
- Und ist es eine große Firma?
- Ja, das Jenaer Glaswerk beschäftigt 850 Mitarbeiter.

23
- Herr Kusche, wie kommt ein deutscher Bäcker nach London?
- Wir kommen aus Leipzig und haben hier die Bäckerei eröffnet, weil wir den Markt, oder die Marktlücke entdeckt haben, und beliefern hier in London die Deutschen, die ihr Brot lieben.
- Beliefern Sie auch englische Firmen?
- Wir liefern an zwei große Supermarktketten anglisiertes deutsches Roggenbrot und das ist ziemlich erfolgreich.
- Was verkauft sich denn am besten?
- Unser handgemachtes, deutsches Holzofenbrot, das lieben die meisten.
- Und wo verkaufen Sie Ihre Waren?
- Ja, einmal hier in Ham im Shop, und dann

liefern wir direkt ins Haus, zum Beispiel BBC, die Deutsche Botschaft, Österreichische Botschaft, Schweizer Botschaft.
- Wie viele Mitarbeiter haben Sie?
- Jetzt 20 etwa.
- Und als Sie angefangen haben?
- War ich allein.

26
- Frau Schuster, Sie sind Rundfunkjournalistin und arbeiten aber von zu Hause?
- Ja, das stimmt. Ich bin per Computer und Modem an den Zentralcomputer in der Redaktion angeschlossen und schicke meine Manuskripte darüber direkt in die Redaktion.
- Und warum arbeiten Sie von zu Hause?
- Das sind persönliche Gründe. Ich habe zwei kleine Kinder und mein Sohn, der ältere, hat Downs-Syndrom und da haben wir oft Termine bei Ärzten und Therapeuten.
- Ja, das ist natürlich praktischer. Aber arbeiten Sie eigentlich gerne von zu Hause?
- Ja, das hat Vorteile und das hat auch Nachteile. Der Vorteil ist natürlich, dass ich Zeit und Geld spar'.
- Und was sind die größten Nachteile?
- Der große Nachteil, denke ich, ist der mangelnde persönliche Kontakt zu den Kollegen. Außerdem ist die Arbeit auch nicht mehr so interessant wie früher.

32
- Guten Tag, mein Name ist Andrea Köhler, könnte ich bitte mit Frau Weller sprechen?
- Ein Moment bitte, wie war Ihr Name?
- Andrea Köhler
- Ja, ich verbinde Sie.

34
- Entschuldigen Sie bitte.
- Ja?
- Wo ist das Büro von Frau Winzer?
- Das befindet sich im ersten Stock auf der rechten Seite.
- Und die Zimmernummer?
- Ist 102.
- Sagen Sie, gibt es hier einen Lift?
- Ja, der befindet sich am Ende des Ganges auf der linken Seite.

Unit 8
1
- Frau Borst, wo leben Sie in Berlin?
- Ich lebe in Berlin-Charlottenburg, das ist ein zentral gelegener Stadtteil in der Innenstadt von Berlin, direkt am Charlottenburger Schloss, in einer 4-Zimmer Wohnung zur Miete, mit meinem Mann und meiner Tochter.

4
- Fahren Sie denn oft ins Grüne?
- Wir haben ein Haus auf dem Lande. In diesem Haus hält sich mein Mann während der Woche auf, weil er in Frankfurt-Oder an der Universität arbeitet. Und am Wochenende fahren meine Tochter und ich meistens aufs Land.
- Also aufs Land heißt, es ist ein richtiges Dorf, wo Sie hinfahren?
- Es ist ein ganz kleines Dorf, ganz typisch für das Land Brandenburg. Brandenburg ist sehr wenig besiedelt. Die Dörfer sind meistens nicht – umfassen meistens nicht mehr als 100 Einwohner.

5
- Und gefällt es Ihnen sehr dort?
- Uns gefällt es ganz hervorragend dort. Es herrscht eine unglaubliche Stille, die Natur ist sehr intakt, es gibt noch viel Wild, viele Vögel, wir haben Rehe direkt vor der Haustür, Feldhasen. Es ist eine wunderschöne Umgebung mit einem Badesee in der Nähe, in dem wir im Sommer schwimmen können.

7
- Frau Janson, wo wohnen Sie?
- Wir haben ein Haus in Ravensburg, in dem wir mit einer anderen Familie zusammen wohnen.
- Ist das ein altes Haus oder ein neues Haus? Ein sehr altes Haus aus dem 16. Jahrhundert, das wir mit unsern Freunden zusammen renoviert haben
- Und wo wohnen die Freunde?
- Die Freunde haben in den ersten beiden Stockwerken eine eigene Wohnung, und mein Mann und ich leben unter dem Dach.
- Haben Sie da genug Privatsphäre?
- Wir haben zwei abgeschlossene Wohnungen, deswegen können wir uns zurückziehen, wann wir wollen, aber auch Kontakt haben, wann wir wollen.
- Und insgesamt – wie funktioniert das Zusammenleben?
- Das Zusammenleben finde ich sehr schön, weil es sehr spontan ist. Mein Mann und ich wir haben keine Kinder, und die Kinder unserer Freunde kommen jeden Tag zu uns hoch und das empfinde ich als sehr schön.

14
- Wie kommen Sie zur Arbeit?
- Ah, ich fahre mit dem Fahrrad zur Arbeit oder ich gehe zu Fuß.
- Wohnen Sie sehr weit von ihrer Arbeitsstelle entfernt?
- Nein, 20 Minuten zu Fuß.
- Und benutzen Sie auch einmal den Bus oder die Bahn?
- Nein, überhaupt nicht.
- Haben Sie ein Auto?
- Nein, ich nicht, aber mein Freund.

19
- Frau Borst, Sie sind ja Städteplanerin. Glauben Sie, dass Berlin ein gutes öffentliches Nahverkehrssystem hat?
- Das öffentliche Nahverkehrsnetz ist hervorragend ausgebaut. Es gibt viele Buslinien, es gibt viele U-Bahnlinien, und es gibt die S-Bahn. Trotzdem fahren die meisten Arbeitnehmer mit dem Auto zum Arbeitsplatz.
- Fahren Sie selbst auch mit den öffentlichen Verkehrsmitteln oder haben Sie ein Auto?
- Ich fahre ausschließlich mit den öffentlichen Verkehrsmitteln, allerdings lege ich kleine Strecken mit dem Fahrrad zurück.
- Und Sie haben kein Auto?
- Ich habe kein Auto. Mein Mann hat ein Auto.
- Ist es schwierig, einen Parkplatz zu finden?
- Ich würde sagen, es ist fast unmöglich, in der Innenstadt einen Parkplatz zu finden. Trotzdem legen die meisten Arbeitnehmer in Berlin den Weg zum Arbeitsplatz mit dem Auto zurück.

22
- Was mögen Sie an Ihrer Straße?
- Ich mag besonders die Architektur der Häuser.
- Ja, was gefällt Ihnen da besonders gut?
- Besonders gefallen mir diese großen Altbauten, zum Teil gut renoviert, mit vielen Balkonen im Sommer immer schön bepflanzt. Es ist optisch sehr angenehm.
- Und was für Menschen wohnen in Ihrer Straße?
- Hauptsächlich wohnen dort junge Familien oder ältere Leute. Leider gibt es wenig Studenten. Und es gibt auch zu wenig Kneipen. Aber auf der anderen Seite ist es dort natürlich auch sehr ruhig, und das ist auch wieder ein Vorteil.
- Und was würden Sie ändern, wenn Sie das könnten?
- Ich würde mir mehr Kneipen wünschen, das würde mehr Leben in unsere Straße bringen. Und ansonsten könnte man auch noch mehr Grünflächen gebrauchen.

25
- Wo wohnen Sie eigentlich?
- Ich wohne in der Nähe vom Bodensee in Süddeutschland.
- Wohnen Sie in einer Stadt oder auf 'm Land?
- Nee, ganz abseits auf dem Land nur in einem kleinen Dorf wo noch zwei Bauern leben.
- Wie sieht Ihr Haus aus?
- Ich hab das selber gebaut in den Hang hinein, und hab' halt je nach Bedürfnis immer wieder einen Raum dran gebaut, also ganz spontan das so nach meinen Bedürfnissen entwickelt.
- Wie soll man sich das denn vorstellen?
- Ein richtig schöner Südhang mit Blick auf die Schweizer Berge und da hab ich halt viel Glas alles nach Süden verglast. Und dann meine Frau macht Kunst und Mosaike, die hat also alles mit Mosaiken belegt, sodass wir ein sehr schönes Bad haben und auch schöne Böden und sonst recht recht kleine Räume. Also „small is beautiful" ist unsere Devise und so haben wir das alles sehr minimal eingerichtet.

27
- Marcel Kalberer, Sie nennen ihre Architektur „Sanfte Strukturen" – was heißt das im Klartext?
- Wir bauen mit Naturmaterialien, und wir machen Strukturen, die an andere Kulturen erinnern.
- Was für Projekte machen Sie zum Beispiel?
- Ich mache gern multikulturelle Projekte, an denen jeder mitmachen kann.
- Sie machen ja auch eine ganz große Aktion für Weimar.
- Ja, Weimar ist eine Kulturhauptstadt Europas, und da bauen wir einen ganz großen Palast aus Weidenruten.
- Und wer baut den Palast?
- Freiwillige, Neugierige, Arbeitslose, Studenten – einfach jeder, der mitmachen will. Jeder, der Spaß dran hat, gemeinsam zu bauen.
- Wie groß soll der Palast denn werden?
- Er soll Platz haben für zirka 500 Besucher.

Unit 9
1
- Interessieren Sie sich für Politik?
- Nicht mehr sehr.
- Warum nicht?
- Die Politik ist in Deutschland so uninteressant, das ist immer dasselbe.

- Interessieren Sie sich für Politik?
- Ja, ich interessiere mich für Politik.
- Und welche Dinge finden Sie besonders wichtig?
- Also, ich finde besonders wichtig die Umweltpolitik, die Außenpolitik, Themen wie Ausländer und Asylrecht.

- Interessieren Sie sich für Politik?
- Nein, nicht mehr.
- Und warum nicht?
- Das hab ich aufgegeben.

- Interessieren Sie sich für Politik?
- Ja, ich interessiere mich sehr für Politik.
- Und welche Aspekte der Politik interessieren Sie besonders?
- Besonders interessiert mich die Umweltpolitik, aber auch die Wirtschafts- und Sozialpolitik.

4
- Gehen Sie dann überhaupt wählen?
- Ja, ich gehe wählen.
- Und wen wählen Sie dann?
- Ich wähle die Grüne Partei.
- Warum?
- Sie ist die einzige Partei, die sich noch für unsere Zukunft interessiert.

- Wählen Sie ?
- Ja, ich wähle regelmäßig.
- Welche Partei?
- Ich wähle die Grünen

- Wählen Sie?
- Wenn's geht, nicht.
- Warum nicht?
- Es verändert sich nichts.

- Gehen Sie regelmäßig zur Wahl?
- Ich gehe regelmäßig zur Wahl.
- Und welche Partei wählen Sie?
- Ich wähle die Grünen.
- Und warum?
- Sie ist die einzige Oppositionspartei, die ein glaubwürdiges Umweltprogramm vorweisen kann.

6
- CDU – Politik für die ganze Familie. Für Wachstum und Arbeit.
- SPD – Soziale Gerechtigkeit, sozialer Frieden. Sichere Arbeitsplätze.
- FDP – Mehr Arbeitsplätze durch Deregulierung. Weniger Bürokratie – mehr Freiräume.
- PDS – Humanes Asylrecht. Kein Rassismus – Nazis raus.
- Bündnis 90 – die Grünen – ökologisch leben. Deutschland ohne Militär.

9
- Welche Parteien gibt es zur Zeit in Deutschland – welche politischen Parteien?
- In Deutschland gibt es derzeit sehr viele politische Parteien. Allerdings haben wir im Parlament derzeit nur 5 Parteien, das ist die CDU, also meine Partei, die SPD, die Sozialdemokratische Partei, die F.D.P., das ist die liberale Partei in Deutschland, die PDS, das ist die Nachfolgepartei der SED aus der DDR, also eine kommunistische Partei und „last but not least" die Grünen, das ist unsere ökologische Partei.

10
- Und was ist die größte Partei in Deutschland?
- Die Partei mit der größten Mitgliederzahl ist derzeit die SPD, also die Sozialdemokratische Partei. Sie hat etwas mehr Mitglieder als die CDU, die ja gemeinsam mit der CSU, die in Bayern ist, insgesamt einen politischen Block bildet.
- Muss man eigentlich Christ sein, um Mitglied der Christlich Demokratischen Union zu werden?
- Nein, man muss nicht Christ sein, man kann auch Moslem, Hindu, Jude oder auch keiner Glaubensrichtung angehören.
- Herr Hartung, worin besteht eigentlich der größte Unterschied zwischen der SPD und der CDU?
- Die SPD ist eine Partei, die aus den Traditionen der Gewerkschaften kommt. Für uns ist soziale Gerechtigkeit wichtiger als wirtschaftliche Interessen. Die CDU ist ja eine konservative Partei. Von ihrer Herkunft her ist sie eine christliche, überwiegend katholische Partei.

16
- Wie sieht die politische Landschaft derzeit in Deutschland aus?
- Wir haben eine gespaltene politische Kultur, so möchte ich es einmal nennen. Auf der einen Ebene haben wir die repräsentative Demokratie, Parteien, Parlamente, Wahlen. Auf der anderen Ebene haben wir sehr viel Bürgerbeteiligung unterhalb dieser Ebene, in Bürgerinitiativen und neuen, sozialen Bewegungen.
- In welchen Bereichen sind die Bürger besonders aktiv? Können Sie uns da ein

Beispiel geben?
- In der Vergangenheit waren es vor allem ökologische Fragen. Aber es gibt heute auch sehr viele Initiativen entlang sozialer Probleme.
- Gibt es eigentlich sehr viele Jugendliche, die sich an Protesten beteiligen?
- Noch immer ist Protest die – ja, beliebteste Form des Engagements für Jugendliche.

23
- Wir sind hier in der, in der Berliner Mitte, in – das ist die Sophiengemeinde. Was ist das für eine Gemeinde?
- Unsere Gemeinde ist circa 300 Jahre alt. Sie ist vor den Toren der alten Stadt Berlin errichtet worden, damals war Berlin sehr klein. Im Laufe der Zeit ist Berlin gewachsen, sodass die Sophienkirche in ihrem Umfeld mit zur Innenstadt gehört.
- Sie waren schon vor der Wende, zur Zeiten der DDR, hier tätig. Was, wo liegen da die Unterschiede zu heute?
- In der Arbeit hier sind zunächst einmal gar keine Unterschiede zu finden. Die Menschen, die kommen, sind die gleichen, die vorher da waren. Der Unterschied ist natürlich im Bereich des Politischen zu sehen.
- Man hört immer, dass die traditionelle Kirchen Mitglieder verlieren, vor allen Dingen unter der Jugend, an Sekten und „New Age" Bewegungen. Merken Sie das in Ihrer Gemeinde?
- Wir bemerken das hier nicht. Wir sind hier immer noch eine relativ kleine Vorstadtgemeinde innerhalb des großen Berlins, mit einer sehr guten, alten Tradition. Der Kontakt zu den Jugendlichen ist nach wie vor sehr gut und wir freuen uns, dass sie den Kontakt auch halten.

Unit 10
1
- Was für Zeitschriften lesen Sie?
- Keine.
- Warum lesen Sie keine Zeitschriften?
- Die Informationen, die sie enthalten, sind mir nicht fundiert genug.

- Was für Zeitschriften lesen Sie?
- Ich lese nicht so viele Zeitschriften. Die einzige, die ich gelegentlich lese, ist montags der *Spiegel*.
- Was für eine Zeitschrift ist das?
- Das ist eine Wochenzeitschrift und ist ein überregionales Nachrichtenmagazin.

- Lesen Sie regelmäßig Zeitung?
- Ja, ich lese eigentlich jeden Tag die Tageszeitung hier in Berlin, den *Tagesspiegel*, und außerdem am Donnerstag *Die Zeit*.
- Was für Zeitungen sind das?
- Der *Tagesspiegel* ist eine Tageszeitung, eine regionale Tageszeitung in Berlin, und *Die Zeit* ist eine Wochenzeitung.

3
- Warum lesen Sie gerade den *Spiegel*?
- Weil der *Spiegel* wirklich am besten informiert ist von allen Zeitungen und Zeitschriften in Deutschland und außerdem häufig Skandale aufdeckt.
- Welche Zeitschriften würden Sie nie lesen, und warum nicht?
- Natürlich würd' ich nie pornografische Zeitschriften lesen, aber sicherlich auch keine rechtsreaktionären Zeitschriften, Autozeitungen sicherlich auch nicht.

- Warum lesen Sie gerade diese beide Zeitungen?
- Der *Tagesspiegel* ist sicherlich die beste Tageszeitung in Berlin. Sie ist sehr informativ, ganz neutral, und *Die Zeit* ist die beste deutsche Wochenzeitung.
- Welche Zeitungen würden Sie nie lesen?
- Also in Deutschland gibt es die *Bildzeitung*, und sicherlich auch nicht *Die Welt*.
- Warum lesen Sie diese Zeitungen nicht?
- Die *Bildzeitung*, das ist so eine Boulevardzeitung, sehr billig gemacht und für – auf sehr niedrigem Niveau, und *Die Welt* ist eine sehr konservative Zeitung.

19
- Sehen Sie auch fern?
- Ja.
- Wie oft?
- Jeden Tag die Nachrichten, 22 Uhr 30 Spätnachrichten. Und sonst entweder Reisesendungen oder Spielfilme.

- Und sehen Sie sehr oft fern?
- Nicht sehr oft.
- Und wie oft dann?
- Ich schätze, zweimal die Woche.
- Zweimal die Woche. Und was sehen Sie sich am liebsten an, welches Programm?
- Ich sehe am liebsten Dokumentarfilme.
- Und sieht Ihre Tochter sehr oft fern?
- Sehr selten. Ich würde sagen, ein- oder zweimal die Woche und dann auch Kindersendungen oder Natursendungen.

- Und schauen Sie denn auch regelmäßig fern?
- Ja, vielleicht ein oder zwei Stunden, manchmal auch länger.
- Jeden Tag?
- Ja, jeden Tag.
- Auch am Morgen?
- Ja, ich stehe morgens mit Fernsehen auf. Ich schaue sehr gern das Frühstücksfernsehen.
- Was sehen Sie sich eigentlich am liebsten an?
- Ich schau mir sehr gerne Krimis an. Manchmal schaue ich mir auch große Abenteuerfilme an.
- Und was sehen Sie sonst noch?
- Ja, Fußball. Ich bin ein totaler Fußballfan und jeden Samstag sitze ich um 18 Uhr vor dem Fernseher, um mir die Übertragungen der Bundesliga anzuschauen.

22
- Kennen Sie die Lindenstraße?
- Ich kenn' 'ne ganze Menge Lindenstraßen, da müssen Sie mal genauer fragen.
- Ich mein' die Fernsehserie.
- Nee. Hab' ich noch nie gesehen. Kenn ich nur vom Namen nach.

23
- Sehen Sie auch die Lindenstraße?
- Selten, obwohl sie eigentlich ganz amüsant ist.
- Wieso amüsant?
- Sie bringt etwas in die deutsche Wohnstube, was es vorher nicht gegeben hat, nämlich ein Hauch von Fremde. Es kommen sehr viele Ausländer vor, was sehr selten ist für ein deutsches Programm: ein griechischer Wirt, ein Italiener, Türken, alles was sonst in keiner deutschen Serie vorkommt.
- Und welcher dieser Typen gefällt Ihnen denn am besten?
- Der griechische Wirt ist sicher der sympathischste.
- Können Sie den mal beschreiben?
- Der Wirt ist ein äußerlich ganz sympathischer Mensch mit grauem kräftigem Bart, ein Lebenskünstler, und trotzdem ein guter Geschäftsmann, immer freundlich und stets mitfühlend.
- Und gibt es eine Person, die Ihnen besonders unsympathisch ist?

- An sich die Hauptdarstellerin, die Mutter Beimer. Eine sehr schwierige Frau, die viel unter dem Leben leidet.

29
- Herr Geissendörfer, die Lindenstraße läuft ja schon seit vielen Jahren, und nicht nur in Deutschland, sondern auch in anderen Ländern. Was ist denn eigentlich Ihr Erfolgsrezept?
- Das kann man schwer sagen als Macher. Man glaubt an 'ne Idee, man holt sich die besten Leute zusammen, und dann muss man abwarten.
- Und was war denn Ihre Idee?
- Die Idee war, ein Mietshaus zu nehmen, in dem 45 Menschen wohnen, die alle miteinander irgendwas zu tun haben, oder eben nichts miteinander zu tun haben, und mit denen man älter werden kann.
- Sie kennen ja auch andere „Soap Operas". Gibt es denn einen Unterschied zwischen einer deutschen „Soap" und einer amerikanischen oder einer englischen?
- Ja, wenn Sie Lindenstraße ansprechen, gibt es einen gewaltigen Unterschied. Lindenstraße ist die einzige „Soap" in der Welt, die sich mit dem täglichen und politischen Geschehen in Deutschland auseinandersetzt. Sie ist also aktuell, also es ist nicht einfach Crime, Sex und Karriere – sondern es hat was mit dem Leben, mit dem tatsächlichen Leben des deutschen Bürgers zu tun.

30
- Frau Gehlhoff, Sie sind Moderatorin und Redakteurin bei einem Berliner Sender. Was ist das für ein Sender?
- Das ist ein Berliner Sender, der *Radio Brandenburg* heißt. Wir senden für die Stadt Berlin und für das Land Brandenburg.
- Und was haben Sie alles im Programm?
- Der *Ostdeutsche Rundfunk* hat 3 Programme, ein Kulturprogramm *Radio Brandenburg*, ein Jugendprogramm *Fritz*, und ein Landesprogramm *Antenne Brandenburg*.
- Und an welchem Programm arbeiten Sie?
- Ich moderiere das Kulturprogramm am Nachmittag, was aktuelle Kulturthemen und längere Interviews, Künstlerporträts und musikalische Porträts mischt.
- Senden Sie dann rund um die Uhr?
- Radio Brandenburg sendet 24 Stunden, also Tag und Nacht.

32
- Er ist Schwede, 1953 in Malmö geboren, spricht aber sehr gut Deutsch, hat Literatur und Philosophie studiert, hat als Hafenarbeiter und Antiquar gearbeitet, fürs Theater geschrieben, und zog dann 1983 nach Berlin, wo er schreibt und Regisseur ist. Eigentlich aber ist seine wichtigste Beschäftigung, in den großen Städten spazieren zu gehen – Flaneur zu sein. Er durchstreift die Städte auf der Suche nach ihrer Musik, ihren Gerüchen, Farben, Klängen, ihrem Licht und ihrem Flair – und vor allem, den Menschen. Ein Tag- und Nachtschwärmer, immer auch auf der Ost-West-Reise, Moskau, Warschau, New York, Paris, Wien, St Petersburg.

Glossary

Irregular verbs are indicated by*
Verbs using sein + past participle are incicated by•

A

das Abenteuer(-) *adventure*
aber *but; however*
die Abfahrt(-en) *departure*
abgeben(sep.)* *to give away; to deposit*
der Abgeordnete(-n) *Member of Parliament*
abgeschlossen *self-contained*
abhängen(sep.)* von *to depend on*
abheben(sep.)* *to withdraw(money)*
abholen(sep.) *to collect, to fetch*
das Abitur *A-Level equivalent*
der Abiturient(-n) *person taking/passing Abitur*
der Ablauf *course(events); start*
der Abschied(-e) *farewell*
abseits *out of the way, remote*
die Abteilung(-en) *department*
die Àbtissin *abbess*
abwaschen(sep.) *to wash up*
abzahlen(sep.) *to pay off*
die Affäre(-n) *affair*
die Agentur(-en) *agency*
der Ägypter (-) *Egyptian*
ähnlich *similar, alike*
die Akte(-n) *file (for documents)*
der Akteur(-e) *participant*
aktuell *topical; current*
akzeptieren *to accept*
die Allee(-n) *avenue*
allein *alone; allein stehend single*
das Alleinsein(sing.) *being on one's own*
allerdings *though, although*
der Allergolog(-en)/dieAllergologin(-nen) *allergy specialist*
allgemein *general; common*
der Alltag(-e) *normal day; everyday life*
die Alpen(pl.) *Alps*
also *so, thus, therefore*
der Altenpfleger(-) *old persons' carer*
das Alter(-) *age; old age*
das Altersheim(-e) *old people's home*
altmodisch *old fashioned*
ambulant *outpatient*
die Amerikanistik *American studies*
die Ampel(-n) *traffic lights*
das Amt ("-er) *(government) office*
der Amtspriester(-) *official priest*
amüsieren: sich amüsieren *to enjoy*
das Amüserviertel(-) *nightclub district*
anbieten(sep.)* *to offer*
andere *others; different*
ändern *to alter, to change*
anerkennen* *to recognise*
der Anfang(-änge) *beginning; am/zu Anfang to start with*
das Angebot *offer; range*
die Anglistik *English studies*
die Angst("-e) *anxiety; fear; Angst haben to be afraid*
der Anhänger(-) *supporter*
ankommen• (sep.)* *to arrive; to be successful; (es) kommt darauf an it (all) depends*
die Ankunft"-e) *arrival*
die Anlage(-n) *grounds*
anpassen(sep.) *to adapt*

der Anrufbeantworter *answer-phone*
anrufen(sep.)* *to ring up*
anschließen(sep.)* *to connect*
anschließend *afterwards; subsequent*
der Anschluss("-e) *connection*
die Ansicht(-en) *view, prospect; opinion*
ansonsten *otherwise; in addition*
anstarren(sep.) *to stare at*
anstrengend *tiring; strenuous*
der Anteil(-e) *proportion; share*
die Antenne(-n) *antenna; aerial*
das Antibiotikum(Antibiotika) *antibiotic*
der Antiquar(-e) *second-hand book seller*
antreiben(sep.)* *to drive;*
die Antwort(-en) *answer*
anwählen(sep.) *to dial*
anwenden(sep.)* *to apply*
die Anzeige(-n) *advertisement*
anziehen(sep.)* *to put on (clothes)*
der Anzug("-e) *suit*
das Apartment(-s)/Appartement(-s) *flat; suite*
die Apotheke(-n) *pharmacy*
die Arbeit *work*
der Arbeitgeber(-) *employer*
der Arbeitnehmer(-) *employee, worker*
der Arbeitsamt("-er) *Job Centre*
die Arbeitskollege *workmate*
arbeitslos *unemployed*
die Arbeitslosenhilfe *unemployment benefit*
die Arbeitsplatz("-e) *workplace; job; vacancy*
die Arbeitsstelle(-n) *place of work; job*
die Architektur *architecture*
der Ärger *annoyance, anger; trouble*
arm *poor*
die Armbanduhr(-en) *wristwatch*
die Armee(-n) *army*
die Armut *poverty*
die Art(-en) *kind, type*
der Artikel(-) *article*
das Arzneimittel(-) *drug; medicine*
die Arzneipflanze(-n) *medicinal plant*
der Arzt("-e)/die Ärztin(-nen) *doctor*
der Assistent(-en) *assistant*
das Asyl (-e) *asylum (safe residence)*
der Asylant(en) *asylum-seeker*
die Atemwege(pl.) *respiratory system*
die Atmosphäre *atmosphere*
attackieren *to attack*
auch *also, too, as well*
aufdecken *to uncover*
der Aufenthalt(-e) *stay; residence*
die Aufgabe(-n) *job; aim; function; task*
aufgeben(sep.)* *to give up*
aufhalten: sich aufhalten(sep.)* *to stay*
aufhören(sep.) *to stop*
auflegen(sep.) *to put on; to ring off (telephone)*
aufmachen(sep.) *to open; sich aufmachen to set out*
aufmotzen(sep.) *to revamp*
aufnehmen(sep.)* *to pick up; to record*
aufpassen auf(sep.) *to look after; to keep an eye on*
aufräumen(sep.) *to tidy up*
aufregend *exciting*
der Aufschnitt *sliced assortment (of cheeses/sausages)*
aufstellen(sep.) *to establish*

der Auftrag("-e) *order, commission*
das Auge(-n) *eye*
der Augenblick(-e) *moment*
die Ausbildung(-en) *training*
der Ausflug("-e) *excursion*
das Ausflugziel(-e) *excursion destination*
die Ausgabe(-n) *issue (magazine)*
ausgeben(sep.)* *to spend*
ausgeglichen *balanced*
aushalten(sep.)* *to bear, to endure*
auskommen(sep.)* *to manage, to get by*
auslagern(sep.) *to relocate*
das Ausland *foreign country/-ies; im Ausland abroad*
der Ausländer(-) *foreigner*
die Ausnahme(-n) *exception*
auspowern(sep.) *to impoverish; to weaken*
ausruhen *to rest*
die Ausrüstung(-en) *outfit, kit*
außen *outside, outdoor(s)*
die Außenpolitik *foreign policy*
außer *besides, as well as*
außerdem *besides, in addition*
außerhalb *outside*
ausschlafen(sep.) *to have a good sleep*
ausschließlich *exclusive(ly)*
aussehen(sep.)* *to look, to appear*
die Aussicht *view*
aussprechen(sep.)* *to pronounce*
aussteigen*(sep.)* *to get out*
die Ausstellung(-en) *exhibition*
aussterben *to become extinct*
aussuchen(sep.) *to select*
das Australien *Australia*
austreten•* *to leave(an organisation)*
die Auswahl(-en) *choice*
auswandern(sep.) *to emigrate*
der Ausweis(-e) *identity card*
der Auszubildende(-n) (Azubi) *trainee*
das Auto(-s) *car*
das Autogramm(-e) *autograph*
der Automat(-en) *machine (cash etc.)*
automatisch *automatic(ally)*
der Autoreifen *car tyre*
der Azubi (-s) (Auszubildende) *trainee*

B

die Babypause(-n) *'baby-break'*
die Bäckerei(-en) *bakery*
das Bad("-er) *bath; spa; swimming-pool*
die Badewanne(-n) *bath-tub*
die Bahn (-en) *railway*
der Bahnhof("-e) *(railway) station*
Bairisch *Bavarian (dialect)*
bald *soon*
die Bank(-en) (1) *bank (financial)*
die Bank("-e) (2) *bench*
der Bankkaufmann/die -frau *bank clerk*
der Bär(-en) *bear*
bar/das Bargeld *cash*
der Bart("-e) *beard*
der Bau(-ten) *building*
der Bauch("-e) *belly, stomach*
bauen *to build*
der Bauer(-n)/die Bäuerin(-nen) *farmer*

der   Bauernhof(¨-e) *farm*
die   Baufirma(-en) *building firm*
der   Baum(¨-e) *tree*
die   Bausparkasse(-n) *building society*
das   Bauwerk(-e) *building*
das   Bayern *Bavaria*
die   Beauftragte(-n) *representative*
der   Becher(-) *carton; tumbler*
das   Becken(-) *pool*
      bedeuten *to mean*
      bedienen *to serve, to wait on*
die   Bedingung(-en) *condition*
das   Bedürfnis(-se) *need*
      beenden *to finish*
      befinden*:sich befinden *to be*
      befreien *to free, to release*
      begegnen• *to meet (by chance)*
      begeistern *to inspire; begeistert enthusiastic*
      begraben* *to bury*
      begrünen *to cover with plants*
die   Begrüßung(-en) *welcome*
      behalten* *to keep*
      behandeln *to treat; to deal with*
der   Behinderte(-n) *handicapped person*
      bei uns *with us; at our house*
      beide *both, two*
das   Bein(-e) *leg*
das   Beispiel(-e) *example; zum Beispiel(z.B.) for example*
      beispielsweise *for example*
      beitragen(sep.)* *to contribute*
      bekannt *well-known*
      bekommen* *to receive, to get*
      belegen *to book; to prove*
      beliebt *popular*
      beliefern *to deliver to*
      benutzen *to use*
das   Benzin *petrol*
      bequem *convenient; comfortable*
der   Bereich(-e) *area, sphere*
      bereit *ready*
der   Berg(-e) *mountain, hill*
das   Bergsteigen *mountaineering*
der   Bericht(-e) *report*
der   Beruf(-e) *profession*
die   Berufserfahrung(-en) *vocational experience*
die   Berufsschule(-n) *technical college*
      berufstätig *working*
      beschädigen *to damage*
      beschäftigen *to employ*
der   Beschäftigte(-n) *employee*
      beschneiden* *to circumcise*
      besetzen *to occupy*
      besichtigen *to have a look at*
      besiedeln *to populate*
      besitzen *to own*
      besonders *especially*
      besorgen *to acquire*
      bestehen* *to consist*
      bestellen *to book; to order*
      bestimmt *certain(ly)*
      bestreichen* *to spread (butter etc.]*
      bestreuen *to sprinkle*
      besuchen *to visit*
      beteiligen: sich beteiligen *to participate*
der   Beton *concrete*
der   Betrag(¨-e) *amount*
      betreiben* *to do (sport etc.]*
der   Betrieb(-e) *company, firm*
das   Betriebspraktikum *work experience*
die   Bevölkerung(-en) *population*
      bevorzugen *to prefer*
      bewegen *to move*
      beweglich *supple; agile*
      bewerben*: sich bewerben *to apply*
der   Bewohner(-) *inhabitant*

      bewundern *to admire*
      bezahlen *to pay; to pay for*
die   Beziehung(-en) *relationship; connection*
      beziehungsweise(bzw.) *or alternatively*
der   Bezirk(-e) *district*
die   Bibel(-n) *Bible*
      bieten* *to offer*
das   Bild(-er) *picture*
      bilden *to make*
die   Bildung(-en) *education*
der   Bildschirm(-e) *screen*
      billig *cheap(ly)*
      bis *until*
      bislang *up to now*
      bisschen: ein bisschen *a bit, a little*
das   Bissl *bit*
das   Blatt(¨-er) *leaf; paper, magazine*
      blau *blue*
      bleiben•* *to remain*
der   Bleistift(-e) *pencil*
der   Blick(-e) *look; view*
der   Block(¨-e) *bloc; block*
      blöd *silly*
      bloß *just, only*
die   Blume(-n) *flower*
das   Blut *blood*
der   Boden(¨-) *floor; ground*
der   Bodensee *Lake Constance*
die   Bombe(-n) *bomb*
die   Börse(-n) *exchange*
der   Bösewicht(-e) *villain*
der   Bote(-n) *courier*
die   Botschaft(-en) *embassy; message*
die   Boulevardzeitung(-en) *popular daily, tabloid*
die   Branche(-n) *sector; line of work*
      brauchen *to need*
      braun *brown*
      brav *well-behaved, good*
der   Brei *paste, mash*
der   Brief(-e) *letter (epistle)*
der   Briefkasten(¨-) *letter-box; der elektronische Briefkasten e-mail*
      bringen* *to bring; to take*
das   Brot(-e) *bread*
das   Brötchen(-) *(bread) roll*
der   Bruder(¨-) *brother*
der   Brunnen(-) *fountain*
das   Bruttojahresgehalt *gross salary*
das   Buch(¨-er) *book*
die   Buchhandlung(-en) *bookshop*
die   Buchstabenkombination(-en) *combination of letters*
die   Buchung(-en) *booking, reservation*
      bügeln *to iron*
der   Bummel(-) *stroll (round)*
der   Bund(¨-e) *federation; league*
das   Bundesamt(¨-ämter) *Federal Office*
das   Bundesland(-länder) *Federal state*
der   Bundesrat *German Upper House*
die   Bundesrepublik *Federal Republic*
der   Bundestag *Federal Parliament*
das   Bündnis(-se) *alliance*
      bunt *colourful, bright*
die   Burg(-en) *castle, fortress*
der   Bürger(-) *citizen*
das   Bürgerhaus(-häuser) *community centre*
der   Bürgermeister(-) *mayor*
das   Büro(-s) *office*
die   Bürokratie(-n) *bureaucracy*
      bzw. (beziehungsweise) *or alternatively*

C

die   CD(CD-Platte(-n) *CD(compact disc)*
der   Champagner *champagne*
der   Champignon(-s) *type of mushroom*

      chaotisch *chaotic*
      charakterisieren *to characterise, to embody*
der   Charme *charm*
der   Chef(-s)/die Chefin(-nen) *boss, chief*
die   Chefredakteurin(-nen) *chief editor(fem.)*
der   Chemiker(-) *chemist*
      chinesisch *Chinese*
der   Christ(-en) *Christian*
der   Clubsessel(-) *club chair*
der   Computerprogrammierer(-) *computer-programmer*

D

das   Dach(¨-er) *roof*
      dagegen *against that; on the other hand*
      damals *at that time, then*
der   Dampf(¨-e) *steam; vapour*
      danach *after that*
      Dänemark *Denmark*
      dann *then*
      daran/dran) *on (to) that*
      darauf *on that*
      daraus/raus *out of that*
      darin/drin: das ist nicht drin *that's impossible*
      darum *because of that*
das   Datum(Daten) *date*
      dauern *to last*
      davon *from/of it/that/them*
      davor *before/in front of that*
      dazu *to that, in addition*
      decken *to cover*
      defekt *faulty*
der   Delphin(-e) *dolphin*
      denken* *to think*
      denn *for (because]; then, so,*
die   Deregulierung(-en) *deregulation*
      derzeit *at present*
      deshalb *therefore; on that account*
das   Designerkostüm(-e) *designer outfit*
      deswegen *therefore*
      Deutschland *Germany*
der   Deutschschweizer(-) *German Swiss (person)*
      d.h. (das heißt) *that is, i.e.*
der   Diamant(-en) *diamond*
die   Diät(-en) *diet*
die   Dichte *density; thickness*
der   Dichter(-) *poet*
      dick *thick; big, fat*
der   Dienst(-e) *service*
der   Dienstag(-e) *Tuesday*
das   Ding(-e) *thing*
das   Dirndl(-) *dirndl(Bavarian national costume for women)*
die   Diskette(-n) *floppy disk*
der   Dokumentarfilm(-e) *documentary (film)*
der   Dom(-e) *cathedral*
die   Donau *river Danube*
der   Donnerstag(-e) *Thursday*
das   Doppelzimmer(-) *double room*
das   Dorf(¨-er) *village*
      dort *there; dort drüben over there*
die   Dose(-n) *tin, can*
das   Dragee(-s) *lozenge*
      draußen *outside, outdoors*
      dreckig *dirty*
      drehen *to turn*
      dringen *to get through*
das   Drittel(-) *third (fraction)*
      drüben; dort drüben *over there*
      drücken *to press*
      dual :das 'duale System' *'sandwich-course'*

	dunkel *dark*	
	dünn *thin*	
	durch *through*	
der	Durchfall *diarrhoea*	
der	Durchschnitt(-e) *average*	
	dürfen* *may, to be allowed to*	
die	Dusche(-n) *shower[-bath]*	

E

	eben *just; even (level)*
die	Ebene(-n) *level*
	echt *genuine*
die	Ecke(-n) *corner*
	edel *noble; fine*
	egal: das ist egal *that doesn't matter*
	egoistisch *selfish*
die	Ehe(-n) *marriage*
das	Ehepaar(-e) *married couple*
	eher *rather; sooner*
	ehren *to honour; Sehr geehrte(r) ...*
	Dear ...
	ehrlich *honest*
das	Ei(-er) *egg*
	eigen *own, of one's own*
die	Eigenheit *characteristic*
	eigentlich *really, actually*
der	Eigentümer(-) *owner*
die	Eigentumswohnung(-en) *owner-occupied*
	flat
	einander *each other, one another*
	einfach *simple; just; single (ticket)*
	einfangen(sep.)* *to catch*
	einführen(sep.) *to introduce*
	eingeben(sep.)* *to give, to feed in*
die	Einheit(-en) *unity*
	einige *some; a few*
	einkaufen(sep.) *to buy; to do the*
	shopping
der	Einkaufsender(-) *shopping channel*
	einlösen *to cash in*
die	Einnahme(-n) *earnings*
	einnehmen(sep.)* *to earn*
	einplanen *to plan, to allow for*
	einrichten(sep.) *to equip; to furnish*
	einsam *lonely*
	einschalten(sep) *to switch on; sich*
	einschalten to tune in
	einschieben(sep.)* *to insert, to push in*
	einst *once; some day*
	eintippen(sep.) *to key in*
	eintreten• (sep.)* *in to enter; to join*
der	Eintritt(-e) *entry*
	einwählen: sich einwählen in *to dial into*
der	Einwanderer(-) *immigrant*
	einweichen *to soak*
der	Einwohner (-) *inhabitant*
der	Einzelhandel(sing.) *retail trade*
die	Einzelhandelskauffrau(-en)/mann(¨-er)
	retailer
der	Einzelne(-n) *individual*
	einzig *only*
das	Ekel(-) *horrible person*
die	Elektrizität *electricity*
die	Elektroartikel(pl.) *electrical goods*
die	Elektronik *electronics*
die	Elektrotechnik *electrical engineering*
der	Ellbogen/Ellenbogen(-) *elbow*
die	Ellbogengesellschaft(-en) *push-and-*
	shove society
	elterlich *parental*
die	Eltern(pl.) *parents*
der	Empfänger(-) *receiver; recipient*
	empfinden* *to feel*
	empfindlich *sensitive*
	empören *to outrage*

	endlich *finally, at last*
	eng *narrow; confined*
das	Engagement(-s) *involvement*
	engagieren: sich engagieren *to be active*
das	England *England; United Kingdom*
der	Engländer (-) *Englishman*
der	Enkel(-) *grandson*
das	Enkelkind(-er) *grandchild*
	entdecken *to discover*
die	Ente(-n) *duck*
	entfernt *distant, far*
	enthalten* *to contain*
	entkommen•* *to escape*
	entlang *along*
	entlassen* *to dismiss*
	entscheiden*: sich entscheiden *to decide*
die	Entspannung *relaxation*
	enttäuschen *to disappoint*
	entwickeln *to develop*
die	Erbse(-n) *pea*
die	Erde *earth;*
die	Ereignis(-se) *event*
der	Eremit(-en) *hermit*
	erfahren* *to experience, to see/hear*
	erfinden* *to invent*
der	Erfolg(-e) *success*
	erfolgreich *successful*
	erfüllen *to fulfil; to meet (target)*
	ergänzen *to supplement*
das	Ergebnis(-se) *result*
	erhalten* *to preserve, to maintain*
	erholen: sich erholen *to recover*
	erinnern *to remind; sich erinnern an*
	to remember
	erklären *to explain*
	erkranken *to fall ill*
die	Erlaubnis(-se) *permit*
	erleben *to experience*
die	Ermäßigung(-en) *reduction*
	ermitteln *to investigate*
	ernähren: sich ernähren *to eat*
	ernst *serious*
	eröffnen *to open*
	erotisierend *aphrodisiac*
	erreichen *to reach*
	erschaffen* *to create*
	erscheinen•* *to appear*
	ersetzen *to replace*
	erst *first*
die	Erwachsenenbildung *adult education*
der	Erwachsene(-n) *adult*
	erwarten *to expect*
	erwerben* *to acquire*
	erwünscht *desirable*
	erzählen *to tell*
	erziehen* *to bring up; to educate; allein*
	erziehend lone/single(parenting)
der	Erziehungsurlaub(-e) *maternity/paternity*
	leave
der	Esslöffel(-) *dessert/soup spoon*
die	Etage(-n) *floor, storey*
	etwa *approximately*
	etwas *something; rather*
der	Europäer(-) *European*
	e.V. (eingetragener Verein) *Registered*
	Association
	evangelisch *Protestant*
	eventuell *perhaps*
	ewig *eternal*
der	Exote(-n) *exotic creature*

F

die	Fabrik(-en) *factory; workshop*
das	Fach(¨-er) *subject (school etc.)*
die	Fachgeschaft(¨-e) *specialist shop*

die	Fachhochschulreife(-n) `subject*
	qualification'
die	Fahrkarte(-n) *ticket (journey)*
das	Fahrrad(¨-er) *bicycle*
der	Fahrstuhl(¨-e) *lift (elevator)*
die	Fahrt(-en) *travel; journey*
der	Fall(¨-e) *circumstance, case*
das	Familiengericht(-e) *Family Court*
der	Familienrichter(-) *Family Court Judge*
der	Familienstand *marital status*
die	Fangopackung(-en) *mud-bath*
die	Farbe(-n) *colour*
der	Fasching *Carnival;*
die	Fassade(-n) *façade*
	fast *nearly, almost*
	fasten *to fast*
	faul *lazy*
	faulenzen *to laze about*
der	Favorit(-en) *favourite*
	fehlen *to be lacking*
der	Fehler(-) *mistake; fault*
die	Feier(-n) *celebration; ceremony*
der	Feierabend *end of work*
die	Feinkost *delicatessen*
der	Feinschmecker(-) *gourmet*
das	Feld(-er) *countryside; field*
die	Felge(-n) *(wheel) rim*
das	Fell(-e) *fur*
die	Ferien(pl.) *holidays*
	fern *far*
	fernsehen(sep.) *to watch television*
der	Fernseher(-) *television set*
	fertig *ready; finished*
	fest *steady; definite*
das	Fest(-e) *celebration*
	feststellen *to notice, to ascertain*
das	Fettauge(-n) *globule of fat*
das	Feuer(-) *fire*
das	Fieber *temperature; fever*
	finanziell *financial(ly)*
der	Finanzierungsplan(¨-e) *financial plan*
die	Firma(-en) *company*
die	Fläche(-n) *area, space*
der	Flaneur(-e) *stroller*
das	Fleisch *meat*
die	Flexibilität(-en) *flexibility*
	fliegen•* *to fly*
	fliehen•* *to flee*
	fließen•* *to flow*
	fließend *fluent(ly)*
die	Flucht *escape*
der	Flug(¨-e) *flight*
der	Fluss(¨-e) *river*
die	Flut(-en) *flood tide*
die	Folge(-n) *consequence; episode*
	folgen *to follow*
	fotografieren *to photograph; to take*
	photographs
die	Frage(-n) *question*
	Frankreich *France*
	Französisch *French (language)*
der	Frauenarzt(¨-e) *gynaecologist*
die	Frauenbeauftragte(-n) *women's*
	representative
	frei *free; freelance*
die	Freiheit(sing.) *freedom*
der	Freiraum(¨-e) *personal freedom*
der	Freitag(-e) *Friday*
	freiwillig *voluntary(ly)*
die	Freizeit(-en) *free time; leisure*
	fremd *strange; foreign*
der	Fremdenverkehr *tourism*
die	Fremdsprache(-n) *foreign language*
	freuen: sich freuen *to be glad/pleased*
	freundlich *friendly*
der	Frieden *peace*
der	Friedhof(¨-e) *cemetery*
die	Friedrichstraße *major street in Berlin*

frieren* *to be cold*
der Friseur(-e) *hairdresser*
froh *happy, glad*
die Frucht("-e) *fruit*
das Frühjahr *spring (season)*
das Frühstück(-e) *breakfast*
frühzeitig *early*
der Frust; die Frustration(-en) *frustration*
fühlen *to feel*
führen *to lead*
der Führerschein(-e) *driving licence*
füllen *to fill*
fundiert *sound*
das Fünftel *fifth (fraction)*
funktionieren *to work*
die Furcht *fear*
füreinander *for each other*
der Fuß("-e) *foot; zu Fuß on foot*
der Fußballverein(-e) *football club*
der Fußgänger(-) *pedestrian*
füttern *to feed*

G

die Galerie(-n) *gallery*
Gälisch *Gaelic (language)*
galoppieren *to gallop*
ganz *whole*
ganztags *full-time*
gar: gar nichts *nothing at all*
die Garage(-n) *garage*
der Garten ("-) *garden*
der Gast("-e) *guest*
geben* *to give; es gibt there is/are*
das Gebet(-e) *prayer*
geboren *born; er ist geboren...he was born*
gebrauchen *to use*
das Gebrauchsgut *consumer goods*
gebraucht *second hand; used*
die Gebühr(-en) *fee, charge*
die Geburt(-en) *birth*
die Gefahr(-en) *danger*
gefallen *to please; es hat mir gut gefallen I liked it*
die Gefriertruhe(-n) *freezer*
gegen *against; (in exchange) for; towards (time)*
der Gegensatz (-"e) *contrast*
gegenseitig *reciprocal*
der Gegner(-) *opponent*
das Gehalt("-er) *salary*
geheim *secret(ly)*
gehen•* *to go; to walk*
gehören *to belong*
der Geist(-er) *mind; spirit; ghost*
gelb *yellow*
das Geld (-er) *money*
der Geldwechsel(-) *bureau de change*
gelegentlich *occasionally*
gelten *to be valid, to apply*
das Gemälde(-) *painting (picture)*
die Gemeinde(-n) *district; parish*
gemeinsam *common; together*
die Gemeinschaft(-en) *community*
das Gemüse(-) *vegetables*
gemütlich *comfortable; cosy*
genau *exact(ly)*
genauso *just as*
generell *general(ly); in general*
genial *brilliant, inspired*
genießen* *to enjoy*
genug *enough*
der Genuss("-e)
gerade mal so *just about*
geradeaus *straight on/ahead*

das Gerät(-e) *(piece of) equipment*
die Gerechtigkeit *justice*
das Gericht(-e) (1) *(law) court*
das Gericht(-e) (2) *dish (of food)*
die Germanistik *German studies*
gern(e) *willingly gern haben to like*
sammeln *to collect*
gesamt *whole*
das Gesamtkunstwerk(-e) *synthesis of the arts*
die Gesamtschule(-n) *'comprehensive school'*
das Geschäft(-e) *business; shop*
der Geschäftsführer(-) *managing director*
das Geschehen(sing) *event(s)*
das Geschenk(-e) *gift; present*
die Geschichte(-n) *history; story*
geschieden *divorced*
das Geschöpf(-e) *creature*
die Gesellschaft(-en) *society*
das Gespräch(-e) *conversation*
gestern *yesterday*
das Gestirn(-e) *star*
die Gesundheit *health*
gesundheitsbewusst *health-conscious*
die Gewalt *violence*
gewaltig *powerful; tremendous*
die Gewerkschaft(-en) *trade union*
das Gewicht (-e) *weight*
der Gewinner(-) *winner*
das Gewitter(-) *thunderstorm*
das Gewürz(-e) *seasoning, herb, spice*
die Gicht *gout*
die Gitarre(-n) *guitar*
glauben *to believe*
die Glaubensrichtung(-en) *belief*
glaubwürdig *credible*
gleich *same*
gleiten•* *to slide*
die Gleitzeit(-en) *flexi-time*
die Glotze *telly*
das Glück *luck*
glücken *to be a success*
glücklich *happy*
das Glückskind(-er) *child of Fortune*
die GmbH *limited company*
der Grad(-e) *degree*
gratulieren *to congratulate*
grau *grey*
grauen *to dawn*
die Grenze(-n) *limit; frontier*
Griechenland *Greece*
Großbritannien *Great Britain*
die Größe(-n) *size; height*
die Großmutter("-) *grandmother*
der Großteil(-e) *majority*
der Großvater("-) *grandfather*
großzügig *generous*
grün *green; im Grünen in the countryside*
der Grund("-e) *ground; reason*
gründen *to found/establish*
die Gruppe(-n) *group*
der Gruß("-e) *greeting*
gültig *valid*
günstig *reasonable, cheap*
das Gymnasium(Gymnasien) *grammar-school*
die Gymnastik *keep-fit exercises; gymnastics*

H

das Haar(-e) *hair*
hacken *to chop*
der Hafen("-) *harbour, port*
die Haferflocken(pl.) *rolled oats*
halb *half; halb zwei half-past one*
halbieren *to halve*
halbtags *part-time*

die Hälfte(-n) *half*
der Hals("-e) *neck; throat*
halt *stop; das ist halt so that's just how it is*
der Handel(sing.) *trade; deal*
handwerklich *(to do with) crafts*
das Handy(-s) *mobile phone*
der Hang("-e) *slope*
der Hase(-n) *hare*
hässlich *ugly*
der Hauch *breeze*
hauptsächlich *mainly*
der Hauptschulabschluss("-e) *basic school-leaving certificate?*
die Hauptstadt("-e) *capital (city)*
das Haus("-er) *house, home; nach Hause (to) home; zu Hause at home*
die Hausarbeit(sing.) *housework*
die Hausaufgaben(pl.) *homework (school)*
die Hausfrau(-en) *housewife*
der Haushalt(-e) *household*
häuslich *home-loving*
der Hausmann("-er) *house-husband*
das Haustier(-e) *pet*
die Haustür(-en) *front door*
die Haut("-e) *skin*
heilen *to heal*
heilig *holy*
der/die Heilige(-n) *saint*
das Heilkraut("-er) *medicinal herb*
der/die Heilkundige(-n) *healer*
das Heilmittel(-) *medicine, remedy*
das Heim(e) *home*
die Heimat(-en) *homeland; home town*
das Heimwerken *do-it-yourself*
heiraten *to marry; to get married*
heißen* *to call; to be called*
heizen *to heat*
die Hektik *hectic pace*
der Held(-en) *hero*
helfen* *to help*
hell *bright, light; fair (hair)*
heraus/raus *out/out of here*
der Herbst(-e) *autumn*
der Herd(-e) *cooker*
die Herkunft("-e) *origin*
herrschen *to rule; es herrscht there is*
herstellen *to produce*
herum *around, round about*
hervorragend *superb*
das Herz(-en) *heart*
Herz-Kreislauf-... *cardio-vascular...*
herzlich *warm; sincere*
heute *today; heute Abend this evening*
hierher *(to) here, hither*
die Hilfe(-n) *help*
der Himmel(-) *sky; heaven*
hinausgehen *to go out*
der Hindu(-s) *Hindu*
hinten *behind, at the back*
der Hintergrund("-e) *background*
historisch *historic/historical*
hoch *high*
hochachtungsvoll *very respectful; 'yours faithfully'*
Hochdeutsch *High German; Standard German*
das Hochhaus("-er) *high-rise building*
die Hochzeit(-en) *wedding*
die Höhe(-n) *height; in Höhe von to the extent of*
holen *to get*
das Holland *Netherlands, Holland*
das Holz(Hölzer) *wood (material)*
das Holzofenbrot(-e) *traditionally baked bread*
homöopathisch *homoeopathic*
der Honig *honey*

hören *to hear; to listen to*
der Hörfunk *radio broadcasting*
die Hose(-n) *trousers*
das Hotelfach *hotel management*
hübsch *pretty*
der Hügel(-) *hill; hillside*
das Huhn("-er) *chicken, hen*
human *humane*
der Humor(-e) *humour; sense of humour*
der Hund(-e) *dog*
der Hunger *hunger; Hunger haben to be hungry*
hungrig *hungry*

I

die Idee(-n) *idea*
die Illustrierte(-n) *(illustrated) magazine*
imaginär *imaginary*
der Imbiss(-e) *snack*
der Imbissstand("-e) *snack-bar; snack stall*
immer *always; immer mehr more and more; immer wieder again and again*
die Immobilie(-n) *property*
Indien *India*
der Industriekaufmann("-er) *industrial manager*
die Informatik *computer science*
der Informatiker(-) *computer scientist*
die Information(-en) *information, item of information*
inländisch *home [news etc.]*
innen *inside, indoor(s)*
die Innenstadt("-e) *town/city centre*
innerhalb *within*
innerlich *inwardly*
die Insel(-n) *island, isle*
insgesamt *altogether; all in all*
interessieren *to interest; sich interessieren für to be interested in*
investieren *to invest*
die Investition(-en) *investment*
inzwischen *meanwhile*
irgendein *some ... or other*
irgendwann *sometime(s)*
Irland *Ireland*
isolieren *to isolate*
Italien *Italy*

J

die Jacke(-n) *jacket*
die Jagd(-en) *hunt; chase*
das Jahr(-e) *year; die 60-er Jahre the 60s; jahrelang for years*
die Jahreszeit(-en) *season*
das Jahrhundert(-e) *century*
Japanisch *Japanese (language)*
je *ever; je nach depending on*
jeder *every; each; everyone*
jedesmal *every time*
jedoch *however*
jemand *someone*
jetzt *now*
jeweils *each time; at one time*
der Joghurt/Jogurt *yoghurt*
der Journalist(-en) *journalist*
der Jude(-n) *Jew*
der Jugendliche(-n) *young person*
jung *young*
der Junge(-n) *boy*
der Juni *June*

K

das Kabel(-) *cable*
das Kabelnetz(-e) *cable network*
das Kaffeeservice *coffee-set*
der Kaiser(-) *emperor, Kaiser*
das Kaiserstädtchen(-) *imperial (small) town*
der Kakao *cocoa*
der Kalender(-) *calendar; listings*
Kalifornien *California*
Kamerun *Cameroon*
die Kampagne(-n) *campaign*
der Kampf("-e) *fight*
Kanada *Canada*
der Kanarienvogel("-) *canary*
das Kaninchen(-) *rabbit*
das Kännchen(-) *pot; jug*
der Kanzler(-) *Chancellor*
die Kappe(-n) *cap*
kaputt *broken; exhausted*
der Karateanzug("-e) *karate suit*
die Karre(-n) *old banger*
die Karriere(-n) *career*
die Kartoffel(-n) *potato*
der Käse *cheese*
die Kasse(-n) *till; medical insurance*
der Katholik(-en) *Catholic*
die Katze(-n) *cat*
kaufen *to buy*
das Kaufhaus("-er) *department store*
der Kaufmann("-er)/dieKauffrau(-en) *retailer*
kaum *hardly, scarcely*
kein *no, not any*
der Keller(-) *cellar*
der Kellner(-) *waiter*
kennen* *to know (be acquainted with)*
kennenlernen *to meet*
die Kette(-n) *chain*
das Kfz(Kraftfahrzeug) *motor vehicle*
die Kinderbetreuung(-en) *child-minding*
die Kinderfrau(-en) *nanny*
das Kino(-s) *cinema*
die Kirche(-n) *church*
die Kirchensteuer(-n) *'church tax'*
kirchlich *church-;ecclesiastical*
die Kirsche(-n) *cherry*
die Kiste(-n) *box, crate*
der Klang("-e) *sound*
klappen *to work out*
klar *clear/ly*
der Klartext: im Klartext *in short, to be precise*
die Klasse(-n) *class*
klassisch *classical*
die Klausur(-en) *examination paper*
die Kleidung *clothes*
die Kleinanzeige(-n) *classified advertisement*
kleinkariert *small-minded*
klettern• *to climb*
das Klima *climate; atmosphere*
klimabedingt *depending on climate*
der Kloß("-e) *dumpling*
das Kloster("-) *monastery, nunnery*
das Knäckebrot(-e) *crispbread*
knapp *only just; very short(dress)*
die Kneipe(-n) *bar, pub*
das Knie(-) *knee*
der Koch("-e)/dieKöchin(-nen) *cook*
der Kofferraum("-e) *boot (of car)*
der Kofferträger(-) *porter*
der Kollege(-n) *colleague(masc.)*
die Kollege (-n) *colleague*
kombinieren *to combine*
komisch *comic(al), funny*
der Kommentar(-e) *comment; commentary*
kommunizieren *to communicate*
komplett *complete, in full*
komplizieren *to complicate*
der Komponist(-en) *composer*
die Kondensmilch *condensed milk*
die Konferenz(-en) *conference*
die Konfession(-en) *denomination; faith*
der Kongress(-e) *conference, congress*
der König(-e) *king*
das Königsschloss("-) *royal castle*
der Konkurrent(-en) *competitor*
die Konkurrenz *competition*
können* *to be able; can*
konstruieren *to construct*
der Konsum *consumption*
die Kontaktanzeige(-n) *'lonely hearts ad'*
die Kontoführung *account management*
das Kontrazeptivum(Kontrazeptiva) *contraceptive*
kontrollieren *to check; to control*
konzipieren *to plan*
der Korb("-e) *basket*
koreanisch *Korean*
der Körper(-) *body*
der Kosmetiksalon(-s) *beauty parlour*
die Kost *food*
kostbar *expensive, costly*
kosten *to cost*
die Kosten(pl.) *expenses; cost*
kostenlos *free, gratis*
das Kostüm(-e) *costume*
die Kraft("-e) *power; strength*
das Kraftfahrzeug(sing.) (Kfz) *(motor)vehicle*
krank *ill, sick*
die Krankengymnastik(-en) *physiotherapy*
das Krankenhaus("-er) *hospital*
die Krankenschwester(-) *nurse*
die Krankenversicherung *health insurance*
die Krankheit *illness*
das Kraut("-er) *herb; cabbage*
kreativ *creative*
der Kredit(-e) *loan*
der Kreditberater(-) *credit counsellor*
der Kreislauf *circulation*
die Kreuzung (-en) *crossroad*
das Kreuzworträtsel(-) *crossword puzzle*
der Krieg(-e) *war*
der Krimi(-s) *thriller*
der Kritiker(-) *critic*
kritisch *critical*
Kroatisch *Croatian (language)*
die Küche(-n) *kitchen; cookery, cuisine*
der Kuchen(-) *cake*
die Kugel(-n) *ball*
die Kuh("-e) *cow*
die Kultur *arts; culture*
das Kulturangebot(-e) *cultural variety*
kulturell *cultural*
kümmern: sich um...kümmern *to look after...*
der Kunde(-n) *customer*
die Kunst *art*
der Künstler(-) *artist*
die Kur(-en) *cure*
der Kurier(-e) *courier*
der Kurort(-e) *spa, health resort*
der Kurs(-e) *course*
kurz *short; kurz treten to come second*
kurzfristig *short-term*

L

das Labor(-s) *laboratory*
lachen *to laugh*
lähmen *to paralyse*
landen *to land, to end up*

Glossary

die	Landesregierung(-en) *provincial/state government*
die	Landflucht(-en) *'flight from the countryside'*
	ländlich *rural, country ...*
die	Landschaft(-en) *landscape*
der	Landtag(-e) *provincial/federal state parliament*
der	Landweber(-) *country weaver*
die	Langeweile *boredom*
	langfristig *long-term*
	langsam *slow*
	langweilen: sich langweilen *to be bored*
der	Lärm *noise*
der	Laserdrucker(-) *laser printer*
	lassen* *leave; let*
	lateinamerikanisch *Latin-American*
die	Laube(-n) *arbour*
	laufen•* *to run; to be on (programme etc.)*
der	Laufschuh(-e) *walking shoe*
die	Laune(-n) *mood*
	laut (1) *loud; noisy*
	laut (2) *according to*
	lauten *to be (called); to read*
	leben *to live*
	lebendig *alive; lively*
der	Lebenslauf(¨-e) *curriculum vitae/CV*
die	Lebensmittel(pl.) *groceries, food*
	lecker *delicious*
das	Leder(-) *leather*
	ledig *single, unmarried*
	legen *to lay*
das	Lehramt(¨-er) *teaching profession*
die	Lehre(-n) *vocational training*
der	Lehrer(-) *teacher*
der	Lehrling(-e) *apprentice*
die	Lehrstelle *place as apprentice*
der	Leib(-er) *body; Leib und Seele body and soul*
	leicht *light; easy*
die	Leichtathletik *athletics*
	leid: es tut mir leid *I'm sorry*
	leiden* *to suffer*
	leihen* *to lend; to borrow*
	leisten *to afford*
die	Leistung(-en) *achievement*
der	Leistungsdruck(¨-e) *pressure to do well*
	leiten *to run, to manage*
	lernen *to learn*
der	Lernpunkt(-e) *learning point*
	lesen* *to read*
der	Lesesaal(-säle) *reading-room*
	letzt *last*
die	Leute(pl.) *people*
	lieb *dear; kind; am liebsten (machen) to like best (to do); lieber rather*
die	Liebe *love*
der	Liebesroman(e) *love story; romantic novel*
das	Liebling(-e) *darling; favourite*
das	Lied(-er) *song*
	liefern *to deliver*
die	Liga(Ligen) *league*
die	Linie(-n) *line; route, service*
	links *left; on/to the left*
	literarisch *literary*
	locker *easy-going, relaxed*
	logisch *logical*
der	Lohn(¨-e) *wage*
	los: es ist viel los *there is a lot going on/happening*
	-los [...-]*less*
	lösen *to solve*
	loslassen(sep.) *to let go*
die	Lösung(-en) *solution*
das	Lotto *National Lottery*
die	Lücke(-n) *gap*

die	Luft (-¨e) *air*
die	Lungentuberkulose *pulmonary tuberculosis*
die	Lust *pleasure; ich habe Lust auf ein Eis I feel like having an ice cream*
	lustig *cheerful; funny*
der	Luxus *luxury*

M

die	Machart(-en) *style*
	machen *to do; to make*
das	Magazin(-e) *magazine*
der	Magen(-) *stomach*
die	Magie *magic*
	mahlen *to grind*
die	Mahlzeit(-en) *meal*
der	Makler(-) *estate agent*
	-mal *times;: dreimal three times*
	malen *to paint*
	man *one; someone; people; you*
	manchmal *sometimes*
die	Mandel(-n) *almond*
	mangelnd *missing, lacking*
der	Männerberuf(-e) *man's job*
die	Mannschaft(-en) *crew*
der	Mantel(¨-) *coat; cloak*
das	Manuskript(-e) *manuscript*
das	Märchen(-) *fairy-tale*
die	Marke(-n) *brand, make*
die	Markt(¨-e) *market*
die	Marmelade *jam*
die	Maschine(-n) *machine*
der	Maskenbildner (-) *make-up artist*
die	Mauer(-n) *wall*
die	Maus(¨-e) *mouse*
der	Mechaniker(-) *mechanic*
die	Medien(pl.) *media*
die	Medizin(-en) *medicine*
das	Meer(-e) *sea*
das	Mehl(sing.) *flour*
	mehr *more; immer mehr more and more*
	mehrere *several*
die	Mehrheit(-en) *majority*
die	Meinung(-en) *opinion; meiner Meinung nach... in my opinion...*
der	Meister(-) *boss; foreman*
die	Meisterschaft(-en) *championship*
der	Mensch(-en) *person; Menschen people*
	merken *to notice*
die	Messe(-n) *Mass*
die	Miete(-n) *rent; zur Miete in rented accommodation*
	mieten *to rent, to hire*
der	Mieter(-) *tenant*
das	Militär *armed forces*
die	Minderheit(-en) *minority*
	Mindest-... *minimum...*
	mindestens *at least*
	Mio. *see Million*
	mischen *to mix*
der	Mist *rubbish (informal)*
	mit *with*
der	Mitarbeiter(-) *colleague; employee*
der	Mitbewohner(-) *fellow-resident, flat-mate*
	miteinander *with each other, together*
	mitfühlend *sympathetic*
das	Mitglied(-er) *member (of club etc.)*
	mithalten(sep.) *to hold on*
	mitmachen(sep.) *to join in*
der	Mittag(-e) *midday, noon*
die	Mitte(-n) *centre, middle*
das	Mittelalter *Middle Ages*
das	Mittel(-) *method, means; remedy*
das	Mittwoch(-e) *Wednesday*

die	Möbel(pl.) *furniture*
das	Mobiltelefon(-e) *mobile telephone*
die	Mode(-n) *fashion*
das	Modell(-e) *model*
	moderieren *to host, to present*
	möglich *possible*
der	Monat(-e) *month*
	mondän *sophisticated*
	Montag *Monday*
die	Montagehalle(-n) *assembly shop*
	morgen *tomorrow*
der	Morgen(-) *morning*
das	Morgengrauen *dawn*
die	Moschee(-n) *mosque*
	motivieren *to motivate*
	müde *tired*
	München *Munich*
	mündlich *oral*
der	Musikstil(-e) *type of music*
der	Muskel(-n) *muscle*
der	Muslim(-e) *Moslem*
	müssen* *to have to; must*
das	Muster(-) *sample, model*
der	Mut *courage*
	mutig *brave, courageous*
die	Mutter(Mütter) *mother*
die	Mütze(-n) *cap*

N

	nach *after; to; according to; je nach depending on*
der	Nachbar *neighbour*
die	Nachfolge *succession*
	nachkommen• (sep.)* *to come after(wards)*
der	Nachmittag(-e) *afternoon*
die	Nachricht(-en) *message; die Nachrichten(pl.) news*
	nächste *next; nearest; next few*
der	Nachteil(-e) *disadvantage*
das	Nachthemd(-en) *nightie, nightdress*
das	Nachtleben(-) *night-life*
der	Nachtschwärmer(-) *late-night reveller*
die	Nähe: in der Nähe (von) *close (to); nearby*
	nahrhaft *nutritious*
	nämlich *namely, as follows*
	naschen *to nibble sweet things*
die	Nase(-n) *nose*
die	Nationalität(-en) *nationality*
der	Nationalrat *Austrian/Swiss Parliament*
	natur ... *natural ...*
die	Naturkunde *natural history*
	natürlich *of course; natural*
der	Naturreis *natural/unpolished rice*
der	Nebel (-) *mist, fog*
die	Nebenkosten(pl.) *running/incidental cost(s)*
	nehmen* *to take*
	nennen* *to name, to call*
das	Neolithikum *Neolithic Age*
	nett *nice*
	netto *nett*
das	Netz(-e) *net; network*
der	Neuanfang(¨-e) *fresh start*
	neuartig *original, novel*
	neugierig *curious, inquisitive*
die	Neuigkeit(-en) *news item*
das	Neuseeland *New Zealand*
die	Nichte(-n) *niece*
der	Nichtraucher(-) *non-smoker*
	nichts *nothing; gar nichts nothing at all*
	nie *never*
	nieder *down*
	Niedersachsen *Lower Saxony*

niedrig *low*
niemals *never*
niemand *nobody*
die Nische(-n) *niche*
das Niveau(-s) *level*
die Nordsee *North Sea*
normalerweise *usually, normally*
der Notarztdienst(-e) *emergency doctor service*
die Note(-n) *mark (schoolwork)*
der Notendurchschnitt(-e) *average marks*
nötig *necessary*
die Notiz(-en) *note; notice*
Nr. (die Nummer) *number*
nun *now*
nur *only*
Nürnberg *Nuremberg*
die Nuss(Nüsse) *nut;*
nutzen *to profit, to benefit*
nützlich *useful*

O

ob *if, whether*
oben *above, at the top*
obere *top, upper*
das Obst *fruit*
oder *or*
der Ofen(-) *oven*
öffentlich *public*
offiziell *official*
öffnen *to open*
das Ohr(-en) *ear*
ökologisch *ecological*
die Oma(-s) *granny, grandma*
die Omelette(-n) *or das Omelett (-s) omelette*
der Opa(-s) *grandad, grandpa*
die Oper (-n) *opera*
die Ordnung(sing.) *order; tidiness*
der Organismus *organism*
orientieren *to orient(ate); to direct*
der Ort(-) (1) *place*
der Ort("-er) (2) *position; vor Ort on the spot*
der Osten *East*
Ostern *Easter*
Österreich *Austria. (österreichisch)*
die Ostsee *Baltic Sea*

P

paar: ein paar *a few*
das Paar(-e) *couple, pair*
die Packung(-en) *packet*
die Pädagogik *educational theory*
das Paket(-e) *pile; package*
der Palast("-e) *palace*
die Panne(-n) *breakdown (vehicle)*
das Papier(-e) *paper*
der Papst ("-e)*Pope*
das Paradies(-e) *paradise*
das Parkhaus("-er) *multi-storey car-park*
der Parkplatz("-e) *parking space*
das Parlament(-s) *parliament*
die Partei(-en) *party (political)*
parteilos *independent*
die Partnerschaft(-en) *relationship; partnership*
der Partylöwe(-n) *socialite*
der Pass("-e) *passport*
der Passant(-en) *passer-by*
passen *to fit; to be suitable/suited; to match; passt zusammen goes together*
die Pause(-n) *break; interval*
das Pech(-e) *pitch; tough luck!*

peinigen *to torment*
persönlich *personal*
die Persönlichkeit(-en) *personality*
der Pfad(-e) *path*
der Pfarrer(-) *priest; Father*
das Pferd(-e) *horse*
die Pflanze(-n) *plant*
pflanzlich *herbal*
pflegen *to care for; to foster*
das Pfund(-e) *pound (money/weight)*
die Phantasie(-n) *imagination*
pharmazeutisch *pharmaceutical*
der Pilz(-e) *mushroom*
die Pinnwand("-e) *noticeboard*
plagen *to plague, to trouble*
der Plan("-e) *plan*
die Platte(-n) *record (disc)*
der Platz("-e) *space; place; square*
plötzlich *suddenly*
der Plüsch *plush*
polieren *to polish*
die Polit-Szene *political scene*
die Politik *politics; policy*
die Politikwissenschaften(pl.) *political science*
der Polizist(-en) *policeman*
polnisch *Polish*
das Polster(-) *cushion*
die Postbank(-en) *post office bank*
der Praktiker(-) *practitioner*
das Praktikum(Praktika) *work experience*
praktisch *practical; der praktische Arzt general practitioner*
die Praline(-n) *chocolate candy*
das Präparat(-e) *preparation*
präsentieren *to present, to perform*
die Praxis *practice, practical side*
die Predigt(-en) *sermon*
der Preis(-e) *price*
der Premierminister(-) *Prime Minister*
die Presse *press (newspapers)*
der Priester(-) *priest*
prima *splendid*
das Prinzip(-ien) *principle*
die Privatsphäre(-n) *private space*
pro *per*
das Produkt(-e) *product*
produzieren *to produce*
Profi- *pro-, professional(informal)*
profitieren *to benefit, to profit*
der Programmierer *programmer*
der Prominente(-n) *VIP; prominent person*
die Prophetin(-nen) *prophetess*
der Protestant(-en) *Protestant*
protestieren *to protest*
provinziell *provincial*
das Prozent(-e) *per cent; percentage*
prüfen *to check; to examine*
die Psychologie *psychology*
das Publikum *public; audience*
puh! *phew*
die Pumpe(-n) *pump*
pünktlich *punctual*
putzen *to clean*

Q

qm *see Quadratmeter*
der Quadratmeter(-) (qm) *square metre*
quälen *to torture*
die Qualität (-en) *quality*
der Quark *soft curd cheese*
die Quelle(-n) *source; spring*

R

das Rad("-er) *bicycle*
der Rasenmäher(-) *lawnmower*
die Rasse(-n) *race*
der Rassismus *racism*
der Rat("-e) *council*
die Rate(n) *instalment*
raten* *to advise; to guess*
Rätoromanisch *Rhaeto-Romanic, Romansch*
rauchen *to smoke*
der Raum("-e) *room; space*
raus *see heraus*
der Rausch("-e) *drunkenness; binge*
rechnen *calculate*
die Rechnung(-en) *bill*
das Recht(-e) *right; Recht haben to be right*
rechts *right; on/to the right*
die Rechtschreibung *(correct) spelling*
rechtsreaktionär *right-wing*
der Redakteur (-e) *editor*
die Redaktion(-en) *editorial office*
die Rede(-n) *talk, speech*
reduzieren *to reduce*
das Reet(sing.) *reed*
die Regel(-n) *rule*
regelmäßig *regular(ly)*
der Regen *rain*
der Regisseur(-e) *director (plays etc.]*
registrieren *to register*
regnen *to rain*
das Reh(-e) *deer; roe-deer*
reiben *to grate*
reich *rich*
das Reich(-e) *state (political)*
reichen *to reach, to last*
reichlich *amply*
Reife: die mittlere Reife GCSE equivalent
das Reihenhaus("-er) *terraced house*
der Reinfall("-e) *flop (failure)*
die Reinigung(-en) *dry-cleaning shop*
der Reis *rice*
das Reisebüro(-s) *travel agency*
die Reisefreiheit(-en) *freedom to travel*
der Reiseführer(-) *guide*
reisen *to travel*
der Reisescheck(-s) *travellers' cheque*
reiten* *to ride*
der Rekord(e) *record (statistical)*
das Rennrad("-er) *racing cycle*
renovieren *to renovate*
die Rente(-n) *pension*
der Rentner(-) *pensioner*
die Reparatur(-en) *repair*
die Reportage(-n) *report*
der Reporter(-) *reporter*
repräsentativ *representative*
die Residenz(-en) *residence, stately home*
retten *to save*
das Rezept(-e) *prescription; recipe*
die Rheuma-Erkrankung(-en) *rheumatic disorder*
der Rhythmus(Rhythmen) *rhythm*
richten *to direct; das richtet sich danach... that depends on...*
die Richtung(-en) *direction*
riechen* *to smell*
der Riesenschock *enormous shock*
der Rock("-e) *skirt*
der Roggen *rye*
roh *raw*
die Rolle(-n) *role*
die Rollenverteilung(-en) *division of roles*
die Rolltreppe(-n) *escalator*

der Roman(-e) *novel*
romantisch *romantic*
römisch *Roman*
rot *red*
der Ruf(-e) *call; reputation*
rufen* *to call; to ring up*
ruhen *to rest*
das Rumänien *Rumania*
die Runde: über die Runden kommen *to make ends meet*
die Rundfahrt *tour*
der Rundfunk(sing.) *radio (broadcasting)*
rundherum *all round*
russisch *Russian*
die Rute(-n) *rod*

S

der Saal(Säle) *hall*
das Sachsen *Saxony*
der Saft(¨-e) *juice*
sagen *to say*
der Salat(-e) *lettuce; salad*
die Saline(-n) *salt works*
der Salon(-s) *drawing-room;* salonfähig *socially acceptable*
das Salz(-e) *salt*
sammeln *to collect;* sich sammeln *to compose one's thoughts*
Samstag(-e) *Saturday*
der Samt(-e) *velvet*
sanft *soft*
der Sänger(-) *singer*
sauber *clean*
das Saudi-Arabien *Saudi Arabia*
saugen* *to vacuum-clean; to suck up*
der Saunagang(¨-e) *sauna session*
die S-Bahn(Schnell/Stadt-) *suburban line*
die Schachtel(-n) *(cardboard) box*
schaden *to harm*
das Schaf(-e) *sheep*
schaffen *to pass (examination); to manage/achieve; to create*
schämen: sich schämen *to be ashamed*
schauen *to look at, to watch*
der Schaum *foam*
der Schauspieler(-) *actor*
der Scheck(-s) *cheque*
die Scheibe(-n) *slice*
die Scheidung(-en) *divorce*
der Schein *illusion*
scheinen* *to shine*
schick *smart, chic*
schicken *to send*
das Schicksal *fate*
schieben* *to push*
schießen *shoot*
schlafen* *to sleep*
schlecht *bad*
schließen* *to close*
schließlich *finally*
schlimm *bad*
der Schlittschuh (-e) *ice skate*
der Schlitz(-e) *slot, slit*
das Schloss(¨-er) *castle; stately home*
schlucken *to swallow*
der Schluss(¨-e) *end;* Schluss mit...! *an end to...!*
schmackhaft *tasty*
schmecken *to taste;* es schmeckt ihm *he enjoys it*
der Schmelzkäse *processed cheese*
der Schmerz(-en) *pain; ache*
der Schmuck *jewellery*
der Schnee *snow*

schneiden* *to cut*
schnell *fast, quick; quickly*
schon *already*
schön *beautiful*
schottisch *Scottish*
der Schrank(¨-e) *cupboard*
schrecklich *awful*
schreiben* *to write*
schreien* *to shout; to scream*
der Schuh(-e) *shoe*
der Schuhputzer(-) *shoe-shine man*
der Schuhputzkasten(¨-) *shoe-cleaning set*
die Schulbank(¨-e) *school bench;* die Schulbank drücken *to study*
die Schuld(-en) *debt, blame*
schulden *to owe*
der Schüler(-) *schoolboy/-child*
der Schutz *protection*
Schwäbisch *Swabian (dialect)*
schwach *weak*
schwärmen für *to enthuse over, to revel in*
schwarz *black*
das Schwarzbrot(-e) *brown rye bread*
schwatzen *to chatter*
das Schweden *Sweden*
das Schwein(-e) *pig*
die Schweiz *Switzerland*
Schweizerdeutsch *Swiss German (language)*
schwer *hard; heavy*
der Schwerpunkt(-e) *focus*
die Schwester(-n) *sister*
die Schwiegermutter(¨-) *mother-in-law*
schwierig *difficult*
schwimmen•* *to swim*
der See(-n) *lake*
die See *sea*
die Seele(-n) *soul*
der Seemann(¨_leute) *sailor*
sehen* *to see*
die Sehenswürdigkeit *'sight'*
die Seifenoper(-n) or die Soap(s) *soap opera*
seit *since*
die Seite(-n) *page; side*
der Sekretär(-e) *secretary*
der Sekt(-e) *sparkling wine*
die Sekunde(-n) *second; moment*
selbst *self*
selbstständig *independent*
selten *rarely*
das Semester(-) *term, semester*
die Sendeform(-en) *form of broadcast*
der Sender(-) *channel, station (radio/TV)*
die Sendung(-en) *broadcast, programme*
der Senegal *Senegal*
der Senior (-en) *senior citizen*
die Serie (-n) *series*
seriös *respectable*
der Sessel(-) *armchair*
setzen *to put;* sich setzen *to sit down*
sicher *safe; certain(ly)*
sinnlos *senseless(ly)*
die Sitte(-n) *custom*
sitzen* *to sit*
der Ski (-er) *ski*
Slowakisch *Slovak (language)*
Slowenisch *Slovenian (language)*
das Sofa(-s) *settee*
sofort *immediately*
die Software(-s) *software*
sogar *even*
die Sohle(-n) *sole (shoe)*
der Sohn(¨-e) *son*
solange *as long as*
die Sole *brine, salt water*
das Soll(-s) *target*

sollen* *to be supposed to;* was soll's! *so what!*
der Sommer(-) *summer*
sondern *but*
die Sonne (-n) *sun*
Sonntag(-e) *Sunday*
sonst *else*
die Sorge(-n) *care, worry*
das Sorgerecht(-e) *custody*
die Sorten(pl.) *foreign currency*
das Sortiment(-e) *product range*
soviel *so much;* soviel wie *as much as*
sowie *as well as*
der Sozialfall(¨-e) *hardship case*
sozialistisch *socialist*
die Sozialpädagogik *social education*
die Spaltung(-en) *split*
das Spanien *Spain*
spannend *exciting*
sparen *to save (money etc.)*
die Sparkasse(-n) *building society*
der Spaß(Späße) *fun, enjoyment; joke;* zum Spaß *for fun*
spät *late*
spazieren *to walk, to stroll*
speichern *to store; to save(computer)*
die Speise(-n) *food*
der Speiseplan(¨-e) *diet*
spenden *to donate; to administer*
sperren *to close off*
die Spezialität(-en) *speciality*
der Spiegel(-) *mirror*
das Spiel(e) *game*
spielen *to play;* Theater spielen *to act*
der Spielfilm(-e) *feature film*
die Spielwaren(pl.) *toys*
die Spielwiese(-n) *playground*
spießig *bourgeois*
spontan *spontaneous*
sportlich *sporty*
der Sportreifen(-) *sports tyre*
die Sprache(-n) *language; speech*
der Sprachtip *language tip*
sprechen* *to speak;* italienisch sprechend *Italian-speaking*
der Spruch(¨-e) *saying*
sprühen *to spray*
die Spülmaschine(-n) *dishwasher*
der Staat(-en) *state*
staatlich *(of the) state*
die Staatsangehörigkeit *nationality*
die Staatsbürgerschaft *citizenship*
die Stadt(-¨e) *town, city*
der Städtekurzurlaub(-e) *'city break'*
der Stadtplaner (-) *town planner*
der Stadtrand(¨-er) *outskirts*
der Stand(¨-e) *standing, status; stand, bar*
ständig *perpetual, permanent*
stark *strong;* echt stark! *really great!*
stärken *to strengthen*
statistisch *statistical*
statt *instead of*
stattfinden *to take place*
der Stau(-e or -s) *tailback, congestion*
der Staub(e) *dust*
Staub saugen *to vacuum; to hoover*
stecken *to put; to stick:*
steigen•* *to climb*
der Stein(-e) *stone*
steirisch *Styrian*
die Stelle(-n) *position; job*
stellen *to place; to pose*
sterben•* *to die*
die Stereoanlage(-n) *stereo system*
die Steuer(-n) *tax*
die Stickerei(-en) *embroidery*
der Stil(-e) *style*

die	Stille *quiet; silence*	
	stimmen *to be right;* stimmt so! *keep the change!*	
die	Stimmung *atmosphere; mood*	
das	Stimmungstief(-e) *depression*	
	stimulieren *to stimulate*	
das	Stipendium(_dien) *grant*	
das	Stockwerk(-e)/der Stock(_"-) *storey, floor*	
der	Stoff(-e) *material; substance*	
der	Stolz *pride*	
	stören *to get in the way; to spoil things; to disturb*	
die	Straße(-n) *street; road*	
die	Straßenbahn(-en) (S-Bahn) *tram; tramway*	
der	Straßenumzug(-"e) *street parade*	
die	Strecke(-n) *distance, stretch*	
der	Streifenwagen(-) *police patrol-car*	
der	Streik(-s) *strike (industrial)*	
der	Streit(-e) *argument*	
	streng *strict*	
	stressig *stressful*	
der	Strom *electricity; stream*	
die	Strumpfhose(-n) *(pair of) tights*	
das	Stück(-e) *piece; play*	
das	Stückchen(-) *a bit*	
der	Studienplatz("-e) *university place*	
	studieren *to study*	
das	Studium *study/ies; time at college*	
die	Stunde(-n) *hour*	
	stündig: 24stündig *24-hour*	
	suchen *to look for, to seek*	
die	Sucht("-e) *addiction*	
	süchtig machen *to be addictive*	
	Südafrika *South Africa*	
die	Summe(-n) *total*	
die	Suppe(-n) *soup*	
	sympathisch *pleasant; likeable*	
	synchron *in time with each other*	

T

die	Tablette(-n) *tablet, pill*
die	Tafel (-n) *table*
der	Tag(-e) *day:* eines Tages *one day;*
die	Tankstelle(-n) *filling station*
	tanzen *to dance*
die	Tasche(-n) *pocket; pannier*
die	Tasse(-n) *cup*
die	Tastatur(-en) *keyboard*
der	Tastendruck *keystroke*
	tatsächlich *actual; in reality*
	tauchen• *to dive*
	taufen *to baptize*
die	Tauschbörse(-n) *'swap-shop'*
	tauschen *to exchange*
die	Tausend(-en) *thousand (number)*
die	Technik (-en)) *technology; technique*
der	Teich(-e) *pond*
	teilen: sich teilen *to share*
	teilnehmen(sep.) *to take part*
der	Teilzeitjob(-s) *part-time job*
die	Telearbeit (-en) *tele-working*
	telefonieren *to telephone; to talk on the telephone*
der	Termin(-e) *appointment; fixture*
die	Terrasse(-n) *terrace*
	teuer *dear, expensive*
	thailändisch *Thai*
das	Thema(Themen) *topic, subject*
der	Theologe(-n) *theologian*
der	Therapeut(-en) *therapist*
	Thüringer *Thuringian*
die	Tiefgarage(-n) *underground car-park*
das	Tier(-e) *animal*
	tippen *to type*

der	Tischler(-) *joiner*
das	Tischtennis *table-tennis*
die	Tochter("-) *daughter*
der	Tod(-e) *death*
	toll *super; fantastic*
der	Ton("-e) *tone, sound; 'beep'*
das	Tor *gate; goal (football etc.);* 'Tooor! Goooal!'
	tot *dead*
	traditionell *traditional*
	tragen* *to wear; to bear*
	trainieren *to train(sports)*
die	Trambahn(-en) *tram*
	trampen *to hitch-hike*
die	Traube(-n) *grape*
der	Traum("-e) *dream*
	traurig *sad*
	treffen*: sich treffen mit *meet*
	treiben* *(sports) to do; to drift*
	trennen *to separate; to divide*
	treten•* *to step*
	treu *faithful*
der	Trickfilm(-e) *cartoon (film)*
	trinken* *to drink*
das	Trinkgeld(-er) *tip, gratuity*
	trocken *dry*
die	Trommel(-n) *drum*
	trotz *in spite of*
	Tschechisch *Czech (language)*
	tun* *to do*
die	Tür(-en) *door*
die	Türkei *Turkey*
das	Turnen *gymnastics*
die	Turnhalle(-n) *gymnasium*
	typisch *typical*

U

die	U-Bahn *underground railway*
	üben *to practise*
	überall *everywhere*
	überbacken *to grill in oven*
	überleben *to survive*
die	Übernachtung(-en) *overnight stay*
	übernehmen *to take on, to accept*
	überregional *national*
die	Übertragung(-en) *transmission*
	überwiegend *mostly*
	überwinden* *to overcome*
	üblich *customary*
	übrig *spare, (left) over*
	übrigens *by the way*
die	Übung(-en) *exercise; practice*
das	Ufer(-) *bank, shore*
die	Uhr(-en) *clock/watch; hour:* um 9 Uhr *at 9 o'clock;* um wieviel Uhr *at what time*
	umfassen *to contain; to have*
die	Umfrage(-n) *survey, poll*
die	Umgebung(-en) *surroundings*
die	Umrechnung(-en) *exchange*
der	Umsatz ("-e) *turnover*
	umsonst *free, for nothing*
	umstellen *to change round/over*
die	Umwelt *environment*
der	Umzug(-"e) *parade; removal*
	unbedingt *definitely*
der	Unfall("-e) *accident*
	Ungarisch *Hungarian (language)*
die	Universität(-en) *university*
die	Unsauberkeit(-en) *dirtiness; mess*
	unter *under; among*
	unterhalb *below*
der	Unterhalt(sing.) *maintenance*
	unterhalten *to entertain;* sich unterhalten mit *to talk with*
der	Untermieter(-) *lodger*

das	Unternehmen(-) *business; enterprise*
der	Unterricht *lesson, teaching*
der	Unterschied(-e) *difference*
	unterschreiben *sign*
die	Unterschrift(-en) *signature*
	unterstützen *to support*
	unterwegs *on the road;*
der	Urlaub(-e) *holiday*
	ursprunglich *original(ly)*
	usw(und so weiter) *etc., and so on*

V

der	Vater("-) *father*
	Vati *Dad, Daddy*
	vegetarisch *vegetarian*
	verändern *to change*
der	Veranstalter(-) *organiser*
	verantwortlich *responsible*
der	Verband("-e) *association*
	verbannen *to banish*
die	Verbindung(-en) *connection*
	verblöden *to become a zombie(informal)*
	verbringen *to spend (time)*
	verdienen *to earn*
der	Verein(-e) *club*
	vereinen *to unite*
die	Vergangenheit *past*
	vergehen *to pass away;* vergangen *past*
	vergessen* *to forget*
	verglasen *to glaze*
das	Vergnügen(-) *pleasure; amusement*
das	Verhältnis(-se) *relationship; proportion*
	verheiraten; sich verheiraten *to marry*
	verkaufen *to sell*
der	Verkäufer(-) *sales assistant*
der	Verkehr *traffic*
der	Verlag(-e) *publishing house, press*
	verlangen *to demand, to require*
	verlassen* *to leave*
	verlieben: sich verlieben *to fall in love*
	verlieren* *to lose*
die	Verlosung(-en) *lottery*
	vermarkten *to market*
	vermieten *to hire out; to rent*
der	Vermieter(-) *landlord*
	vermischen *to mix*
	vermitteln *to arrange*
	vernünftig *sensible*
	verreisen *to go away(on holiday/business)*
	verschieden *different; various*
	verschmutzen *to pollute*
	versetzen *to stand up (fail to meet)*
die	Versicherung(-en) *insurance*
	versprechen* *to promise*
	verstauen *to stow away*
	verstehen* *to understand*
	versuchen *to try*
	verteilen *to distribute, arrange*
der	Vertrag("-e) *contract*
	verträglich *digestible*
	vertrauen *to trust*
	verträumt *dreamy*
	verwitwet *widowed*
	verzichten auf *to do without*
	VHS *see* Volkshochschule
das	Video(-s)
die	Videothek *video hire shop*
	vielfältig *varied*
	vielleicht *perhaps*
	vielseitig *varied*
das	Viertel(-) *quarter (fraction); district;* Viertel vor neun *quarter to nine*
	virtuell *virtual*
der	Vogel("-) *bird*

das Volk(¨-er) *people; folk*
die Volkshochschule(-n) (VHS) *adult education centre*
die Volkswirtschaftslehre *economics*
voll *full*
völlig *totally*
vollkommen *perfect, vomplete*
die Vollzeit(-en) *full-time*
das Volontariat(-e) *traineeship*
die Vorbereitung(-en) *preparation*
vorbeugend *preventive*
vorhaben(sep.) *to plan*
vorkommen(sep.) *to happen*
der Vorname(-n) *forename*
vorn(e) *in front*
der Vorort(-e) *suburb*
vorsichtig *careful*
vorstellen(sep.): sich vorstellen *to imagine*
die Vorstellung(-en) *performance; imagination*
der Vorteil(-e) *advantage*
vorweisen* *to show; to produce*

W

das Wachstum *growth*
die Wahl(-en) *choice; election*
wählen *to choose; to vote*
während *during*
wahrscheinlich *probably*
die Währung(-en) *currency*
der Wal(-e) *whale*
die Waldorfschule(-n) *Rudolf Steiner school*
die Wand(¨-e) *wall*
wandern *to walk/hike*
wann *when*
die Ware(-n) *product; die Waren goods*
warten (auf) *to wait (for)*
warum *why*
waschen* *to wash*
der Wäschetrockner(-) *tumble-drier*
der Weber(-) *weaver*
der Wechsel(-) *change; exchange*
die Wechselstube(-n) *bureau de change*
der Weg(-e) *way; track; path*
wegen *because of*
wegnehmen(sep.)* *to take away*
die Weide(-n) *willow*
das Weihnachten *Christmas*
weil *because*
der Wein(-e) *wine*
die Weise(-n) *way, manner*
weiß (1) *white*
weit *far*
die Weiterbildung(-en) *further training*
welche *which*
die Welle(-n) *wave*
der Wellensittich(-e) *budgerigar*
die Welt(-en) *world*
das Weltall *universe*
die Weltanschauung(-en) *view of the world; ideology*
wenn *if; whenever*
wer *who*
die Werbung(-en) *advertising; advertisement*
werden•* *to become; to be going to; to be (passive uses)*
werfen* *to throw*
das Werk(-e) *task; work*
werken *to work; to do handicrafts*
die Werkstatt(¨-e) *workshop, studio; garage*
wertvoll *valuable*
die Weste(-n) *waistcoat*
der Westen(sing.) *west*
das Wetter(sing.) *weather*

WG *see Wohngemeinschaft*
der WGler(-) *flat-sharer*
wichtig *important*
wie *how; as; like*
wieder *again; immer wieder again and again*
wiederhören: auf wiederhören *goodbye (telephone)*
wiedersehen: auf wiedersehen *goodbye*
wiegen* *to weigh*
Wien *Vienna*
die Wiese(-n) *meadow*
das Wild *game (animals)*
willkommen *welcome*
die Windel(-n) *nappy*
windig *windy*
das Windsurfen *windsurfing*
winterlich *winter/wintry*
wirklich *really*
wirksam *effective*
die Wirkung(-en) *effect*
der Wirt(-e) *publican*
die Wirtschaft *economy; pub*
wirtschaftlich *economic*
wissen* *to know (facts)*
die Wissenschaft(-en) *science*
wissenswert *worth knowing*
wo *where*
die Woche *week*
woher *where from*
wohin *where(to)*
wohltuend *beneficial*
wohnen *to live, dwell*
die Wohngemeinschaft(-en) (WG) *flat-/house-sharing*
der Wohnort(-) *domicile*
die Wohnstube(-n) *living-room*
die Wohnung(-en) *flat, apartment*
der Wohnwagen *caravan, trailer*
das Wohnzimmer(-) *living-room*
der Wolf(¨-e) *wolf; mincer*
wollen* *to wish, to want; wollen wir...? shall we...*
womit *with what*
worin *wherein, in what*
das Wort(¨-er) *word*
das Wunder(-) *wonder; miracle*
der Wunsch(¨-e) *wish*
wünschen *to wish for, to desire*
das Wunschhaus(¨-er) *dream house/home*
die Würdigkeit *worthiness, merit*
die Wurst(¨-e) *sausage*
die Wüste(-n) *desert*

X / Y / Z

die Zahl(-en) *number, figure*
zahlen *to pay*
der Zahn(¨-e) *tooth*
der Zahnarzt(¨-e) *dentist*
die Zauberei *magic; conjuring*
zaubern *to conjure, to do magic tricks*
z.B. (zum Beispiel) *for example*
die Zeit(-en) *time*
der Zeitgeist *'spirit of the age'*
der Zeitgenosse(-n) *contemporary*
die Zeitschrift(-en) *magazine*
die Zeitung(-en) *newspaper*
zelebrieren *to celebrate*
die Zelle(-n) *unit; cell*
zelten *to camp*
die Zentrale(-n) *head office*
das Zentrum(Zentren) *centre*
die Zeremonie(-n) *ceremony*
das Zeugnis(-se) *report (school)*
ziehen* *to pull, to draw*

das Ziel(-e) *goal, aim;*
ziemlich *fair*
das Zimmer(-) *room*
der Zimt *cinnamon*
zirka *about, circa*
die Zitadelle(-n) *fortress*
die Zitrone(-n) *lemon*
die Zucht *breeding*
züchten *to grow; to breed*
der Zucker *sugar*
zuerst *first*
zufrieden mit *content with*
der Zug(¨-e) *train*
zugleich *at the same time*
die Zugspitze *peak in German Alps*
die Zukunft *future*
zumindest *at least*
zunehmend *increasingly*
zurasen(sep.) *to race towards*
zurück *back*
zurücklegen(sep.) *to cover, to achieve*
zusammen *together*
die Zusammenarbeit *collaboration*
zusammenbrechen* (sep.) *to come to a halt*
das Zusammenleben *living together*
zusammenrechnen(sep.) *to total up*
der Zuschauer(-) *viewer*
zuständig *responsible*
die Zutat(-en) *ingredient*
zuverlässig *reliable*
zu viel *too much*
zu wenig *too little*
zwar *in fact, indeed*
zweifeln *to doubt*
die Zweisamkeit *togetherness*
die Zwiebel(-n) *onion*
zwischen *between*